Lateinische Wortkunde

für Anfänger und Fortgeschrittene

Von Rüdiger Vischer

B. G. Teubner Stuttgart 1977

Dr. phil. Rüdiger Vischer

Geboren 1936 in Stuttgart, studierte in Tübingen Philosophie, Klassische Philologie und Geschichte. 1960 Wissenschaftliche Prüfung für das Lehramt an Gymnasien, 1962 Promotion, 1963 Pädagogische Prüfung für das Lehramt an Gymnasien. Seit 1963 Akademischer Rat an der Universität Tübingen.

CIP-Kurztitelaufnahme der Deutschen Bibliothek

Vischer, Rüdiger
Lateinische Wortkunde für Anfänger und Fortgeschrittene. – 1. Aufl. – Stuttgart : Teubner, 1977.
(Teubner-Studienbücher : Philologie)
ISBN 3-519-07407-9

Das Werk ist urheberrechtlich geschützt. Die dadurch begründeten Rechte, besonders die der Übersetzung, des Nachdrucks, der Bildentnahme, der Funksendung, der Wiedergabe auf photomechanischem oder ähnlichem Wege, der Speicherung und Auswertung in Datenverarbeitungsanlagen, bleiben, auch bei Verwertung von Teilen des Werkes, dem Verlag vorbehalten.

Bei gewerblichen Zwecken dienender Vervielfältigung ist an den Verlag gemäß § 54 UrhG eine Vergütung zu zahlen, deren Höhe mit dem Verlag zu vereinbaren ist.

© B. G. Teubner, Stuttgart 1977

Printed in Germany
Satz: Schmitt u. Köhler, Würzburg
Druck: J. Beltz, Hemsbach/Bergstraße
Binderei: G. Gebhardt, Ansbach
Umschlaggestaltung: W. Koch, Sindelfingen

Inhalt

Ziel und Aufbau der Wortkunde 5
Abkürzungen 7
Lektürewichtige Wörter 11
Grundzüge der Wortbildung . · 218
Zum Fortleben der lateinischen Wörter 222

Ziel und Aufbau der Wortkunde

Aufgabe der Wortkunde ist die Vermittlung des für eine flüssige Lektüre notwendigen Wortschatzes. Das vorliegende Buch richtet sich daher an den bevorzugt gelesenen Autoren Cicero; Caesar, Sallust, Livius, Tacitus; Terenz; Vergil, Horaz und Ovid aus. Der damit erfaßte Wortschatz genügt auch zum Verständnis der übrigen Dichter und Schriftsteller.

Aufgenommen sind so viele Wörter, daß rund 95% eines Textes verstanden werden können. Erst dann wird man nämlich von echter Lektüre sprechen können[1]. Berücksichtigt sind in der Regel alle Wörter, für die einer der Autoren oder eine entsprechende Werkgruppe folgende Mindestzahl von Belegstellen erreicht: Cicero, Reden 21, Cicero, Phil. Schriften 6, Caesar 4, Sallust 3, Livius 27, Tacitus 9, Terenz 4, Vergil 4, Horaz, Oden und Epoden 2, Horaz, Satiren und Briefe 2, Ovid 10. Im Interesse der immanenten Wiederholung sind auch durchsichtige Ableitungen nicht übergangen.

Bei jedem Wort ist angegeben, für welchen Autor es wichtig ist. Dadurch kann das Wörterlernen genau auf die Lektüre abgestimmt werden. Für Autoren, die selbst nicht berücksichtigt sind, kann ein gattungsverwandter Dichter oder Schriftsteller eintreten, z.B. Cicero philosophus für Seneca philosophus, Terenz für Plautus, Ovid für Properz. Auf diese Weise läßt sich die Wortkunde für jedes Lektüreziel verwenden.

Für Benutzer, die sich auf keinen Autor festlegen wollen, ist ein Durchschnittswortschatz von rund 1800 Wörtern besonders gekennzeichnet. Er ist durch eine getrennte Häufigkeitszählung ermittelt und erschließt mindestens 85% der Prosaiker Cicero, Caesar, Sallust und Livius. Damit dürfte er sich vor allem für die Vorbereitung auf das Große Latinum in und außerhalb der Schule eignen.

Die lateinischen Wörter sind nach Wortfamilien geordnet. Dadurch werden Zusammenhänge anschaulich, die das Lernen erleichtern. Im einzelnen gelten folgende Grundsätze: 1. Die Familienleit- oder Stammwörter folgen dem Alphabet. 2. Ableitungen stehen unter ihrem Ausgangswort. 3. Zusammensetzungen stehen unter dem Grundwort, wenn der erste Bestandteil eine Präposition, Konjunktion, Partikel, Zahl, Mengenangabe oder Negation ist; in allen übrigen Fällen stehen sie unter dem Bestimmungswort. Man findet daher Wörter wie *ac-cidere, ac-cola, ant-eā*; *et-sī; ec-quis; tri-ennium; sēm-ēsus; in-certus, n-ūllus* unter ihrem zweiten, Ausdrücke wie *arti-fex, bene-ficium, quā-rē* unter ihrem ersten Bestandteil. Dadurch bleiben auch Wörter, deren zweites Glied schwieriger zu erkennen ist, leicht auffindbar. 4. Wörter, die durch ein grammatisches Muster miteinander verbunden sind (z.B. *ferre, tulī, lātum; malus, peior, pessimus; bonus, bene*), stehen immer unter ihrer grammatischen Grund-

---

[1] 95% eines Textes – allerdings unter Ausschluß der Dichtung, Kunst- und Fachprosa – wollen auch zahlreiche neusprachliche Wortkunden erschließen. Sie führen zu diesem Zweck etwa 4500 Wörter auf.

form, auch wenn sie zu verschiedenen Stämmen oder Wurzeln gehören. Bei dem engen Zusammenhang ihrer Konstruktionen würde eine Trennung zu umständlichen Wiederholungen führen. 5. Unregelmäßige oder schwer zu durchschauende Bildungen sind als eigene Stammwörter behandelt. Dazu gehören Wörter wie *mōns*, *fēlīx*, *cūria*, *explōrāre*, bei denen qualitativer Ablaut, Stammerweiterung durch Elemente ohne faßbare Bedeutung, Stammveränderung durch zusammengesetzten Lautwandel oder völlige Lösung von der Bedeutung des Ausgangswortes vorliegt. Wo der Zusammenhang für den Fortgeschrittenen aufschlußreich ist, wird er in einer Fußnote erwähnt. 6. Wörter, deren Stammwort nicht zum Bestand dieser Wortkunde gehört, sind ebenfalls als selbständige Leitwörter behandelt. Die Wortfolge, die sich aus diesen Grundsätzen ergibt, ist eindeutig und leicht überschaubar; ein besonderes Fundstellenverzeichnis erübrigt sich dadurch.

Die deutschen Entsprechungen sind so gewählt, daß sie den Sachverhalt, den die lateinischen Wörter bezeichnen, klar erkennen lassen. Trotzdem sind sie keine fertigen Übersetzungen, die mechanisch eingesetzt werden können. Sie haben vielmehr die Aufgabe, zum Verständnis des im lateinischen Text ausgesagten Gegenstandes zu führen. Hat der Übersetzer diesen erfaßt, muß er selbständig weiterfragen, wie er im Deutschen auf gleicher Stilebene ausgedrückt wird. Erst dadurch kommt eine für die Einzelstelle passende Wiedergabe zustande, die von den Merkwörtern der Wortkunde immer wieder abweichen kann und muß.

Zu vielen lateinischen Wörtern sind geläufige Weiterbildungen aus dem Deutschen, Englischen oder Französischen angeführt. Sie zeigen das Weiterleben des Lateins in der Gegenwart und können oft als Lernhilfe dienen. Ihre Entstehung ist in dem Kapitel „Zum Fortleben der lateinischen Wörter" in einer knappen Zusammenfassung erläutert.

Der Abschnitt über die Wortbildung macht den gesetzmäßigen Zusammenhang zwischen Gliedern der gleichen Wortfamilie deutlich. Damit fördert er das verstehende Lernen der im Hauptteil behandelten Wörter. Gleichzeitig ermöglicht er, die Bedeutung neuer Wörter, die zu bekannten Familien gehören, selbständig zu erschließen. Eine Durchsicht der häufigsten Wortbildungsmuster, die durch ein Hinweiszeichen besonders hervorgehoben sind, lohnt sich bereits nach dem ersten Durchgang durch den Anfängerwortschatz; sie kann später durch Hinzuziehung der übrigen Formen ergänzt werden.

Abkürzungen

1. Grammatisches

Abl	Ablativ	m Subst	m als Subst *(bei Adj.)*
AcI	Accusativus cum Infinitivo	n	neutrum
Adj	Adjektiv	n Subst	n als Subst *(bei Adj.)*
Adv	Adverb	Nbf	Nebenform
Akk	Akkusativ	Nom	Nominativ
Akt	Aktiv	Pass	Passiv
Dat	Dativ	Perf	Perfekt
def	defektiv (bildet nicht alle	Pl	Plural
	Formen)	PP	Partizip Perfekt
f	femininum	PPP	Partizip Perfekt Passiv
Fr	Frage	PPr	Partizip Präsens
FrW	Fragewort	Präp	Präposition
Gen	Genitiv	PräpAbl	Präp m. Abl
Gramm	Grammatik	Präs	Präsens
Imp	Imperativ	Pron	Pronomen
Ind	Indikativ	Rel	Relativ(um)
ind	indirekt	Sg	Singular
Inf	Infinitiv	Subst	Substantiv
intr	intransitiv	Sup	Superlativ
inv	invariabel (unveränderlich)	tr	transitiv (m. Akk)
Konj	Konjunktiv	V	Verb
Komp	Komparativ	V Ind	V im Ind
Kons	Konsonant	V Konj	V im Konj
Kstr	Konstruktion	W	Wort
m	masculinum	Wz	Wurzel

Abkürzungen für Substantive werden durch Kleinschreibung zu solchen für Adjektive oder Adverbien, z.B. *akt = aktivisch.*

2. Sprachgeschichtliches

AE	Altenglisch	E	Englisch
AF	Altfranzösisch	F	Französisch
AHD	Althochdeutsch	G	Griechisch
AL	Altlatein	Gm	Germanisch
AmE	amerikanisches Englisch	I	Italienisch
D	Deutsch	Kl	klassisches Latein

L	Latein	NF	Neufranzösisch
ME	Mittelenglisch	NHD	Neuhochdeutsch
MHD	Mittelhochdeutsch	S	Spanisch
ML	Mittel- (= mittelalterl.) L	SpL	Spätlatein
NdD	Niederdeutsch	VL	Vulgär- (Volks-)latein
Ndl	Niederländisch	WGm	Westgermanisch[1]

3. Allgemeines

(soweit nicht von selbst verständlich)

allg.	allgemein	klass.	klassisch
Anm.	Anmerkung	m.	mit
Bed.	Bedeutung	nachgest.	nachgestellt
bes.	besonders	od.	oder
d.	der *(alle Formen)*	s.	siehe
dar. gem.	daraus gemacht	sc.	scilicet (zu ergänzen)
dicht.	dichterisch	u.	und
e.	ein *(alle Formen)*	u. a.	und andere(s)
etw.	etwas	u. ä.	und ähnliche(s)
f.	für	urspr.	ursprünglich
Ggs.	Gegensatz	v.	von, vom
gl.	gleich	vgl.	vergleiche
kl.	klassisch	z.	zu, zum, zur

4. Zeichen im Text

/ alternative Konstruktion oder Bedeutung, z. B.
   domī/domum   *zu – / nach Hause*
   gleich
   domī   *zu Hause*
   domum   *nach Hause*

// wie / (// und / wechseln nur zur besseren Übersicht ab)

, (zwischen Beispielen in Klammern): die angeführten Konstruktionen haben die gleiche Bedeutung, z. B. *adūlārī (ei, plēbem)*: Dat. und Akk. stehen bei *adūlārī* in gleicher Bedeutung.

– 1. alleinstehend in lateinischen Beispielen: Leerstelle in der Konstruktion, z. B.
   ārdēre (amōre/–) = ārdēre amōre/ārdēre;
   2. sonst: wie Bindestrich im Deutschen.

---

[1] Hilfsbegriff zur Bezeichnung der Gemeinsamkeiten zwischen Friesisch, Angelsächsisch und Deutsch.

~ 1. in Beispielen der lateinischen Spalte: vertritt das Stichwort in der Grundform;
2. sonst: 'verwandt mit'
→ siehe
\> (geworden) zu ⎫
\< (entstanden) aus ⎭ (Spitze gibt Richtung der Entwicklung an)
* erschlossene, nicht belegte Form
'x' x gibt Bedeutung des vorausgehenden Wortes an, z. B. in *altus* 'genährt' > 'hoch'
‹x› x stammt vom lateinischen Stichwort ab und hat die gleiche Bedeutung, z. B. bei *ancora* ‹Anker›
ā langes a
ă ⎫ kurzes a (die Kürze wird nur da ausdrücklich bezeichnet, wo sie deutschen Sprech-
a ⎭ gewohnheiten zuwiderläuft oder für die Betonung wichtig ist, z. B. *dĕcem, pristĭnus*).

5. Zeichen vor den Stichwörtern

1	Wort wichtig für			Cicero, Reden[1]
2	"	"	"	Cicero, Phil. Schriften
3	"	"	"	Caesar
4	"	"	"	Sallust
5	"	"	"	Livius
6	"	"	"	Tacitus

⎫
⎬ Prosaiker in zeitl. Folge
⎭

7	"	"	"	Terenz
8	"	"	"	Vergil
9	"	"	"	Horaz, Oden u. Epoden
0	"	"	"	Horaz, Sat. u. Briefe
1	"	"	"	Ovid[1]

⎫
⎬ Dichter in zeitl. Folge
⎭

● (● ersetzt die Ziffern 1–6): Wort wichtig für alle Prosaiker (rund 650 Wörter, besonders als Anfängerwortschatz geeignet);

○ (○ ersetzt die Ziffern 7–1): Wort wichtig für alle Dichter;

* (* ersetzt die Ziffern 8–1): Wort wichtig für alle augusteischen Dichter;

▶ Wort wichtig für eine mindestens 85%ige Erfassung der Autoren Cicero, Caesar, Sallust und Livius; gehört zum Durchschnittswortschatz für das Große Latinum.

6. Flexionsangaben

Flexion und Genus können nach folgenden Beispielen aus der Endung entnommen werden:

---

[1] Da innerhalb der Ziffernreihe erste und zweite Eins nicht miteinander verwechselt werden können, ist auf unterscheidende Zusätze verzichtet.

A. Substantive

aqua	aqua, ae *f*	(āctiō	āctiō, ōnis *f*)
angustiae,	*f Pl*	aetās	aetās, ātis *f*
ārum		(cīvitās	cīvitās, ātis *f*)
animus	animus, ī *m*	imāgō	imāgō, inis *f*
fāstī, ōrum	*m Pl*	(magnitūdō	magnitūdō, inis *f*)
ager, grī	*m*	crīmen	crīmen, inis *n*
forum	forum, ī *n*	(agmen	agmen, inis *n*)
arma, ōrum	*n Pl*	adulēscēns	adulēscēns, ĕntis *m*
dolor	dolŏr, ōris *m*	portus, ūs	*m*
(ōrātor	ōrātŏr, ōris *m*)	aciēs	aciēs, ēī *f*
legiō	legiō, ōnis *f*		

B. Adjektive

bonus	bonus, a, um	cōnstāns	cōnstāns, ăntis
brevis	brevis, e	vehemēns	vehemēns, ĕntis

C. Verben

amāre	amāre, ō, āvī, ātum	cōnfitērī,	cōnfitērī, cōnfiteor, cōn-
audīre	audīre, iō, īvī, ītum		fessus fessus sum
sequī, se-	sequī, sequor, secūtus		*(bei Verba composita wird nur die*
cūtus	sum		*Veränderung im Stammteil bezeich-*
			net)

Die Wortart wird angegeben, wo sie aus der Übersetzung nicht hervorgeht.

Praktische Hinweise

1. Es empfiehlt sich, den Wortschatz eines Autors in zwei (bei Dichtern auch in drei) Durchgängen zu bearbeiten: a) Wörter der übergeordneten Gruppe bzw. Gruppen (Prosa, Dichtung, augusteische Dichtung); b) Einzelwortschatz (mit Ziffern gekennzeichnete Wörter).

2. Die gewünschte Ziffernspalte läßt sich leichter festhalten, wenn die vorausgehenden Ziffern abgedeckt werden.

3. Wörter, die sich schwer einprägen, können mit Bleistift angestrichen und dann mit besonderer Aufmerksamkeit durchgelesen werden. Sobald man ein Wort beherrscht, radiert man das Bleistiftzeichen wieder aus und konzentriert so die Weiterarbeit auf die noch unbekannten Ausdrücke. Diese nehmen dadurch rasch ab.

Lektürewichtige Wörter

A

				Latin	German
▶	●		○	ab, abs[1], ā[2] + Abl	von, von … weg, von … her
				ab urbe	von d. Stadt aus, – – – her
				ā tertiā hōrā	von d. dritten Stunde an
				ā Gallīs vincī	von d. Galliern besiegt werden
				servus ab epistulīs	Briefsklave, Sekretär
––	–––––	–	8–––	ăbiēs, ĕtis f	Tanne, Tannenholz; *(dar. gem.:)* Speer, Schiff
––	–––6	–	–––––	abŏlēre, ēvī, itum	beseitigen
––	–––––	–	––0–	absorbēre, uī	aufsaugen, hinunterschlucken
▶	–2 –––6	–	–––––	absurdus	falsch, unpassend, ungeschickt
▶	●		○	ac =	atque
––	–––––	–	8–––	acanthus	Schotendorn, Bärenklau *(Zierpflanze)*
––	––5–	7	–––––	accersere =	arcessere
––	–––––	–	–––1	accĭpĭter, tris *m*	Habicht, Falke
▶	●		– *	ācer, cris, cre	scharf; durchdringend, heftig
▶	●		– 8–01	acerbus	herb, bitter; unreif, frühzeitig
12	–––––	–	–––––	acerbitās	Herbheit, Bitterkeit
––	–––––	–	–––––	ăcēre	sauer sein
––	–––––	–	––0–	acētum	‹Essig›; beißender Witz
––	–––––	–	––0–	acidus	sauer
––	–––––	–	8–01	acervus	Haufen
▶	●		– 8––1	ăciēs (oculōrum//hostium)	Schärfe // Schlachtreihe
				-em laedere	d. Auge verletzen
				in -ē vincī	in offener Schlacht besiegt werden
––	–––––	–	89––	ăcŭĕre, uī, ūtum	schärfen; anspornen
▶	–2 –––––	–	– *	acūtus	(geschärft:) scharf, scharfsinnig **D** akut(e Krankheit)
––	3–––	–	–––––	praeacūtus	vorn zugespitzt
–2	–––––	–	––01	acūmen	Spitze, Scharfsinn
▶	●		○	ad + *Akk*	bei; zu, bis
				~ urbem esse/venīre	bei d. Stadt sein / zur Stadt kommen
				~ multam noctem	bis tief in d. Nacht (hinein)
				~ trecentōs	an die 300
				~ ūsum	zum Gebrauch

---

[1] Gelegentlich vor *t* aus *ab* erweitert.   [2] Vor Kons. aus *ab* vereinfacht.

		~ praeceptum	gemäß – –, entsprechend d. Vorschrift
		~ hoc	dazu, außerdem
			F à
-- ---- - ---1		ădămās, antis m	Stahl
-- ---- - -9--		adamantĭnus	stählern
-- ---- - 8---		adolēre, ēvī (stipulās/ penātēs igne)	entzünden / verehren
-- ---6 - ----		adūlāri (ei, plēbem)	zutraulich sein, schmeicheln[1]
-- ---6 - ----		adūlātiō	Schwanzwedeln, Kriecherei
▶ •	7 ----	adulēscēns[2]	heranwachsend; Jugendlicher
-2 -4-6	7 ----	adulēscentulus	sehr jung
▶ 12 -4--	7 ----	adulēscentia	Jugend
-- ---6 - -9-1		adulter, era, erum	ehebrecherisch; Ehebrecher, Liebhaber
-2 ---6 - ---1		adultĕrĭum	Ehebruch, Treulosigkeit
-- ---- - 8---		ădўtum	Allerheiligstes (d. Tempels); (allg.) Heiligtum, Tempel
▶ 12 -456	O	aedēs, is f / Pl	(Gelaß:) Tempel / (Wohn-)Haus, Bienenstock
▶ 1- --56 - ----		aedīlis, is m	‹Ädil› (zuständig f. Tempel, Märkte u. Spiele)
1- ---- - ----		aedīlitās	Amt d. Ädilen
▶ 12 345- - ----		aedĭfĭcĭum	Gebäude[3]
12 3-5- - --0-		aedĭfĭcāre	bauen, errichten
-- 3--- - ----		inaedĭfĭcāre	aufbauen an, – in; verbauen
▶ -2 3456 7 8-01		aeger, gra, grum	leidend, kummervoll, schmerzlich
▶ -2 3-56 7 ----		aegrē Adv	widerwillig, mit Mühe, kaum
-- ---- - -9--		aegrimōnia	Kummer
▶ -2 ---- 7 ----		aegritūdō	Krankheit; Kummer, Gram
▶ -2 ---- 7 -9--		aegrōtus	krank, siech
-2 ---- - --0-		aegrōtāre	krank sein
▶ -2 ---- - ----		aegrōtātiō	Kranksein, Krankheit
-- ---- - -9--		aegis, ĭdis f	‹Ägis› (Schild Juppiters od. Minervas)
-- -4-6 - 890-		aemulus (eius, ei) ~ meus	wetteifernd; eifersüchtig, neidisch mein Nachahmer, – Rivale
-2 ---6 - ----		aemulārī (ei, eum, cum eō)	wetteifern; eifersüchtig sein
-- ---6 - ----		aemulātiō	Wetteifer; Eifersucht, Neid
▶ •	O	aequus (campus/aciēs// tempus/pars/condiciō)	eben / gerade // günstig / gleich / gerecht
▶ 12 3--- - ----		aequitās (animī/lēgis)	Ausgeglichenheit / Billigkeit
▶ -2 -45- 7 89-1		aequālis (locus/pars/ Caesarī//meus)	eben / gleich / gleichaltrig, -zeitig // Alters-, Zeitgenosse
			F égal E equal D egal (F)

---

[1] Urspr. 'mit d. Schwanz anwedeln' (zu *ūlos 'Schweif').   [2] < PPr. adolēscēns (→ -olēscere).
[3] Urspr. 'd. Bauen' (Vorgang > Ergebnis).

12

▶ -2 3-56 - 8--1	aequāre (locum/ aciem/sortēs)	eben – / gerade – / gleichmachen
	~ tēcta solō *(Dat)*	d. Häuser d. Erdboden gleichmachen
	~ Gallōs virtūte	d. Gallier an Tapferkeit erreichen D eichen
▶ -2 -4-- - ----	aequābilis	gleichmäßig, unparteiisch
-2 ---- - ----	aequābilitās	Gleichmäßigkeit, Unparteilichkeit
-- 3--- - ----	adaequāre (ei, eum)	gleichkommen, erreichen
-- -4-- - ----	coaequāre	angleichen, einebnen
-- ---- - *	aequor, ŏris *n*	Ebene; Meeresfläche, Meer
-- ---- - ---1	aequŏrĕus	Meer-
▶ • ○	inīquus	uneben; -günstig, -gleich, -gerecht
1- 3--- - ----	inīquitās	Unebenheit; Ungunst, Ungleichheit, Ungerechtigkeit
▶ -2 ---- - *	āēr, āĕris *m*	Luft, Nebel F E air
-- ---- - 8--1	āĕrĭus	luftig, Luft-
-2 -4-- 7 ----	**aerumna**	Kummer, Trübsal
▶ • - *	aes, aeris *n*	Kupfer, Bronze, Erz
	aera *Pl*	eherne Statuen, – Tafeln *usw.*
	aere emere	um Geld kaufen
-- ---- - 8---	aereus	ehern, erzbeschlagen
▶ 12 -456 - ----	aerārium	(Ort d. Kupfergeldes:) Staatskasse
-- ---- - 89--	aerātus	erzbeschlagen, ehern
-- ---- - --0-	aerūgō	(Kupfer-krankheit:) Grünspan, Neid
-- ---- - 8---	ăēnus	aus Erz (Bronze, Kupfer)
-- ---- - 8--1	aēnum	(Gegenstand aus Kupfer:) Kessel
-- ---- - -90-	aēneus	aus Erz (Bronze, Kupfer)
▶ -2 3456 - 89--	**aestās**	Sommer F été *m*
-- 3--- - 8-0-	aestīvus	sommerlich, Sommer-
	aestīva, ōrum	Sommerlager, -feldzug
▶ • - --0-	**aestĭmāre**	ab-, einschätzen; meinen F estimer E estimate[1] 'abschätzen', esteem 'hochsch.' D ästimieren
12 3--- - ----	aestimātiō	Ab-, Einschätzung
▶ 12 345- 7 ----	exīstimāre	(ein-)schätzen, urteilen, meinen
1- 3--- - ----	exīstimātiō	Einschätzung, Urteil, Meinung
▶ -2 3--6 - *	aestus, ūs	Glut; Wogengang, Brandung
-- ---- - -9--	aestuōsus	glühend, brandend
-- -4-- - 8---	aestuāre	glühen, lodern; wallen, branden
▶ • ○	**aetās**	Lebensalter, Leben; Zeitalter, Geschlecht
▶ 12 -4-6 - 89-1	**aeternus**	ewig
-2 ---- - ----	aeternitās	ewige Dauer, Ewigkeit

[1] -ate < PP -atus. Man bildete zu d. vereinzelten Partizip zunächst e. gleichlautendes Präsens (vgl. separate : to separate), von diesem dann e. „regelmäßiges" Partizip auf -ed, das d. alte Form verdrängte. Vgl. zu *mix* bei *miscēre*.

▶ -2 ---- - 8--1		aethēr, ĕris *m*	(klare) Luft, Himmel, Oberwelt
-2 ---- - 8--1		aethĕrĭus	luftig, himmlisch, oberirdisch
-- ---6 - *		aevum	Zeit-, Menschenalter; Ewigkeit
▶ •	○	ăger, grī / *Pl*	Feld, Acker / Gebiet
-- ---- - --0-		agellus	Gütchen
-2 -456 - *		agrestis	wild, ländlich, roh; Landmann, Bauer
1- --5- - ----		agrārius	d. Staatsland betreffend
		lēx -a	Gesetz über d. Verteilung v. Staatsland
-2 ---- - 8-01		agrĭcŏla, ae *m*	Bauer
-2 3--- - ----		agrĭcultūra	Ackerbau
-2 --5- - ----		perăgrāre	durchwandern, umherwandern in
-- ---- - --0-		perĕgrē *Adv*	nach –, in –, aus d. Fremde
-2 --5- - --01		peregrīnus	ausländisch, fremd
			SpL pele- > **D** Pilgrim, Pilger [1]
▶ •	○	ăgĕre, ēgī, āctum	treiben, betreiben
		~ equum/praedam	d. Pferd antreiben / d. Beute wegtreiben
		~ causam	e. Rechtssache betreiben, e. Prozeß führen
		~ temere/dē pāce	unüberlegt handeln / über d. Frieden verhandeln
		~ aetātem/cūram/ prīmās partēs	d. Leben verbringen / Sorge zeigen / d. erste Rolle spielen
			F agir; agent **D** agieren; Agent (I); Agende 'Gottesdienstordnung' < agenda *n Pl*
1- --56 - ---1		ācta, ōrum	Handlungen, Verfügungen; *(Bericht darüber:)* Protokoll, Chronik
			D Akte < *Pl* Akten
12 ---- 7 --0-		āctor (pecoris/reī/ fābulae/causae)	Treiber / Ausführender / Darsteller / Betreiber: Kläger, Sachwalter, Vertreter
▶ 12 -4-- - ----		āctiō (reī/ōrātiōnis/ causae) -ēs consulis	Ausführung / Vortrag / Betreiben: Klage, Verteidigung, Verhandlung (Handlungen:) d. Vorgehen d. K.
			F E action **D** Aktion
-- ---- - --0-		āctus, ūs	Handlung, Bewegung *(akt., pass.)*
		~ pecoris/fābulae prīmus ~ fābulae	Viehtrieb / Aufführung e. Schauspiels erster ‹Akt› d. Schauspiels **F** acte *m* **E** act
-- 3--- - ----		āctuārius	(zur Bewegung dienend:) schnell
12 ---- - 8---		age *(< Imp)*	wohlan!
▶ -- 3456 - 89-1		agmen	Ziehen, Zug; Heereszug, Schlacht
-- ---- - --0-		agilis	beweglich, behend
▶ 12 -456	○	agitāre	heftig bewegen, eifrig betreiben
		~ rem mente	e. Sache überlegen
-2 ---- - ----		agitātiō	heftige Bewegung, eifriges Betreiben
-- -4-- - ----		exagitāre	aufjagen; aufreizen, verfolgen

[1] -*im* als Verkleinerung mißverstanden und weggelassen.

-- ---- - -90-	abigere, ēgī, āctum	verjagen, -treiben
-- 3--6 - 8---	adigere	hin-, herbeitreiben
	~ pecus in um-	d. Vieh in d. Schatten treiben / aus
	bram/ē vīcīs	d. Dörfern herbeitreiben
	~ ēnsem pectorī	d. Schwert in d. Brust stoßen
	~ mīlitēs ad sacrā-	d. Soldaten zum Eid nötigen / durch Eid
	mentum/sacrāmen-	verpflichten / verpflichten
	tō/ –	
▶ ● ○	exigere	heraus-, wegtreiben; abmessen; zu Ende führen
	~ rēgēs ex urbe/	d. Könige aus d. Stadt vertreiben /
	pecūniās ab eō/ēn-	Gelder von ihm eintreiben, – – – ver-
	sem in pectus	langen / d. Schwert in d. Brust stoßen
	~ rem ad iūs/opus	e. Sache nach d. Recht bemessen / e. Werk vollenden
		F exiger; exact E exact D exakt
▶ -2 3-5- - *	exiguus	(abgemessen:) knapp, gering
-- 3--- - ----	exiguitās	Knappheit, Kürze
1- 3-56 7 -90-	redigere	zurücktreiben; *(Schuldiges)* eintreiben; (hintreiben zu:) versetzen in
	~ in prōvinciam	zur Provinz machen
▶ -2 -456 - 89--	subigere	hinunter-, (hinauf-)treiben, zwingen; durcharbeiten, gefügig machen
1- ---6 7 ----	trānsigere	vollenden; durchstoßen
	~ (negōtium)	e. Geschäft abschließen
	(~ tempus	d. Zeit verbringen
	(sē ~ gladiō)	sich mit d. Schwert durchbohren
▶ ● ○	cōgere, coēgī, coāctum	zusammentreiben: sammeln, zwingen
	~ senātum in cū-	d. Senat in d. Kurie versammeln / d.
	riam/invītōs venīre	Unwilligen zum Kommen zwingen
	~ id ita esse	folgern, daß das so ist
-2 ---- - -9--	dēgere, dēgī, –	*(Zeit)* verbringen, leben
-- --5- - ----	circumagere, ēgī, āctum	im Kreise drehen, umhertreiben, wenden
-- 3-56 - *	peragere	unermüdlich bearbeiten; ausführen, vollenden
	(~ mare rēmō	d. Meer mit d. Ruder aufwühlen
	~ cursum/vītam	e. Lauf vollenden / d. Leben verbringen
	(~ postulāta)	Forderungen durchgehen, – darlegen
▶ -- 34-6 - 8---	**agger, eris** *m*	Schutt, Erdwall, Damm
-- ---- - 8---	aggerāre	aufschütten, -häufen
-2 ---- - ----	exaggerāre	aufhäufen; vergrößern, steigern
-- ---- - 890-	**agnus**	Lamm
-- ---- - -901	agna	Lammweibchen, Mutterschaf
-- ---- 7 89-1	**ā(h)!**	ah! ach! hm!

15

▶ 12 -456 7 8-01	aiō *def* [1]	ich bejahe, – behaupte
-- --56 - *	āla	Achsel, Flügel; (Heeres-)Flügel, Reiterabteilung
-- 3--- - ----	ālārius / *mPl*	auf d. Flügel stehend / Flügeltruppen
-- ---- - 89-1	āles, itis (puer/sacer)	geflügelt, flüchtig / Vogel, Vorzeichen
-2 3--6 - 8---	ălăcer, cris, cre	eifrig, munter **D** Allegro (I)
-2 3--- - ----	alacritās	Eifer
-2 ---- - *	albus	weiß; hell, blaß
	album	Anschlagtafel[2], Verzeichnis
-- ---- - ---1	albēre, uī	weiß –, hell sein
-- ---- - 8---	albēscere	weiß –, hell werden
-- ---- - -90-	ālea	Würfel, -spiel
▶ 12 34-6 O	ălere, uī, tum	nähren, ernähren
-- ---6 - ---1	alimentum	Nahrung, Nahrungsmittel
-- ---- - 89-1	almus	nährend, fruchtbar, segenspendend
-- ---- - *	alumnus	erzogen; Pflegesohn, Zögling
▶ • 7 8-01	aliēnus	fremd; abgeneigt, unpassend
-- -45- - ----	aliēnāre	wegnehmen, entfremden
▶ • 7 8-01	ălĭquis, quid	irgendjemand, -etwas; gar mancher
	aliquī, quae, quod	irgendein
-- ---- - ----	alicubī	irgendwo
-- ---- 7 ----	aliquō	irgendwohin
-- ---- 7 ----	alicunde	irgendwoher
▶ 12 -45- - ----	aliquantus	ziemlich groß, beträchtlich
	-um aquae	eine beträchtliche Menge Wasser
▶ 12 345- 7 ----	aliquot *inv*	einige
▶ 12 -456 - ----	aliquandō	irgendeinmal; manchmal
-- 3-5- - ----	aliquamdiū	eine Zeitlang
▶ • O	ălĭus, a, ud	anders, ein anderer
	alius aliud dīcit	der eine sagt dies, der andere das; jeder sagt etwas anderes
	aliī ... aliī	die einen ... die anderen
▶ • O	aliter *Adv*	anders, sonst
-- --56 - ----	alibī	anderswo, an e. anderen Stelle **D** Alibi '(zur Tatzeit) anderswo'
-2 ---- - --0-	aliō	anderswohin, nach e. anderen Seite
-2 ---- - ----	aliunde	anderswoher, von e. anderen Seite
▶ -2 3-56 - --0-	aliās	ein andermal, sonst
-- ---6 - --0-	aliōquī(n)	im übrigen, überhaupt, sonst
-- ---- - 8---	alnus, ī *f*	Erle; Kahn (aus Erlenholz)
-- ---- - 8---	altāria, ium *n Pl*	‹Altar›
▶ • O	alter, era, erum	der eine (von zweien), der andere **F** autre
-- ---- - 8-01	alternus	abwechselnd, jeder zweite

---

[1] Gesprochen *ajjō*. Häufig: *ait* 'sagt(e) er'.   [2] In Rom weiß getüncht.

-2 ---- - ----		alteruter, tra, trum [1]	einer von beiden
▶ -2 3456 - *		altus	hoch [2], tief, weit
		altum	*auch:* d. hohe Meer
			F haut (L + Gm hôh)
▶ -2 3456 - ----		altitūdō	Höhe, Tiefe
-2 ---- - 8-01		alvus, ī *f*	Höhlung, Bauch
-- ---6 - 8--1		alveus	Höhlung; Bauch, Mulde, Wanne, Kahn, Flußbett, Bienenstock
▶ 12 -4-6 o		ămāre	lieben F aimer
-- ---- 7 -901		amātor	Liebhaber, Freund D Amateur (F)
-2 ---- - -90-		amābilis	liebenswert, -würdig
12 ---- - ----		amāns (-/frātris)	liebevoll / anhänglich, zugetan
▶ 12 ---6 o		amor	Liebe F amour
▶ • o		amīcus (mihĭ/meus)	freundlich / Freund F ami
▶ • 7 --01		amīcitia	Freundschaft F amitié
▶ • o		inimīcus (mihĭ/meus)	feindlich, zuwider / Feind F ennemi E enemy
▶ 12 34-6 7 ----		inimīcitiae, ārum	Feindschaft
-2 ---- - ----		adamāre	liebgewinnen
-2 ---- - *		amārus	bitter
-- ---6 - 8-01		ambāgēs, um *f Pl*	Umweg, Umschweife [3]
-2 ---6 - --0-		ambĭgere (iūs/dē vērō// AcI/indFr) [4]	anzweifeln / streiten // zweifeln / schwanken
-- ---6 - *		ambiguus	zweifelhaft, unsicher
▶ -2 345- 7 8-01		ambō, ae, ō	beide
-2 ---- 7 -90-		ambŭlāre	umhergehen, reisen D ambulant (F)
-- ---- - -9--		perambulāre	durchwandern, -schreiten
▶ -2 --56 - *		amnis, is *m*	Strom, Fluß, Wildbach
-- ---6 - 890-		amoenus (locus)	lieblich
-2 ---- - ----		amoenitās	Lieblichkeit
-- ---- - -9--		amphŏra	Krug, ‹Amphore› *(zweihenkl. Tongefäß)*
▶ • o		amplus	weit, geräumig; großartig, bedeutend
12 ---- - ----		amplitūdō	Weite; Großartigkeit, Bedeutung
-2 ---- - ----		amplĭfĭcāre	steigern, vermehren
▶ • o		an *FrW*	oder; etwa; ob; ob nicht *(vgl. Gramm.)*
		(utrum) ... an	... oder ...? ob ... oder
		cūr? an cēnsēs?	warum? meinst du etwa?
		quaerō, an	ich frage, ob
		haud sciō, an	ich weiß nicht, ob ... nicht; vielleicht
-- ---6 7 --01		ancilla	Dienerin, Magd
-- ---- 7 ----		ancillula	junge Magd
-- 3--- - ----		ancŏra	‹Anker› E anchor

---

[1] Auch getrennt: *alter uter, altera utra, alterum utrum.* [2] Urspr. 'hochgewachsen' < PPP *altus* 'genährt'. [3] Urspr. 'd. Herumführen' (*amb-* + *agere*). [4] Urspr. Kompositum von *agere*.

▶ -2	----	-	8-0-	**angere,** ānxī	würgen; beklemmen, ängstigen
-2	----	-	----	angor	Angst, Beklemmung
--	----	7	----	**angiportum** (-us, ūs)	enger Durchgang, (Seiten-)Gasse [1]
-2	----	-	*	**anguis,** is *m f*	Schlange, Drache
--	3---	-	-90-	**angulus**	Ecke, Winkel
-2	3-56	-	*	**angustus** [2]	eng; engherzig
-2	3-56	-	----	angustiae, ārum	Enge; Engstelle, Verlegenheit
					F angoisse
--	----	-	8---	**anhēlus**	keuchend; zum Keuchen bringend
▶ •			O	**ănĭmus**	Geist, Sinn; Verlangen, Mut
▶ -2	-456		O	anima	Lufthauch; Atem, Seele, Leben F âme
-2	----	-	----	animālis	luftig, belebt
▶ -2	---6	-	8--1	**animăl,** ālis *n* [3]	Lebewesen, Geschöpf, Tier
					F E animal D animal-isch
-2	----	-	----	animāre	beseelen, -leben [4]; ermutigen [5]
▶ -2	----	-	----	animāns	lebend, Lebewesen
--	---6	-	8-01	exanimis (-us) [4]	(atemlos:) entsetzt, entseelt
-2	3---	7	-90-	exanimāre	erschöpfen, -schrecken, töten
-2	----	-	----	inanimus	unbelebt, leblos
--	----	-	8---	sēmianimis	halb tot
-2	----	-	--01	animōsus [5]	leidenschaftlich, mutig
▶ 12	345-	7	----	animadvertere (-/ rem//in eum/dēlicta)	achtgeben / bemerken // einschreiten / bestrafen
-2	----	-	----	animadversiō	Wahrnehmung; Bestrafung, Rüge
▶ •			O	**annus**	Jahr, Jahreszeit F an
-2	--56	-		annālis	auf d. Jahr bezogen
				annālēs (librī)	Jahrbücher
-2	---6	-	89-1	annuus	einjährig, jährlich
--	----	-	--01	annōsus	alt, bejahrt
1-	--56	-	--0-	annōna	Jahresernte; Getreideversorgung, -preis
--	3---	-	8---	quotannīs *Adv*	jährlich
-2	----	-	---1	perennis	ganzjährig; fortdauernd, beständig
--	----	-	--0-	quinquennis	fünfjährig
-2	--56	-	8-01	sollemnis	alljährlich; feierlich; gewöhnlich
					E solemn
--	--5-	-	----	biennium	Zweijahreszeitraum, zwei Jahre
1-	----	-	----	triennium	Dreijahreszeitraum, drei Jahre
-2	----	-	----	quīnquennium	Fünfjahreszeitraum, fünf Jahre
--	----	-	8---	**ānser,** eris *m f*	Gans
▶ •			O	**ante** *Adv//PräpAkk*	vorn, vorher // vor
				~ esse/agere	sich vorn befinden / vorher tun
				~ urbem/diem	vor d. Stadt / vor d. Tag

[1] -*portus* in d. alten Bed. 'Durchgang' (vgl. *porta*). [2] ~ *angere*. [3] < *animāle* (n zu -*is*).
[4] Zu *anima*. [5] Zu *animus*.

18

▶ 12 ---6 - 8--1	antequam (ante … quam)	ehe, bevor
▶ 12 3-56 7 8-01	antiquus[1]	(vorangehend:) alt, wichtig[2] D antik (F)
-2 ---6 - ----	antīquitās	Alter; alte Art, - Zeit
-- 3--6 - ----	antīquitus *Adv*	in - -, seit alter Zeit
12 ---- 7 ---1	ānulus	(Siegel-; Ritter-)Ring
-2 ---- 7 -901	ănus, ūs *f*	alte Frau; alt, bejahrt
-2 ---- - 8--1	anīlis	altweiberhaft
-- ---- - 89-1	antrum	Grotte, Höhle
▶ -2 -4-6 - 8--1	anxius[3]	unruhig, besorgt; beunruhigend E anxious[4]
-- ---- - *	ăper, prī	Eber, Keiler
▶ ● ○	apĕrire, uī, tum	öffnen, erschließen; enthüllen
▶ ● 7 8-01	apertus	offen; offenkundig
-- ---- - 89--	ăpex, icis *m*	(halbrunder Gegenstand mit keilförmiger Spitze:) Priestermütze, Helm, Tiara; Flammenkegel; Bergspitze
-2 ---- - 89-1	ăpis, is *f*	Biene
-- ---6 - ----	apisci, aptus	erreichen, erringen[5]
▶ 12 -456 7 ----	adipīscī, eptus	erreichen, erringen
-- ---- - -9--	ăpĭum	Efeu, Eppich
-- ---- - 890-	apricus	besonnt
▶ -2 3-56 - *	aptus[6]	an-, zusammengefügt; passend, geeignet
	~ (ē) virtūte	(an d. T. angefügt:) von d. Tugend abhängig
	~ ei/ad pūgnam	für ihn passend / zum Kampf geeignet
-- ---- - 890-	aptāre (arma ei)	anfügen; anpassen, zurechtmachen
-2 ---- 7 --0-	ineptus	unpassend, töricht
▶ ● 7 8--1	apud + *Akk*	bei
	~ Germānōs	bei d. Germanen
▶ ● - *	ăqua / *Pl*	Wasser; Gewässer, Regen / Wasserstrahlen; Quellen, Heilquellen
	~ Appia	d. Wasserleitung des Appius
-- ---- - 89--	aquōsus	wasser-, regenreich
-- 3--- - ----	aquārī	Wasser holen
-2 3--6 - 8---	ăquĭla	Adler
-2 ---- - 8--1	ăquilō, ōnis *m*	Nord(nordost)wind
12 -456 - 89-1	āra	Altar
▶ 12 ---- - 8-01	ărāre	pflügen, durchfurchen
1- ---- - 8---	arātor	Pflüger; Pächter

---

[1] Weiterbildung zu *ante*. [2] Nur im Komp. und Sup. [3] ~ *angere*. [4] *-ous* urspr. über AF < L *-ōsus* entstanden, z.B. E *glorious* < L *glōriōsus*, dann verallgemeinert, z.B. E *conscious*, *various* zu L *cōnscius*, *varius*. [5] Urspr. 'an sich binden' (zu *apere 'anfügen'). [6] Urspr. PPP von *apere (→ *apīscī*).

1- ---- - ----	arātiō	Pflügen; Ackerbau
-- ---- - *	arātrum	Pflug
12 3--6 - -9-	arbĭter, trī	Augenzeuge; Schiedsrichter, Gebieter
12 3-56 - -901	arbitrium	Schiedsspruch, Ermessen
▶ • 7 ----	arbitrārī (rem/id ita esse)	beobachten / annehmen, meinen
-2 ---- - ----	arbitrātus, ūs	Gutdünken, Belieben
▶ -2 3456 - *	arbor, ŏris *f*	Baum F arbre *m*
-- ---- - ---1	arboreus	baumartig, Baum-
-- ---- - 8---	arbustum[1]	Baumpflanzung *(oft mit Reben an d. Stämmen)*
-- ---- - -9--	arbŭtus, ī *f*	Meerkirschen-, Erdbeerbaum
-- ---- - 8---	arbŭtum	Meerkirsche, Frucht d. Erdbeerbaumes
-- ---- - --0-	arca[2]	Kiste, Truhe
-- ---6 - *	arcānus	(abgeschlossen:) geheim, verschwiegen
-2 --56 - 8-01	arcēre, uī (manūs vinculīs/hostem urbe)	einschließen, festhalten / fernhalten, abwehren
▶ -2 3456 - -901	coercēre	zusammen-, in Schranken halten; züchtigen
▶ 12 345- - 8-0-	arcessere, īvī, ītum	herbeirufen, holen
	~ prōditiōnis	wegen Verrats vor Gericht fordern
-2 ---- - ----	architectus	Baumeister
-- ---- - *	arcus, ūs	Bogen *(Waffe; Form)* D Ark-ade (F < I)
▶ • - *	ārdēre[3], ārsī, ārsūrus (amōre/–)	brennen
	~ ad proelia/Alexin/proeliārī	leidenschaftlich nach Kampf – / nach Alexis – / zu kämpfen verlangen
▶ -2 --56 - 89-1	ārdor	Brand, Glut; Leidenschaft
-- ---6 - ----	ārdēscere, ārsī	in Brand geraten, entbrennen
-2 ---6 - 8--1	exārdēscere	entbrennen
-2 34-6 - 89-1	arduus	hochragend; steil, schwierig
-- ---- - *	ārea	freier Platz, Fläche; Tenne, Hof
-- ---- - 8--1	ārēre, uī	trocken –; durstig sein
-- 34-- - 89-1	āridus	trocken; durstig, Durst machend
▶ • ○	argentum	Silber; Silbergerät, Geld F argent
1- --56 - *	argŭĕre, uī, ūtum	bloßstellen, beschuldigen
-- ---- - 890-	argūtus (manus/vōx/ōrātor)	(deutlich:) ausdrucksvoll / helltönend / scharfsinnig
▶ 12 --56 7 ----	argūmentum (crīminis/fābulae)	Beweis / Inhalt, Stoff D Argument

---

[1] -*s*- zwischen Vokalen > -*r*-, aber vor *t* erhalten; daher z.B. *arbosem > *arborem* (danach *arbōs* > *arbŏr*), aber *arbustum*. Vgl. *honor* : *honestus* u. a.   [2] ~ *arcēre*.   [3] < **ār(i)dēre* zu *āridus*.

20

-2 ---- - ----	argūmentārī	Beweise anführen, Überlegungen anstellen
-2 ---- - ----	redarguere	widerlegen
-- ---- - 8--1	ărĭēs, ĕtis *m*	Widder; Rammbock
-- ---- - 8--1	arista	Granne *(Ährenspitze)*, Ähre
▶ ● - *	arma, ōrum	Gerät, Waffen F arme *f* Sg < *n* Pl E arms Pl D Alarm[1], Lärm[2]
▶ ● - 8-01	armāre	ausrüsten, bewaffnen F armer D armieren
-- 3-5- - ----	armātūra	Bewaffnung, Waffengattung
-- 3--- - ----	armāmenta, ōrum	(Schiffsgerät:) Takelwerk, Takelage
-- ---- - 8---	armĭger, era, erum	waffenführend, kriegerisch
-- ---- - 8---	armĭpŏtēns	waffenmächtig, kriegsstark
▶ -- 3456 - 8--1	inermis (-us)	unbewaffnet, wehrlos
-- ---- - 89-1	**armentum**	Großvieh; Herde, Rudel
-- ---- - 8-01	**armus**	Vorderbug *(d. Tieres);* Schulterblatt, Arm
▶ 12 -456 ○	ars, tis *f*	Geschicklichkeit, Kunst
	~ grammatica	grammatisches System
	bonae artēs	gute Eigenschaften F art *m* E art D Art-ist (ML)
-2 ---- - 8--1	artĭfex, ĭcis *m*	Künstler; Anstifter; kunstfertig
12 3--- - ----	artificium	Kunst; Kunstwerk; Theorie
-2 ---- - ----	artificiōsus	kunstvoll, -reich
-2 -4-6 - *	iners, tis	ungeschickt; zaghaft, träge
▶ -- -4-6 - -9--	inertia	Ungeschicklichkeit; Trägheit
-2 ---- - ---1	sollers, tis	kunstfertig, geschickt; schlau
▶ -2 ---- - ----	sollertia	Geschicklichkeit; Schlauheit
-- -456 - -901	**artus**	eng, knapp[3]
-2 ---6 - 8--1	**artus, ūs**	Gelenk[4], Glied
-- ---- - *	**arvum**	Ackerland, Getreidefeld; Flur
▶ ● - *	arx, cis *f*	Burg; Berggipfel
-- ---- - --0-	as, assis *m*	‹As› *(Münze)*
-- ---- - --01	**asellus**	Esel
▶ ● - *	asper, era, erum	rauh; barsch, widrig
-2 -4-- - --0-	asperitās	Rauheit
-- ---- - --0-	**assus**	trocken, gebraten
-- ---- - 8-0-	**ast**	aber, jedoch
▶ -2 ---- - *	**astrum**	Stern, Gestirn
-2 ---- - ----	astrŏlŏgus	Sternkenner, -deuter D Strolch (I)
-- ---6 - ----	**astus, ūs**	List; Kriegslist, Finte
-- ---- - --0-	astūtus	listig, verschlagen

---

[1] < I *all'arme* 'zu den Waffen'. [2] < mundartl. F *à l'erme* 'zu den Waffen'; vgl. *Lärm schlagen*. [3] Urspr. 'zusammengefügt' (PPP zu Wz. **ar-* 'füg-'). [4] Urspr. 'Zusammenfügung' (zu Wz. **ar-*; vgl. voriges Wort).

21

▶ ●	○	at	aber
-- ----	- *	āter, tra, trum	schwarz, dunkel; unheilvoll; böswillig
▶ 1- -456 -	89--	ātrōx, ōcis	trotzig[1]; wild, gräßlich
-- -4-- -	----	atrōcitās	Wildheit, Gräßlichkeit
▶ -2 ---- -	----	ătŏmus, ī f	unteilbarer Bestandteil, ‹Atom› (F)
▶ ●	○	atque, ac[2]	und
		alius/īdem ∼	ein anderer als / der gleiche wie
▶ 12 ---- -	-90-	atqui(n)	und doch; nun aber
-- ---- -	8--1	ātrium	Halle, ‹Atrium› (Hauptraum d. Hauses, oben offen)
-- ---- 7	----	attat!	(plötzl. Begreifen:) aha!
-- ---- 7	----	au!	(Überraschung, Unwille:) au! ach!
-- ---- -	--0-	auceps, ŭpis m[3]	Vogelfänger; (allg.) Hascher
▶ ●	○	audēre[4], ausus sum (in proelia/hūc venīre)	Lust haben, verlangen / wagen, sich erdreisten
-- ---- -	8--1	ausum	Wagnis
▶ 12 345-	○	audāx, ācis	kühn, frech
▶ ● 7	----	audācia	Kühnheit, Frechheit
▶ ●	○	audire / Pass	hören / genannt werden, gelten als
-2 ---- -	--0-	audītor	Hörer, Schüler
-2 ---- -	----	audītus, ūs	Hören, Hörfähigkeit
1- ---- -	----	inaudītus	ungehört; unerhört
-2 3-5- -	8-0-	exaudīre	deutlich hören; erhören
▶ ● 7	8-01	augēre, auxī, auctum	vermehren; steigern, fördern
▶ ●	○	auctor	Förderer, Urheber; Gewährsmann D Autor
▶ ● -	----	auctōritās	maßgebliche Empfehlung; Ansehen, Glaubwürdigkeit F autorité E authority D Autorität
1- ---- -	----	auctiō	Versteigerung D Auktion
▶ 12 --5- -	*	augur, ŭris m	Weissager, ‹Augur›
-2 ---- -	8---	augurium	Vogelschau; Weissagung; Vorzeichen F bon-heur; heur-eux
-2 ---- -	---1	augurārī (-/templum⫽mortem)	Vogelzeichen einholen / durch Einholen d. V. weihen ⫽ voraussagen, ahnen
-- ---- -	---1	augustus[5]	ehrfurchtsvoll; erhaben
		Augustus	Augustus
		domus Augusta	
		mēnsis Augustus	Haus d. Augustus, kaiserliches H. ‹August› (Monat) F août E August
-- ---- -	890-	aula	Hof, Halle; Königshof D Aula 'Festsaal'
-- ---- -	--0-	aulaeum	Vorhang, Teppich

---

[1] Urspr. 'finster blickend' (-ōx ∼ oc-ulus). [2] Vor Kons. < atque verkürzt. [3] < *avi-ceps (avis + capere). [4] < *av(i)dēre zu avidus. [5] Von *augos, eris n 'Vermehrung' zu augēre.

-- ----- - *	aura		Luftzug, Hauch
	sub -ās ferre		an d. Öffentlichkeit bringen
-- ----- - 8---	auriga, ae *m*		Wagenlenker; Lenker
▶ 12 --56 O	auris, is *f*		Ohr
-- ----- - --0-	aurĭcŭla		Ohrläppchen, Ohr **F** oreille
-- ----- - ---1	aurōra		Morgenröte
▶ 12 -456 O	aurum		Gold **F** or
12 --56 - *	aureus		golden, vergoldet
-- ----- - 8--1	aurātus		vergoldet
-- ----- 7 ----	auscultāre		genau an-, genau zuhören **F** écouter
-- ----- - -9--	auspex, ĭcis *m*[1]		Vogelschauer; Führer; Ehezeuge
▶ 12 --56 - *	auspicium		Vogelschau
-2 ----- - ----	auspicārī		d. Vogelschau anstellen
	auspicātō *AblPP*		nach Anstellung d. Vogelschau
-- ----- - 8-01	auster, trī		Südostwind; Süden
▶ ● O	aut		oder
	aut ... aut		entweder ... oder
			F ou; ou ... ou
▶ ● 7 8-0-	autem *nachgest.*		aber
-- ----- - 89-1	autumnus		Herbst **F** automne **E** autumn
▶ ● 7 8--1	auxĭlium / *Pl*		Hilfe / Hilfsmittel, -truppen
-- --56 - ----	auxiliāris / *mPl*		helfend, Hilfs- / Hilfstruppen
-- -4-- - ----	auxiliārius		helfend, Hilfs-
▶ 12 ----- - *	avārus[2]		habgierig, geizig
▶ 12 -456 - --0-	avāritia		Habgier, Geiz
-- ----- - 8---	avēna		Hafer; Rohr, Hirtenpfeife
-2 ----- - --0-	ăvēre		verlangen, begehren
	avē!		sei gegrüßt!
▶ -- -456 - *	avidus (glōriae)		gierig, süchtig
▶ -2 ----- - *	ăvis, is *f*		Vogel; Vorzeichen
12 ---6 - ----	avunculus		Onkel (mütterlicherseits)
			F oncle **E** uncle **D** Onkel (F)
12 -4-6 - 8-01	ăvus		Großvater; Vorfahre
-- ---6 - 89-1	avītus		großväterlich; ererbt
-- ----- - ---1	prŏăvus		Urgroßvater, Ahn
-- ----- - 8--1	axis, is *m*		Achse; *(dicht.)* Wagen; Himmelsachse, Pol

B

-2 ----- - *	bāca		Beere; Olive; Perle
-- ----- - 89--	bacchāri[3]		schwärmen, rasen
-- ----- - ---1	băcŭlum		Stock

---

[1] < *av(i)spex. [2] Zu *avēre* (-*ārus*) unklar. [3] Von *Bacchus*.

23

-- ---- - ----	bālāre	blöken	
-- ---- - 8---	bālātus, ūs	Blöken	
-- ---- - --0-	balbus	lallend, stotternd, stammelnd	
1- ---- - --0-	balneum	Bad **VL** *baneum > **F** bain	
-- ---- - 8---	balteus	Gürtel, Wehrgehenk **E** belt	
-- ---- - --0-	bărăthrum	Abgrund	
-- ---- - 8-01	barba	Bart **F** barbe **D** Barb-ier (I)	
-- ---- - --0-	imberbis	bartlos	
▶ • - -9-1	barbărus	fremd; ungebildet, roh	
		F barbare **D** Berber; Barbar (L + F)	
-2 ---- - ---1	barbaria	Fremde; ‹Barbarei›, Roheit	
-- ---- - 8---	barbaricus	ausländisch, fremd	
-- ---- - -9--	barbĭtŏs, ī m f	Leier, Laute	
-- ---- - -90-	bĕāre	beschenken, beglücken	
▶ 12 ---6 - *	beātus	reich, glücklich	
▶ • ○	bellum	Feldzug; Krieg, Kampf	
-2 --5- - ---1	bellicus	Kriegs-; kriegerisch	
-- 34-- - -9--	bellicōsus	kriegsreich; kriegerisch	
-- 3-56 - 89--	bellāre (-rī)	Krieg führen; kämpfen	
-- ---- - 8---	bellātor	Krieger; kriegerisch, Kriegs-	
-- --5- - ----	dēbellāre (cum eō/eum)	d. Krieg beenden / niederwerfen, besiegen	
-- --5- - ----	rebellāre	d. Krieg erneuern, sich empören	
-- 3--6 - ----	rebelliō	Wiederaufnahme d. Krieges, Empörung	
-- ---6 - ----	rebellis	sich empörend, aufständisch	
		D Rebell (F)	
-- -456 - -9--	imbellis	unkriegerisch, friedlich	
-- ---- - --0-	bellus[1]	hübsch, nett	
		F beau, bel **D** Bel-letristik[2]	
12 ---- - -90-	bēlua	Tier, Untier	
	bene → bonus		
▶ -2 ---- - ----	bēstia	(wildes) Tier **F** bête **E** beast **D** Bestie; Biest (NdD < AF)	
-- ---- ○	bĭbĕre, bĭbī	trinken, einsaugen **F** boire (buv-ons)	
-- ---- - 8--1	bibulus	durstig; aufsaugend	
-- ---- - 8---	bigae, ārum[3]	Zweigespann	
-- ---- - -90-	bilis, is f	Galle; Zorn	
-- ---- - 8---	bipennis[4] / f Subst[5]	zweischneidig / Doppelaxt	
12 345- - *	bis[6]	zweimal **D** bi-lateral	
▶ 1- 3-5- - 8--1	bīnī, ae, a	je zwei	
-2 ---- - *	blandus	schmeichelnd; einnehmend, lockend	
-2 ---- - ---1	blanditia	Schmeichelei; Lockung, Reiz	
-- ---- - ---1	blandīrī	schmeicheln	

---

[1] < *ben-olos (vgl. bene).   [2] Über F belles lettres 'schöne Literatur'.   [3] < bĭiŭgae (equae).
[4] Zu penna; in d. Bed. nicht mehr spürbar.   [5] < bipennis (secūris).   [6] < *duis (zu duo).

-- ---6	-	----	blandīmentum	Schmeichelei; Lockmittel, Reiz
▶ ●	○		bŏnus (mělior, optĭmus)	gut (besserer, bester) **F** bon, meilleur
12 ----	-	----	bonitās	gute Beschaffenheit
▶ 12 ----	-	----	optimātēs, ium *m*	d. Vornehmen, d. Aristokraten
▶ ●	○		běně (melius, optimē) *Adv*	gut (besser, am besten) **F** bien, mieux
-2 ----	-	----	benĕfĭcus	wohltätig, gefällig
-2 ----	-	----	beneficentia	Bereitschaft, Gunst zu erweisen; Wohltätigkeit
▶ ●	7	----	benĕficium	Gunsterweis, Gefälligkeit
▶ 12 ----	-	----	benevolentia	Wohlwollen
▶ 1- -45-	-	-90-	benīgnus [1]	gütig; freigebig, reichlich
-2 -45-	-	----	benīgnitās	Güte, Freigebigkeit
-- ----	-	8--1	bŏrĕās, ae *m*	Nordwind
-2 --5-	-	*	bōs, bŏvis *m* / *f*	Rind; Ochse / Kuh **F** bœuf **E** beef
-- ---6	-	*	brac(c)hium	Unterarm, Arm; *(an Geräten:)* Arm, Schenkel, Stange *usw.* **F** bras **D** Pratze (I)
▶ ●		- *	brĕvis	kurz, gering **F** bref **E** brief **D** Brief < brevis (libellus)
-2 ----	-	----	brevitās	Kürze
-- ----	-	8---	brūma [2]	Wintersonnwende; Winter
-- ----	-	8--1	buxus, ī *f* (-um, ī *n*)	‹Buchs›baum, -holz; *(dar. gem.:)* Flöte, Kreisel, Kamm **E** box

C

-- ----	-	--0-	caballus	abgetriebenes Pferd, Gaul **F** cheval **D** Kaval-ier (F < I); Kavall-erie (F, I)
-- ----	-	8--1	cacūmen	Gipfel, Spitze
-- -4--	-	--0-	cadāver, eris *n*	Leichnam, Aas **D** Kadaver
▶ ●	○		cădĕre, cĕcĭdī, cāsūrus	fallen
			sōl -it	d. Sonne sinkt, -- geht unter
			labor male -it	d. Anstrengung schlägt fehl
▶ ●		- 8-01	cāsus, ūs	Fall; Zufall
-2 ----	-	89-1	cadūcus	zum Fall bestimmt
			aqua/spēs -a	herabstürzendes Wasser / nichtige Hoffnung
▶ ●	7	----	accidere, cidī	sich ereignen, zustoßen; niederfallen bei
			-it, ut	es ereignet sich, daß
			aliquid mihĭ -it	es stößt mir etwas zu **F E** accident < *subst PPr*

---

[1] -gn- ~ genitus (vgl. gi-gn-ere).   [2] < *brevima (diēs) 'kürzester Tag'.

12	3--6	-	89-1	concidere	(in sich) zusammenfallen, -brechen
-2	----	-	-901	dēcidere	herabfallen; sterben
--	----	-	8-01	excidere	heraus-, herabfallen; untergehen
--	--56	-	8---	excidium	Untergang, Fall
▶ 12	3-56	7	8-0-	incidere (in foveam, capitī)	fallen in, – auf
				∼ in hostem	1. (zufällig) auf d. Feind stoßen; 2. (absichtl.) d. F. überfallen
▶ -2	-456	7	89-1	occidere	(nieder-)stürzen, untergehen; umkommen
				ad -entem (sōlem)	nach Westen
-2	345-	-	8---	occāsus, ūs	Untergang
				ad -um (sōlis)	nach Westen
▶ --	3-56	-	----	occāsiō	(was entgegenfällt:) (günstige) Gelegenheit F E occasion
--	----	-	-9--	prōcidere	nach vorwärts –, niederfallen
--	----	-	-90-	**cădus**	Krug
-2	-45-	-	*	**caecus**	blind; unsichtbar, dunkel
-2	----	-	----	caecitās	Blindheit, Verblendung
▶ •		-	*	**caedere**, cecīdī, caesum	hauen, schlagen; um-, niederhauen, töten
▶ •		-	89-1	caedēs, is *f*	(d. Niederhauen:) Ermordung, Blutbad
-2	----	-	----	circumcīdere, cīdi, cīsum	(ringsum) abschneiden
--	34--	-	----	concīdere	niederhauen; zerhacken; verprügeln
1-	----	-	--0-	dēcīdere	abhauen; *(Geschäft)* abmachen, vereinbaren F décider E decide
--	---6	-	8---	excīdere	heraushauen; ausrotten
				∼ arborem/columnās rūpe//saxum	e. Baum umhauen / Säulen aus d. Fels heraushauen // d. Fels aushöhlen
12	--5-	-	8-0-	incīdere (nōmen arborī//arborem/vītem/fūnem//facēs)	einschneiden in // anschneiden / beschneiden / durchschneiden // herausschneiden
▶ •		7	--0-	occīdere	niederhauen, töten
-2	----	-	----	praecīdere	abschneiden
--	----	-	-901	recīdere	zurückschneiden, beschränken; ab-, herausschneiden
--	3---	-	8---	succīdere	(unten) abschneiden, -hauen
-2	----	-	8---	**caelāre**	ziselieren
--	----	-	-90-	**caelebs**, ibis	unverheiratet, ehelos *(v. Mann)*
				lectus ∼	von keiner Frau berührtes Bett
▶ •		-	*	**caelum**	Himmel; Klima F ciel
▶ -2	---6	-	*	caelestis	himmlisch, göttlich
--	----	-	8---	caeles, itis / *mPl*	himmlisch / d. Himmlischen, – Götter
--	----	-	8---	caelĭcŏla, ae *m*	Himmelsbewohner, Gottheit

12 ---6 - ----	caerimōnia	Ehrfurcht; Feierlichkeit, Feier D Zeremonie (F)
-2 ---- - 8---	caerŭlus[1]	blau, bläulich *(auch:* dunkelblau)
-2 ---- - 8--1	caeruleus	blau, bläulich *(auch:* dunkelblau)
-- ---- - 8---	caesărĭēs	Haupthaar, Mähne
-- 3--- - 89-1	caespes, itis *m*	Rasenstück, Rasen; *(dar. gem.:)* Altar
-- ---- - 8---	caestus, ūs	Kampfriemen *(f. Faustkampf)*[2]
-- ---- - ----	caetra	leichter Lederschild
-- 3--- - ----	caetrātus	leichtbeschildet
▶ 12 34-- 7 ----	calămĭtās	Unheil, Schaden
12 ---- - ----	calamitōsus	unheilvoll, verderblich
-- ---- - 8-01	călămus	Stengel, Rohr; *(dar. gem.:)* Pfeil, Pfeife, Angelrute, Schreibrohr
-- ---- - 8--1	călăthus	Korb, Schale
-- ---- - -901	călēre, uī	heiß sein, glühen
-2 ---- - *	calidus	heiß, hitzig **F** chaud
▶ -2 ---- - 89-1	calor	Hitze, Leidenschaft **F** chaleur *f*
-- ---- - ---1	incalēscere, luī	heiß werden
-- ---- - 8--1	cāligō	Nebel, Qualm; Finsternis, Dunkel
-- ---- - --0-	călĭx, ĭcis *m*	Becher, Schüssel
▶ 12 -4-6 7 -901	callidus	gewandt; erfahren, schlau
-- -4-- - ----	calliditās	Gewandtheit, Schläue
-- 3--- - --0-	călō, ōnis *m*	Troßknecht
-2 ---- - ----	calumnia	Rechtsverdrehung, Schikane
-- ---- - 8---	calx, cis *f*	Ferse, Huf
-- ---- - --0-	calceus	(Halb-)Stiefel *(Ggs.* solea 'Sandale'*)*
-- ---- - ---1	calcāre (ūvās/viam)	stampfen / betreten
-- ---- - --0-	caminus	Esse, ‹Kamin›, Ofen
▶ • - *	campus	Feld, Ebene
	~ Martius	Marsfeld[3] F champ D Campus 'Universitätsgelände' (AmE); kamp-ieren (F), camp-en (E)
-- 3--- - --0-	campester, tris, tre	in d. Ebene; auf d. Marsfeld
-2 ---- - 890-	candēre, uī	weiß sein; schimmern, glühen
-- ---- - *	candidus	weiß, glänzend
	-us sōl/-a hōra/	hell strahlende Sonne / glückliche Stunde /
	-us amīcus	aufrichtiger Freund
1- ---6 - ----	candidātus	weiß gekleidet; Wahlbewerber
-- ---- - ---1	candor (togae/sōlis/ amīcī)	schimmerndes Weiß / Glanz / Aufrichtigkeit
▶ -2 -456 - *	cănĕre, cĕcĭnī (carmen/ virum/sīgna/citharā) gallus/tuba -it	singen / besingen / ertönen lassen / spielen d. Hahn kräht / d. Trompete ertönt

[1] Wahrscheinlich zu *caelum* mit Ferndissimilation *l..l > r..l.* [2] Angezogen wie Handschuhe, ließen aber Daumen u. vorderstes Fingerglied frei. [3] Freier Platz nordwestl. v. antiken Rom; Ort f. Wahlen u. Sportübungen.

27

-- ---- - --0-	cantor	Sänger	
		D Kantor 'Chormeister' < 'Vorsänger'	
▶ -2 ---6 - 89-1	cantus, ūs	Gesang; Spiel, Klang *(e. Instrumentes)*	
		F E chant	
-- ---- - *	cantāre (carmen/	singen / besingen / spielen	
	Achillem/tībiīs)	F chanter	
-- ---- - 8-0-	canōrus	wohltönend, -klingend	
-2 ---- - -9--	concinere, cinuī,	zusammenklingen, übereinstimmen;	
	centum	(laut) singen, besingen	
-2 ---- - ----	concentus, ūs	Zusammenklang, Harmonie	
-- ---- - -9--	recinere	widerhallen; zurückschallen lassen	
▶ 12 ---- ○	cănis, is *m / f*	Hund / Hündin F chien	
-- ---- - ---1	canna	Schilfrohr, Rohr	
		D Kanne '(Gefäß m. Ausguß)rohr'	
-- ---- - 89-1	cānus	grau; alt	
	canī, ōrum	(d. Grauen:) Haar, Haare	
-- ---- - 89--	cānitiēs	graue Farbe; graues Haar, Alter	
-- ---- - 8--1	cānēre	grau –, weiß sein	
-- ---- - 89-1	căper, prī	(Ziegen-)Bock	
-- ---- - 8---	capra	Ziege F chèvre	
-- ---- - *	capella	Ziege	
-- ---- - -9--	caprea	wilde Ziege; Reh	
▶ ● ○	căpĕre, iō, cēpī, captum	fassen, ergreifen; erhalten	
	~ arma/cōnsulā-	zu d. Waffen greifen / d. Konsulat über-	
	tum	nehmen	
	~ piscēs/ducem	Fische fangen / d. feindl. Anführer ge-	
	hostium/urbem	fangen nehmen / d. Stadt erobern	
	captus amōre/	durch Liebe verführt / (auf d. Ohren	
	auribus	gefangen:) taub	
	~ pecūniam/dolō-	Geld erhalten / über d. Niederlage	
	rem ex clāde	Schmerz empfinden	
	portus nāvēs/mēns	d. Hafen faßt d. Schiffe / d. Geist erfaßt	
	vērum -it	d. Wahrheit	
		D kapieren	
▶ -2 3-56 - *	captīvus	gefangen; Gefangener	
-- ---6 - ----	captīvitās	Gefangenschaft; Eroberung	
-2 ---- - ----	captiōsus	verfänglich *(Frage)*	
-2 ---- 7 8-01	captāre	haschen, zu fangen suchen	
		VL *-iare F chasser E catch; chase	
-- ---6 - -9-1	capāx, ācis (vīnī)	aufnahmefähig für, geräumig	
-2 -456 - 8---	capessere, īvī, ītum	packen, ergreifen	
	~ rem pūblicam	sich f. d. Gemeinwesen einsetzen	
▶ ● 7 8-01	accipere, iō, cēpī,	annehmen, empfangen; aufnehmen	
	ceptum		

28

▶ -2 ---6 - 8--1	concipere	1. (in sich) aufnehmen; 2. (zu e. Formel) zusammenfassen, feierlich aussprechen
	~ ignem/spem	Feuer fangen / Hoffnung schöpfen
	~ (sēmina)	Samen empfangen, schwanger werden
	~ precēs	Bitten feierlich aussprechen
		F concevoir **E** conceive **D** Konzept 'Gesamtvorstellung[1]; Entwurf'
-2 3--- 7 8-01	dēcipere	täuschen
▶ 12 3-56 - *	excipere (eōs lēge/ ictūs corpore/eum hospitiō)	ausnehmen / auffangen / aufnehmen
▶ • 7 8-01	incipere (ab eō)	anfangen, beginnen
-- -45- - 8-0-	inceptum	Vorhaben, Unternehmen
-- ---- 7 ----	inceptāre	anfangen, beginnen
-- 3--6 - ----	intercipere	(zwischen zwei Punkten wegnehmen:) abfangen, wegnehmen, unterbrechen
-- ---- 7 ----	occipere (-/rem)	anfangen / unternehmen
▶ -2 3---- - ---1	percipere	empfangen; wahrnehmen, sich aneignen
-2 ---- - ----	perceptiō	Einsammeln;Wahrnehmung,Erkenntnis
▶ -2 3456 7 8-01	praecipere (rem mente/ut/artem)	vorwegnehmen ∥ vorschreiben / lehren
▶ -2 34-6 - 8-01	praeceptum	Vorschrift; Befehl, Lehrsatz
-2 --56 - 8---	praecipuus	(im voraus weggenommen:) besonderer; vorzüglich, hervorragend
-2 3-5- - 8-01	praecipuē *Adv*	vor allem, besonders
▶ • ○	recipere	zurücknehmen, -holen; aufnehmen
	~ urbem/gressūs	d. Stadt zurückerobern / d. Schritte zur Stadt zurücklenken
	ad urbem sē ~ ex terrōre/ ad eum	sich vom Schrecken erholen / sich zu ihm zurückziehen
	~ eum tēctō/eum ad sē/officium	ihn in sein Haus aufnehmen / ihn bei sich aufnehmen / e. Pflicht übernehmen
		D Rezept (ML)[2]
-- 3-5- - ----	receptus, ūs	Rücktritt; Rückzug, Flucht
▶ • 7 8--1	suscipere	auffangen, -nehmen; auf sich nehmen
	~ ruentem/onus	den Stürzenden auffangen / e. Last auf sich nehmen
	puer ā patre -itur	d. Knabe wird v. Vater (v. Boden) aufgehoben = (z. Erziehung) angenommen
▶ • ○	occupāre (agrum)	besetzen, in Beschlag nehmen
	~ eum	ihm zuvorkommen, ihn überraschen
	~ id facere	dies zuerst tun
		F occuper **E** occupy[3]

---

[1] < PPP n 'Zusammengefaßtes'. [2] D. Arzt verordnete *recipe* 'nimm' (> E *recipe*), d. Apotheker vermerkte *receptum* 'genommen' (> D *Rezept*). [3] Bildung unregelmäßig.

-2 3--- - ----	occupātiō	Besetzung; Inanspruchnahme
-- 3--- - ----	praeoccupāre (locum/ eum)	vorher besetzen / zuvorkommen, überraschen
▶ 1- 3--6 - ----	recuperāre	wiedererlangen, zurückgewinnen E recover
1- ---- - ----	recuperātor	Erstattungsrichter [1]
-- -4-- - ----	antecapere (rem/ locum/noctem)	(vorher ergreifen:) vorher beschaffen / – besetzen / – nutzen
-- ---- O	capillus	(Kopf-, Bart-)Haar
-- ---- - --0-	capsa [2]	Behälter, Kapsel [3] D Kasse (I)
-- ---- - 8---	căpŭlus [4]	Griff; Schwertgriff
▶ • O	căpŭt, ĭtis n	Kopf, Haupt; Hauptsache
	~ amnis	1. d. Quelle – –, 2. d. Mündung d. Stromes
	accūsāre -itis	auf Leben u. Tod anklagen
	~ librī/Graeciae	d. Hauptgedanke d. Buches / d. wichtigste Ort Griechenlands VL *capu(m) > I capo F chef E chief D Chef (F); Kap (Ndl < I); Kapo (I)
12 -4-- - ----	capitālis	d. Leben betreffend; hervorragend
	~ poena/scrīptor	Todesstrafe / hervorragender Schriftsteller F E capital D Kapital-verbrechen
▶ -2 3456 - 8-0-	anceps, cĭpĭtis [5]	(doppelköpfig:) zweiseitig, unsicher
▶ 1- 3456 O	praeceps, cĭpĭtis	kopfüber; abschüssig, jäh, verderblich
	~ in mare dēicī	sich kopfüber ins Meer stürzen
	~ iter/victōria	steil abfallender Weg / verderblicher Sieg
	in ~ iacĕre	in d. Tiefe stürzen
-2 345- - 8--1	praecipitāre (eum/ scelus//–)	herabstürzen / beschleunigen, übereilen // sich herabstürzen, untergehen
-- ---- - ---1	carbăsus, ī f (Pl -a, ōrum n)	Baumwollgewebe, Musselin; (dicht.) Leinwand, Segel
-- ---- - --0-	carbō, ōnis m	Kohle
12 -456 - 8--1	carcer, eris m / Pl	‹Kerker› / Schranken (am Startplatz d. Rennbahn) D auch Karzer
-- ---- - 8---	cardō, ĭnis m	(Tür-)Zapfen (drehte sich in Schwelle u. Türsturz); Drehpunkt, Achse
▶ 12 ---- O	cărēre, uī, itūrus (culpā/amīcō)	frei sein / entbehren
-- ---- - 89-1	carina	Kiel; Schiff
▶ -2 --56 - *	carmen [6]	Spruch, Formel; Lied, Gedicht F charme 'Zauber' E charm

[1] Wörtl. 'Zurückgewinner (d. verlorenen Guts f. d. Geschädigten)'. [2] Vielleicht zu *capere* (*-sa* nach *ānsa* 'Henkel'?). [3] Vom Deminutiv *capsula*. [4] Zu *capere* (Adjektiv > Werkzeugnamen; vgl. *iaculum*). [5] *an-* ~ *amb(ō)*; Nom. *-ceps* nach *prīnceps* (hier *-ceps* zu *capere*). [6] < *can-men* (zu *canere*).

--	----	-	--0-	cărō, carnis *f*
1-	----	7	----	carnĭfex, ĭcis *m*
--	----	-	*	carpere, carpsī, tum
				~ flōrēs/ōscula
				~ hostem proeliīs
				~ viam/diem
--	----	-	-9--	dēcerpere
--	----	-	--0-	excerpere

Fleisch
Henker, Peiniger
pflücken; rupfen, zerrupfen
Blumen pflücken / Küsse rauben
d. Feind durch Gefechte beunruhigen
d. Weg (stückweise) zurücklegen / d. Tag auskosten
abpflücken
herausnehmen: auswählen, wegnehmen
D exzerpieren '(Buch) ausziehen' < '(Wichtiges aus e. Buch) auswählen';
Exzerpt < *PPP n*

--	3---	-	----	carrus
▶ 12	34-6	○		cārus (annōna/frāter)
▶ 12	--56	-	----	cāritās
--	----	-	--01	căsa
--	----	-	8---	căsĭa
--	----	-	8---	castănĕa
-2	3-5-	-	----	castigāre (equum/ puerōs)
▶ ●		-	*	castra, ōrum
▶ --	3456	-	----	castellum
12	----	-	89-1	castus
--	---6	-	----	incestus
--	3--6	-	-901	catēna
,--	----	-	890-	caterva
--	----	-	--0-	catinus
--	----	-	--0-	catillus
--	----	-	8-0-	cătŭlus
-2	----	-	-9--	cătus
--	----	-	8-01	cauda
--	----	-	--0-	caulis, is *m*
--	----	-	--0-	caupō, ōnis *m*
--	----	-	--0-	caupōna
--	----	-	8---	caurus (cōr-)
▶ ●		○		causa
				amīcī causā
				per -am
				eā dē -ā
▶ 12	-456	7	----	accūsāre
▶ 12	--56	-	----	accūsātor

(vierrädriger) Wagen   E car D Karren
teuer / lieb   F cher
hoher Preis / Wertschätzung
Hütte   F chez < in casa
Zimt, Zeiland *(Gewürzpflanze)*
Edel‹kastanie› *(Baum, Frucht)*
im Zaum halten / zurechtweisen, züchtigen   D kasteien
Lager; Kriegsdienst
Befestigung, ‹Kastell›
   F château   E castle
sittenrein, fromm
unrein, befleckt
‹Kette›, Fessel   F chaîne   E chain
Schar
Schüssel, Napf
Schüsselchen
Junges; junger Hund
schlau, gewitzt
Schwanz, Schweif
Stengel, Stiel; ‹Kohl›stengel, ‹Kohl›
Gastwirt
   D Kauf-mann (-mann *verdeutlichend*)
Gastwirtschaft, Schenke
Nordwestwind
Rechtssache; Ursache
d. Freundes wegen
unter d. Vorwand
aus diesem Grund, deshalb
   F chose; cause   E cause
(zum Prozeß zwingen:) anklagen
   F accuser   E accuse
Ankläger

1- ---6 - ----	accūsātiō	Anklage
-- --56 - --01	excūsāre (eum/rem)	entschuldigen / als Entschuldigung anführen
12 3--- - ----	excūsātiō	Entschuldigung, Ausrede
-- ---6 - 8---	incūsāre (eum/rem)	beschuldigen / sich beklagen über
▶ 12 3-5- - *	recūsāre	ablehnen; sich weigern
-- ---- - 8---	**cautēs**, is f	Riff, Klippe
▶ • ○	**căvēre**, cāvī, cautum	Vorsorge treffen; sich hüten
	∼ sociīs *(Dat)*	f. d. Bundesgenossen vorsorgen
	∼ ei dē pecūniā	ihm f. d. Geld Sicherheit leisten
	∼ canem, ā cane	sich vor d. Hund in acht nehmen
	cavē veniās!	hüte dich, zu kommen!
▶ 12 --5- - -901	cautus	vorsichtig, gewitzt
-- --56 - 8-0-	incautus	unvorsichtig, sorglos; ungeschützt
-- ---- - *	**căvus**	hohl; (ein-, aus-)gewölbt
	-a īlex/via/nūbēs	hohle Eiche / tief eingeschnittener Weg / umhüllende Wolke
		F cave f Sg $<$ n Pl
-2 ---- - ----	cavea	‹Käfig›; Zuschauerraum *(im Theater)*
-- ---- - 8---	caverna	Höhle, Höhlung
-- ---- - 8---	cavāre	aushöhlen, hohl machen
-- ---- - ---1	concavus	(völlig) hohl; gewölbt, gekrümmt
▶ • - *	**cēdere**, cessī, cessum	(von statten) gehen; weichen
	rēs male -it	d. Sache verläuft schlecht
	hostēs -unt	d. Feinde weichen
	∼ (ex) locō	von d. Stelle weichen
	∼ in praedam	zur Beute werden
		F céder
-2 --5- ○	cessāre	ablassen, ruhen; zögern, versäumen
		F cesser
-- ---6 - ----	abscēdere	weggehen
▶ • 7 8-01	accēdere	herantreten, sich nähern; dazukommen
-2 ---- - ----	accessiō	Annäherung; Zuwachs
-2 ---- - ----	accessus, ūs	Annäherung, Zutritt
-2 3--- - ----	antecēdere	vorausgehen; überholen, -treffen
▶ • 7 8-01	concēdere	weichen; zugestehen
	∼ ei/ei multa	ihm weichen / ihm viel zugestehen
	∼ in diciōnem populī Rōmānī	unter d. Botmäßigkeit d. röm. Volkes geraten, ------ fallen
▶ • - 890-	dēcēdere (dē colle, colle; ei)	weggehen, weichen
	-it fīlius/sōl	d. Sohn stirbt / d. Sonne geht unter

▶ • - 8-01	discēdere	auseinander-, weg-, (hin-)gehen
	~ in duās partēs/	sich in zwei Teile spalten / sich von ihm
	ab eō/domum	entfernen / nach Hause gehen
▶ 12 3--- - ----	discessus, ūs	Abzug, -reise; Trennung
▶ -2 3-56 7 8--1	excēdere (urbe, ur-	heraus-, weggehen, verlassen / sich er-
	bem/in eum annum)	strecken bis
▶ -- 3456 - 89-1	incēdere (-/ad eum//	einhergehen / heranziehen gegen // be-
	locum//ei, eum)	treten // anwandeln, befallen
-- ---6 - ----	incessus, ūs	Gang; Vordringen, Einfall
-- ---6 - ----	incessere, īvī	eindringen auf, angreifen
12 3-56 7 ----	intercēdere	einhergehen zwischen; dazwischentreten
	~ inter legiōnēs	zwischen d. Legionen marschieren
	bellum -it	dazwischen ereignet sich e. Krieg
	~ lēgī	gegen d. Gesetz Einspruch erheben
	~ prō iīs	vermittelnd f. sie eintreten
-- ---5- - ----	intercessiō	Einspruch; Vermittlung, Bürgschaft
-- ---6 - -90-	praecēdere (eum)	vorangehen; übertreffen
▶ • 7 8-01	prōcēdere	vorrücken; fortschreiten, Erfolg haben
	agmen/opus -it	d. Zug rückt vor / d. Werk schreitet fort
12 3--- - 8-01	recēdere	zurücktreten; sich zurückziehen, sich entfernen
-2 ---- - ---1	recessus, ūs	Zurücktreten, Rückzug; Abgeschiedenheit, abgelegener Ort
-- -4-- - ---1	sēcēdere (ab eō)	beiseite-, weggehen; sich trennen
	~ in montem	auf d. Berg ausziehen
-- -45- - ----	sēcessiō	Auf-die-Seite-Gehen; Trennung, Auszug
▶ 12 3-56 - 8-01	succēdere (onerī/ad	hinuntergehen unter, auf sich nehmen /
	superōs/ei)	emporsteigen / nachrücken, -folgen
	rēs -it	d. Sache geht vorwärts, - - hat Erfolg
		E succeed
-- --56 - ----	successor	Nachfolger
-- ---- - 8--1	successus, ūs	Heran-, Vorrücken; Erfolg
		F succès E success
-- ---- 7 ----	cĕdŏ *(Pl* cette*)*	gib her; sag, laß hören
-- ---- - 8---	cedrus, ī *f*	⟨Zeder⟩; ⟨Zedern⟩holz, -öl
▶ -2 3--- ○	cēlāre	verbergen, verheimlichen
		E con-ceal
1- --56 - ---1	cĕlĕber, bris, bre	viel besucht / feierlich / häufig genannt,
	(urbs/diēs/nōmen)	berühmt
-2 ---- - ----	celebritās	Belebtheit; Häufigkeit; Berühmtheit
12 -456 - *	celebrāre	besuchen, umdrängen, beleben; feiern, preisen

33

▶ 12 3-5- - *	cěler, eris, ere	schnell
▶ 12 3-5- - ----	celeritās	Schnelligkeit
-- ---- - 8---	celerāre	eilen, beschleunigen
-- ---6 - ----	accelerāre	sich beeilen; beschleunigen
1- ---- - 8-0-	cella	‹Zelle›; Kammer, Vorratskammer L -arium > E cellar D Keller
-- ---- - *	celsus	emporragend, erhaben; großherzig
-2 3--- - ----	excelsus	hochragend, erhaben
▶ -2 ---- - ----	excellere	hervorragen, sich auszeichnen
12 3--- - ----	excellēns	hervorragend, vortrefflich F E excellent
-2 ---- - ----	excellentia	hervorragende Art, Vortrefflichkeit
-2 ---- 7 -90-	cēna	Hauptmahlzeit *(3–4 Uhr nachmittags)*
-- ---- - --0-	cēnāre	speisen
▶ -- -456 - 8--1	ac-cendere, dī, sum	anzünden, entflammen
▶ • 7 8---	incendere	anzünden, entflammen
▶ • - *	incendium	Brand, Feuer
-- 3--- - ----	succendere	in Brand stecken, entflammen
▶ • 7 --0-	cēnsēre, uī, cēnsum	(ein-)schätzen; meinen, beschließen
▶ 12 --5- - --0-	cēnsor	‹Zensor› *(zuständig f. Volkszählung, Sittenaufsicht, öffentl. Aufträge)*
1- ---- - ----	cēnsōrius	‹zensorisch›; ehemaliger Zensor
1- ---- - --01	cēnsus, ūs	Volkszählung *(m. Vermögensschätzung);* Vermögen D Zins 'Abgabe' < 'Schätzung'
-- --5- - ----	cēnsūra	Amt d. Zensors, ‹Zensur›[1]
▶ 12 3-56 - *	centum *inv*	hundert F cent D Pro-zent
-- --5- - ----	centŭrĭa	Hundertschaft, ‹Zenturie› E century
▶ -- 3456 - ----	centŭrĭō, ōnis *m*	Führer e. Hundertschaft, ‹Zenturio›
-2 ---- - 8-01	cēra	Wachs; *(dar. gem.:)* Wachstafel, Ahnenmaske
-- ---- - 890-	cēreus	wächsern; Wachskerze
-2 ---- - 8-0-	cěrěbrum	Gehirn, Verstand
▶ • - 8-01	cernere, crēvī, crētum (rem oculīs/ferrō)	wahrnehmen / entscheiden
▶ • 7 8---	dēcernere	entscheiden, beschließen
▶ • - ----	dēcrētum	Beschluß; (philosoph.) Lehrsatz
-2 ---6 - 89--	discernere	absondern, trennen; unterscheiden
-2 ---- - -90-	sēcernere	absondern; unterscheiden D Sekret < *PPP n*
-- 3-56 - 8-01	sēcrētus *(Adv -ō)* -um	abgesondert, geheim E secret Geheimnis F E secret

---

[1] *Zensur* als 'Meinungsüberwachung' < 'Sittenaufsicht'; als '(Schul)note' < 'Schätzung, Bewertung'.

▶ 12 -456 - *	certāre[1]	wetteifern; kämpfen, streiten
-2 ---- - ----	certātiō	Wetteifer, -kampf; Streit
	~ poenae	Streit um d. Strafe
-- ---6 - 8---	certātim *Adv*	im Wettstreit, um d. Wette
▶ ● - *	certāmen	Wettkampf, -streit; Kampf, Streit
-2 3--- - ----	dēcertāre (pūgnā)	um d. Entscheidung kämpfen
▶ ● ○	certus[2]	sicher, gewiß
	-iōrem facere	benachrichtigen
		F certes *Adv;* cert-ain E cert-ain
▶ ● 7 8-01	certē *Adv*	sicherlich, gewiß; wenigstens
-2 ---- 7 ----	certō *Adv*	sicher
▶ ● ○	incertus	unsicher, -gewiß
12 ---- - *	cervīx, īcis *f*	Hals, Nacken
-- ---- - 89-1	cervus	Hirsch
-- ---- - -9-1	cerva	Hirschkuh, Hindin
▶ ● ○	cēteri, ae, a	d. übrigen
12 -456 7 ---1	cēterum *Adv*	im übrigen
-- ---- - 8--1	ceu *inv*	wie; wie wenn
-- ---- - ---1	chăŏs *Nom, Akk n*	gestaltlose Masse; Leere, Unterwelt
-- ---- - *	charta	Papyrus, Papier; Blatt, Schriftstück
		F carte E card D Karte; Charta
-- ---- - --0-	chirăgra	Gicht (in d. Hand)
-- ---- - 8-0-	chlămўs, ўdis *f*	Kriegsmantel, Überwurf
-- ---- - --0-	chorda	Saite D Kord-el (F)
-- ---- - *	chŏrus	Reigentanz; ‹Chor›
-- ---- - 89--	chorĕa	Reigentanz
▶ -2 3456 7 -901	cĭbus	Nahrung, Speise
-- ---- - 8---	cicāda	Grille, ‹Zikade›
-- ---- - --0-	cĭcer, eris *n*	‹Kicher›erbse
-- ---- - --0-	cicūta	Rohrpfeife; Schierling
-2 --56 - 8---	ciēre, cīvī, cĭtum[3]	in Bewegung setzen; aufrufen
12 -4-6 ○	citus *(Adv -ŏ)*	(in Bewegung gesetzt:) schnell
▶ 12 --5- - --0-	citāre (testem)	vorladen, aufrufen
▶ 12 -456 - --0-	recitāre	vorlesen F réciter E recite D rezitieren
-- --56 - 8--1	conciēre[3]	zusammenbringen; antreiben, erregen
▶ 12 345- - 8--1	concitāre	zusammenbringen; antreiben, erregen
-2 ---- - ----	concitātiō	Erregung; Auflauf
▶ -- -456 - ----	accīre	herbeiholen, -rufen
-- -456 - 8---	excīre[4]	heraus-, aufjagen; erregen, herbeiholen
▶ ● - 890-	excitāre	heraus-, aufjagen
	~ ignem/turrim	e. Feuer entfachen / e. Turm errichten
		F exciter E excite

---

[1] Zu *certus* (als 'sicher machen, entscheiden'). auch Formen d. i-Konjugation. [2] Urspr. PPP zu *cernere*. [3] Im Präs.-stamm [4] PPP -*cĭtus*.

▶ 12 3-5- - ---1	incitāre	antreiben
-- ---6 - ----	incitāmentum	Anreiz
-- ---- - 89--	suscitāre	emportreiben; wecken, erregen
-2 -45- - *	sollĭcĭtus¹	erregt; unruhig, besorgt
12 -4-6 7 -9--	sollicitūdō	Unruhe, Sorge
▶ -- 345- 7 -9-1	sollicitāre	erregen, in heftige Bewegung setzen
-2 3-56 - 89-1	**cingere**, xī, cīnctum	umgürten, -schließen
-- ---6 - 8---	accingere	an-, umgürten
	accingī pūgnae	sich zur Schlacht fertigmachen
-- ---- - --0-	discingere	auf-, losgürten
	discīnctus	*auch:* ohne Gurt; locker, sorglos
-- ---- - ---1	incingere	umgürten, -geben
-- ---- - --0-	praecingere	(vorne gürten:) d. Gewand raffen²; umgürten, -geben
-- ---- - 8-01	succingere	(d. Gewand) hochbinden; umgürten, -geben
-- ---- - *	**cĭnĭs**, ĕris *m*	Asche
-2 --56 - --01	**circus**	Kreis; Rennbahn *(Form:* ⟋⟍⟍⟍*)* **D** Be-zirk (MHD zirc 'Umkreis'); Zirkus
▶ -2 3456 - *	circum (circā)	rings, im Kreise / um ... herum, bei
	Adv / PräpAkk	
	stāre ∼	... herum
	stāre ∼ eum/mittere ∼ omnēs	rings stehen um ihn herumstehen / bei allen herumschicken **D** zirka
▶ -- 3--- - ----	circiter *Adv*	ungefähr
-- ---- - 8---	**ciris**, is *f*	⟨Ciris⟩ *(Meervogel)*³
-- --5- - ----	cis + *Akk* (Alpēs)	diesseits
-- 3--6 - --0-	citrā *Adv / PräpAkk*	diesseits / diesseits von, innerhalb d. mir zugewandten Grenze
	∼ flūmen∥fidem/ scelus	diesseits d. Flusses ∥ noch innerhalb d. Glaubens / noch vor d. Verbrechen
-- 3-5- - ----	citĕrior, ius	näher liegend, diesseitig
-- ---- - *	**cĭthăra**	⟨Zither⟩ *(m. vier Saiten)*
▶ ● ○	**civis**, is *m / f*	Bürger / -in
▶ ● - -90-	cīvitās	Bürgerrecht; Bürgergemeinschaft, Staat **F** cité **E** city
▶ ● - -90-	cīvīlis	bürgerlich, politisch
	∼ exercitus	Bürgerheer
	iūs -e	d. für d. Bürger geltende Recht
	∼ animus	d. für e. Bürger geziemende Gesinnung
	officia -ia	Bürgerpflichten; politische Ämter
-- ---- - -9--	cīvicus	bürgerlich, Bürger-

---

¹ *soll-* 'ganz' (vgl. *sollers, sollemnis*). ² Zur Arbeit od. Reise. ³ Vielleicht Silberreiher od. Eisvogel.

▶ -2 -456 - 89-1	clādēs, is f	Verlust; Niederlage, Unglück
12 345- 7 --01	clam Adv / PräpAkk (patrem)	heimlich / heimlich vor
-- ---- 7 ----	clanculum Adv / PräpAkk (senem)	heimlich / heimlich vor
12 ---- 7 8-01	clāmāre	schreien, rufen; aus-, anrufen E claim
▶ • ○	clāmor	Geschrei, Lärm
-- ---6 7 ----	clāmitāre	schreien
-- 3-5- - 8---	conclāmāre	zusammenrufen; (laut) rufen, schreien
-2 ---- 7 --01	exclāmāre	aufschreien; ausrufen
-- ---- - 8---	clangor (tubārum/ānserum)	(lautes Ertönen:) Schmettern / Geschrei, Schnattern
▶ 12 -456 - *	clārus	hell: deutlich, glänzend, berühmt F clair E clear D klar
-- ---6 - ----	clāritūdō	Helle; Berühmtheit
▶ 12 -4-- - ----	dēclārāre	kenntlich machen; verkünden, erklären F déclarer E declare
▶ 12 -4-6 - 8-0-	praeclārus	(besonders) glänzend, (-) berühmt
▶ • - *	classis, is f	Abteilung (d. Aufgebots); Flotte F classe E class D Klasse
▶ • ○	claudere, sī, sum (portam/fīlium)	schließen / einschließen *PPP* > F clos E close
-- ---6 - 8-0-	claustra, ōrum	Riegel; Verschluß *Sg* > F cloître E cloister D Kloster
▶ -2 ---- 7 --0-	conclūdere, sī, sum	einschließen; abschließen, folgern F conclure
-2 ---- - ----	conclūsiō	Einschließung; Abschluß, Folgerung
12 3-5- 7 --0-	exclūdere	ausschließen; absperren
▶ 12 --5- - *	inclūdere	einschließen; verschließen
▶ -- 3-5- - ----	interclūdere (eōs viā, iīs viam)	absperren, -schneiden
-- 3--- - ----	praeclūdere (portās)	verschließen
-- ---- - *	reclūdere	aufschließen, öffnen
-- ---- - --0-	clāvis, is f	Schlüssel F clef, clé
-- ---- - -90-	clāvus	Nagel; *(ähnl. Form:)* Griff d. Steuerruders; Purpurstreifen (an d. Tunika) F clou
-- ---6 7 ----	clēmēns	mild
1- 3456 - ---1	clēmentia	Milde
-2 34-6 - -90-	cliēns	Abhängiger, Schützling, ‹Klient› F client
-- 3--6 - ----	clientēla	Abhängigkeit; Anhang, ‹Klientel›
-2 ---- - ----	dē-clīnāre (ictum ā rē/ dē viā/minās)	ablenken / abbiegen / ausweichen, vermeiden

-2 ---- - ----	dēclīnātiō	Abweichung
▶ -2 --56 - ----	inclīnāre	beugen, neigen; sich beugen, – neigen F incliner E incline
-- ---6 - ----	inclīnātiō	Beugung; Wendung; Zuneigung
-- ---- - -9--	reclīnāre	zurück-, anlehnen
-2 ---- - 8--1	clĭpĕus (clŭ-)	Rundschild; Scheibe, Medaillon
-- ---- - --0-	clitellae, ārum	Pack-, Saumsattel
-- ---- - ---1	clivus	Hang, Hügel
-- 3--- - ----	dēclīvis	abschüssig
-2 ---- - ----	prōclīvis	abschüssig; geneigt; leicht ausführbar
-- ---- - --0-	clūnis, is *f*	Hinterbacken, -keule
-- -4-6 - ----	coălēscere, luī, litum (populus/īlex)	zusammen- / anwachsen
1- ---- - ----	cōdex, icis *m* ~ acceptī et expēnsī	Baumstamm; (Schreibtafel:) Heft, Buch Buch d. Einnahmen u. Ausgaben, Rechnungsbuch L Cōdex Iūstīniān(ē)us *(529 n. Chr.)* F E code D Kodex; Code (EF)
-- ---6 - ----	cōdicillus	Schreibtäfelchen, Schriftstück (Brief, Bittschrift, Kabinettsordre)
▶ • 7 8-01	coepisse, coeptum	angefangen haben
-- ---6 - 8--1	coeptum	Vorhaben, Unternehmen
-- ---6 - ----	coeptāre	anfangen, beginnen
▶ -2 --56 - 8---	coetus, ūs [1]	Zusammenkommen; Versammlung
▶ • 7 --0-	cōgitāre [2]	denken; erdenken, planen
12 --56 - ----	cōgitātiō	Denken; Gedanke, Überlegung
12 ---- - ----	excōgitāre	erdenken, -sinnen
▶ 1- 3456 - 890-	cŏhors, tis *f*	Viehhof, Gehege [3]; *(Inhalt:)* Schar; ‹Kohorte›, Gefolge (AF court >) N F cour [4] E court [4]
▶ 12 345- ○	cŏlĕre, uī, cultum ~ agrōs ~ īnsulam/circā rīpam ~ studia/deōs	bearbeiten, pflegen d. Äcker bebauen (d. Insel bebauen:) d. Insel bewohnen / um d. Ufer herum wohnen d. Studien pflegen / d. Götter verehren
-- -456 - 8--1	cultor	Bearbeiter, Bewohner, Verehrer
▶ -2 3456 - *	cultus, ūs (agrī/ hūmānus/rēgius)	Bearbeitung, Pflege / Lebensweise / Schmuck D Kult(us)
-2 3--- - --0-	cultūra	Bearbeitung, Pflege F E culture D Kultur
-2 -4-- - 8-0-	incultus	unbearbeitet, -gepflegt, -gebildet
1- --5- - *	colōnus	Bauer, Pächter, Siedler

[1] Ältere Ableitung von *īre* (jünger *coitus, ūs*; → *co-īre*). [2] < **co-agitāre*. [3] *co-hors* ~ *hortus*.
[4] 'Gebäudehof' < 'Gehege', 'Fürstenhof' < 'Gefolge'.

▶ ● - ----	colōnia	Ansiedlung, Niederlassung, ‹Kolonie› **D** auch Köln[1]
-2 ---- - ----	excolere (animōs)	(gründlich pflegen:) verfeinern
▶ -2 3-5- - ----	incolere (urbem/ibī)	bewohnen / wohnen
-- --56 - ----	accola, ae m	(Anwohner:) Nachbar; angrenzend
-2 --5- - -9--	incola, ae m	Einwohner; einheimisch
▶ 12 -456 - --0-	collēga, ae m[2]	Amtsgenosse (Mitkonsul, -prätor usw.)
12 --5- - ----	collēgium	gemeinsame Amtsführung; ‹Kollegium› **F** collège **E** college **D** auch Kolleg
▶ -- 3456 - *	collis, is m	Hügel
-2 ---- - *	collum	Hals; (gl. Form:) Stengel (d. Pflanze) **F** cou
▶ -2 ---- ○	cŏlor	Farbe, Färbung **F** couleur ƒ **E** colour
-- ---- - 8---	cŏlŭber, brī	(kleine) Schlange
-- ---- - 89-1	columba	Taube
1- ---- - 890-	columna	Säule **F** colonne **E** column **D** Kolumne; Kolonne (F)
-- ---- - 89-1	cŏma	Haar; (Haar d. Bäume:) Laub
-- ---- - 8---	comāns	behaart, belaubt
	~ galea/stēlla	Helm m. Busch / Stern m. Schweif, Komet
-- ---- - 8---	cōmere, psi, ptum	kämmen, flechten; umwinden
-- ---- - -9--	cōmptus	gepflegt
-- ---- - -9--	incōmptus	ungepflegt
12 --56 ○	cŏmĕs, ĭtis m	Begleiter, Gefolgsmann
-- ---6 - 8--1	comitārī	begleiten
	comitātus PP	auch: begleitet
1- ---6 - ----	comitātus, ūs	Begleitung, Gefolge
-- --56 - --0-	cōmis	freundlich, umgänglich
-2 --56 - ----	cōmitās	Freundlichkeit, Umgänglichkeit
-- ---- 7 ----	com-minisci, mentus[3]	ausdenken, ersinnen
-2 ---- - ----	commentīcius	ersonnen, erfunden
-2 ---- - ----	commentārī	reiflich überlegen; einstudieren
-2 3--- - ----	commentārius (liber)	(schmucklose) Aufzeichnung **D** Kommentar 'Erläuterung(sschrift); Stellungnahme'
-2 ---- 7 --0-	cōmoedia	Lustspiel, ‹Komödie› **F** comédie **E** comedy
-- ---- - --0-	cōmicus	zur Komödie passend, ‹komisch›
	~ poēta	Komödiendichter
▶ 1- 3456 7 ----	comperire, pĕrī, pertum[4]	(genau) erfahren; ertappen, überführen

---

[1] < Colōnia (Claudia Agrippīnēnsium). [2] Zu collēgāre 'gemeinsam beauftragen'? (Zur Bildung vgl. incolere : incola u.ä.). [3] ~ me-min-isse u. mēns. [4] Wie reperīre zu parēre?

-- ---- - -901	compescere, scuī	zähmen, bezähmen
-- ---- - --0-	compilāre	ausplündern
-- ---- - --0-	compĭtum	Kreuzweg, Weggabel
▶ 12 345- 7 8-01	cōnāri	versuchen, wagen
12 3-56 - ----	cōnātus, ūs	Versuch, Unternehmen
-- ---- - 8-01	concha	Muschel, -schale; Perle; Purpur
-- ---- - --0-	conchylĭum	(Schaltier:) Auster, Purpurschnecke; Purpur
▶ -2 3-56 - 8---	concĭlĭum	Versammlung E council D Konzil
-2 3-56 - ---1	conciliāre (rēgem sibī/iīs pācem)	(vereinigen:) gewinnen / vermitteln
-- --5- - ----	reconciliāre	zurückgewinnen; wiederherstellen
-- ---- - --0-	concinnus	kunstgerecht, ausgeglichen, gefällig
-- ---- - --0-	inconcinnus	ungeschickt, -gleichmäßig, plump
-2 ---- - ----	condire	einbalsamieren, würzen
▶ -2 ---6 7 ----	congrŭĕre, uī	zusammentreffen, übereinstimmen
▶ 12 -4-- - ----	cōnsiderāre [1]	genau betrachten, überlegen F considérer E consider
-- --5- - ----	cōnsternāre (equum)	scheu machen, erschrecken; aufjagen D konsterniert
▶ ● - 8--1	cōnsul, is m [2]	‹Konsul› *(höchster jährl. Beamter)*
▶ 12 345- - ----	cōnsulātus, ūs	Amt d. Konsuls, ‹Konsulat›
▶ 12 -456 - ----	cōnsulāris	‹konsularisch›; ehemaliger Konsul
-- --56 - ----	prōcōnsul, is m	stellvertretender Konsul, Statthalter
▶ ● 7 8-01	cōnsŭlĕre, uī, tum (eum/rem, dē rē/ei) ~ sevērē in eum	befragen / beraten, -schließen / sorgen für strenge Beschlüsse gegen ihn fassen
-- ---- - --0-	cōnsultus (-//iūris)	wohlüberlegt // kundig, erfahren
▶ ● - ----	cōnsultum	Beschluß
-2 34-- - ----	cōnsultō (-ē) *Adv*	(nach Überlegung:) absichtlich
-- -4-- - ----	cōnsultor	1. Ratsuchender, 2. Ratgeber
-- -456 - ----	cōnsultāre	befragen; beraten; sorgen für
▶ ● ○	cōnsilium ~ habēre/convocāre/dare/capere	Beratung; Rat, Entschluß e. Beratung abhalten / d. (Bei-)Rat einberufen / e. Rat geben / e. Entschluß fassen
	plēnus -ī	voll Einsicht, - Klugheit F conseil E counsel
1- --5- - ----	contāmināre [3]	beflecken, verderben
▶ ● - ----	contiō [4]	Versammlung; *(darin gehaltene)* Rede
-- 3--- - ----	contiōnārī	e. Rede halten

---

[1] Wohl zu *sīdus* 'Gestirn' (Bedeutungsentwicklung unsicher). [2] Herkunft unklar. Für d. Römer *quī cōnsulit populum et senātum* (Varro). [3] Von *contāmen* 'Berührung' (zu *contingere*; vgl. *exāmen : exigere*). [4] < *co-ventiō*.

40

▶ •		○	contrā *Adv* / *PräpAkk* (hostem)	gegenüber, dagegen / gegenüber, gegen **D** konter-n (E)
▶ -2	3--6	- 8--1	contrārius -um	gegenüberliegend; entgegengesetzt Gegensatz, -teil **F** contraire **E** contrary **D** konträr (F)
--	---6	- ----	contubernium	1. (Zelt-)Gemeinschaft, Zusammenleben; 2. gemeinsames Zelt, -e Unterkunft
--	---6	- ----	contumācia	Unnachgiebigkeit, Trotz
▶ •	7	----	contumēlia	Beleidigung, Mißhandlung
--	----	- 8---	contus	Ruderstange; Wurfspieß *(d. Reiter)*
-2	--56	7 --0-	percontārī (-cūnctārī¹) (rem ex eō, eum dē rē)	(mit d. Ruderstange abtasten·) erforschen, sich erkundigen, fragen
--	---6	- --01	convicium²	Gekreisch; Schelt-, Spottrede
--	----	- 8---	convexus convexa, ōrum	ausgewölbt; trichterförmig, steil 1. Himmelsgewölbe; 2. Talkessel
▶ •		○	cōpia³ / *Pl* ~ pūgnandī	Vorrat, Fülle / Truppen, Vermögen Möglichkeit – –, Gelegenheit z. Kampf **D** Kopie⁴
12	----	- ----	cōpiōsus	reich ausgestattet; wortreich
-2	----	- ----	cōpŭlāre	an-, verknüpfen **D** koppeln (AF), kuppeln
--	----	- 8-0-	cŏquĕre, xī, coctum ~ cibum	‹kochen›, erhitzen 1. e. Speise kochen; 2. e. Speise zersetzen, – – verdauen
			~ pānem/venēnum	Brot backen / Gift sieden, – zusammenbrauen
			~ glaebam/pōma	d. Scholle ausdörren / d. Obst reif machen **VL** cocere > **F** cuire⁵
▶ -2	----	○	cŏr, cordis *n* is mihī̆ -dī est	Herz; Gemüt, Verstand sein Schicksal liegt mir am Herzen **F** coeur
--	----	- 8---	concors, dis	einträchtig
▶ 12	-456	- ---1	concordia	Eintracht
--	---6	- 8-0-	discors	uneinig; widersprechend
12	-456	- 8-0-	discordia	Uneinigkeit, Zwietracht; Meuterei
--	----	- --0-	discordāre	uneinig sein, sich in Zwietracht befinden
--	----	- --0-	excors	ohne Verstand, dumm
--	---6	- ----	sŏcors	schwerfällig, beschränkt; sorglos

---

¹ Nach der falschen Herleitung *per cūnctās rēs īre* (Festus). ² ~ *vocāre*, doch Länge des *ī* unerklärt. ³ Von *co-ops* 'reich' als Ggs. zu *inops* 'arm' (→ *ops*). ⁴ 'Abschrift' wohl < 'Vervielfältigung' nach ML *copiáre* 'in Menge herstellen'. ⁵ E *to cook* nach Subst. *cook* < VL *cōcus* < Kl *coquus* ‹Koch›.

41

▶	-- -4-6 - ----	socordia	Beschränktheit; Sorglosigkeit
	-- ---6 - ----	vēcors	un-, wahnsinnig
	-- -4-- - ----	vēcordia	Sinnlosigkeit, Wahnsinn
▶	12 ---- - ---1	recordārī (rem)	sich erinnern, beherzigen **E** to record; *daraus* the record **D** Rekord (E)
	-2 ---- - ----	recordātiō	Erinnerung
	-- ---- - *	praecordia, ōrum	Zwerchfell; Eingeweide; Brust
	-- 3--6 7 8-0-	cōram *Adv / PräpAbl* (Polybiō)	(bei Anwesenheit:) persönlich, öffentlich / in Gegenwart von
	-- 3--- - ----	cŏrĭum	Tierhaut, Fell, Leder **F** cuir
	-2 ---- - -9--	cornix, īcis *f*	Krähe
▶	-2 3-56 - *	cornū, ūs *n*	Horn *(d. Tiere); (dar. gem.:)* Bogen, Trinkhorn, Blashorn; *(gl. Form:)* Heeresflügel, Landzunge, Helmspitze *u. ä.* **F** corne *f Sg < n Pl*
	-- ---- - ---1	cornĭger, era, erum	gehörnt, geweihtragend
	-- ---- - --0-	cornum	‹Korn›elkirsche; Hartriegelholz, Lanze
▶	-2 --56 - *	corōna	Kranz; ‹Krone›, Zuschauerkreis, Sperrlinie
		sub -ā vēndere	als Sklave verkaufen **F** couronne **E** crown
	-- ---- - *	corōnāre	be-, umkränzen
▶	● - *	corpus, oris *n*	‹Körper›; ‹Körper›schaft, Gesamtheit **F** corps **D** *auch* Korps (F)
	-- ---- - 89-1	cortex, icis *m f*	Rinde, Kork
	-- ---- - 8---	coruscus	zuckend, schwankend, blitzend
	-- ---- - 8---	coruscāre ∼ fulgōre/hastam	zucken; – lassen blinken, blitzen / d. Lanze schwingen
	-- ---- - 8-0-	corvus	Rabe
	-- ---- - 8---	cŏrўlus (-ŭlus), ī *f*	Haselstaude
	-2 ---- - ----	cōs, cōtis *f*	Wetzstein
	-- ---- - 8---	costa	Rippe **F** côte 'Rippe; Küste (< L 'Flanke' < 'Rippe')' **E** coast **D** Küste; Kotelett (F 'kleine Rippe')
	-- ---- - 8-01	cothurnus	‹Kothurn› *(hoher Schuh d. Schauspieler in d. Tragödie);* Jagdstiefel
▶	12 3-56 - ----	cottidiē *Adv*	täglich
	12 3--- 7 ----	cottīdiānus	täglich, alltäglich
	-- ---- 7 -90-	crās *Adv*	morgen
	-- ---- - 8---	crāstĭnus	morgig
	-2 ---- - 8-0-	crassus	dick
		-us ager/-um fīlum/ -us āēr	fetter Acker / grober Faden / dichte Luft **F** gras **D** kraß (L + MHD grēzlich > gräßlich)

42

--	3---	-	----	crassitūdō	Dicke
--	----	-	8--1	crātēr, ēris m (-ēra, ae f)	Mischkessel; Schlund, ‹Krater›
--	3---	-	8---	crātis, is f	Flechtwerk, (Bretter-)Gefüge
▶ 12	345-	-	8--1	creāre	erschaffen, hervorbringen
				~ cōnsulēs	d. Konsuln wählen lassen, -- wählen
-2	----	-	----	prōcreāre	hervorbringen, zeugen
1-	----	-	-90-	recreāre	wiederherstellen
				sē ~	sich erholen
▶ -2	3456	-	8--1	crēber, bra, brum	dicht (zusammenstehend); häufig
-2	3-5-	7	----	crēbrō Adv	häufig
▶ ●			○	crēdere, didī, ditum (tibĭ/rem tibĭ/id ita esse)	vertrauen / anvertrauen / glauben F croire D Kredit (I, F < L PPP n)
--	----	-	---1	crēdibilis	glaubhaft
▶ 12	34--	7	----	incrēdibilis	unglaublich
--	----	-	-9-1	crēdulus	leichtgläubig
--	----	-	---1	crēdulitās	Leichtgläubigkeit
-2	---6	-	89-1	crĕmāre	verbrennen D Krema-torium (Neubildung)
--	----	7	-90-	crĕpāre, uī, itum	1. tönen (schallen, klirren, knarren usw.); 2. ertönen lassen D krepieren (Geschoß) 'bersten' < 'krachen'
--	----	-	8---	crepitāre	tönen (schallen, klirren, krachen usw.)
--	-456	-	89-1	increpāre, uī, itum (āvī, ātum) (armīs/ sonitum/mē)	tönen (klirren, knirschen usw.) / ertönen lassen / schelten
--	----	-	8---	increpitāre	(antönen:) schelten, höhnen
▶ -2	----	-	--0-	discrepāre, āvī	nicht übereinstimmen, abweichen
▶ -2	-45-	-	*	crēscere, crēvī, crētum	wachsen, sich entwickeln D Crescendo (I)
--	----	-	--0-	accrēscere	hinzuwachsen; wachsen
-2	----	-	8--1	concrēscere	zusammenwachsen, erstarren
▶ 12	--56	7	8--1	crimen	Vorwurf; Schuld, Verbrechen F E crime
1-	-456	-	----	crīminārī	Klage führen; beschuldigen, vorwerfen
--	---6	-	----	crīminātiō	Anschuldigung, Verdächtigung
--	---6	-	89-1	crinis, is m	Haar; Schweif (d. Kometen)
--	----	-	8---	crista	Kamm (d. Hahns); Helmbusch
-2	----	-	----	crocodilus	‹Krokodil›
--	----	-	8-0-	crŏcus (-um)	Safran
--	----	-	8---	croceus	Safran-; safranfarben, gelb

-- ----- -	890-	crūdus	blutig; unbearbeitet, roh; *(akt.:)* mit verdorbenem Magen
▶ 12 345- -	8-01	crūdēlis	grausam **F E** cruel
▶ ● -	----	crūdēlitās	Grausamkeit
-- ---6 -	*	crŭor	(vergossenes) Blut
-- -4-6 -	*	cruentus	blutbefleckt, -dürstig
-- ---6 -	----	incruentus	unblutig, -verletzt
-2 ----- -	*	crūs, crūris *n*	Unterschenkel, Schienbein
-- ----- -	--0-	crustulum	Honigplätzchen
1- ---- 7	--0-	crŭx, crŭcis *f*	Marterholz, ‹Kreuz› *(meist T-förmig)* **F** croix **E** cross
▶ -2 ---- 7	--0-	cruciāre	martern, kreuzigen
▶ 12 34-6 -	----	cruciātus, ūs	Marter, Hinrichtung
-2 -4-- 7	----	excruciāre	(anhaltend) martern
-- ----- -	-901	cŭbāre, uī, itum	(im Bett) -, (zu Tisch) liegen
-- ----- -	89-1	cubīle, is *n*	Lager, -statt
-2 ---6 -	----	cubĭcŭlum	Schlafzimmer; Zimmer, Gemach
-- ----- -	---1	concubitus, ūs	gemeinsames Lager, Beischlaf
-- 3--- -	----	excubāre	(im Freien liegen:) Wache halten
-- ---6 -	----	excubiae, ārum	Wachehalten; Wachposten
-- ----- -	8---	incubāre	liegen auf
		∼ pellī/ōvīs	auf e. Fell liegen / auf Eiern brüten
-- ----- -	8---	recubāre	(zurückgelehnt) liegen, ruhen
-- ----- -	--0-	cŭbĭtus (-um)	Ellenbogen, Elle
-- ----- -	8---	cŭlĕx, ĭcis *m*	Mücke, Schnake
-- ----- -	--0-	culina[1]	Küche
-- ----- -	8---	culmen[2]	Giebel; Gipfel
-- ----- -	8---	culmus	Halm, Ähre
▶ ●	○	culpa	Schuld
-- ----- -	*	culpāre	beschuldigen, tadeln
-- ----- -	---1	culter, trī	Messer
▶ ●	○	cum + *Abl*	(zusammen) mit
		∼ amīcō/perīculō	mit d. Freund / unter Gefahr
▶ ●	○	cum[3] + *V Ind* / *Konj*	zur Zeit, wo; sooft; indem; (eben ...,) als / als; da; obgleich; während doch *(vgl. Gramm.)*
		cum ... tum	wenn ..., dann besonders; ..., besonders
		cum prīmum	sobald
-- ---- 7	-90-	cumque *Adv*	wann auch immer[4]
		quī ... cumque[5]	wer auch immer; jeder, der

---

[1] Herkunft unklar. [2] < *col(u)men* 'Stützpfeiler d. Hausdaches', ∼ *col-umna*. [3] < AL *quom* (urspr. Akk. d. Rel. *quī*). [4] *-que* verallgemeinernd wie in *quisque*. [5] Nur dicht., in Prosa > *quīcumque* (→ *quī*).

-- ----- - 8--1	cumba (cym-)	Kahn
-- ----- - ---1	con-cumbere, cŭbŭī, cŭbĭtum[1]	sich gemeinsam niederlegen
-- ---6 - ----	discumbere	sich zu Tisch legen
-- ---6 - 8--1	incumbere	sich legen –, sich stemmen auf
	~ rēmīs/in gladium	sich in d. Ruder legen / sich in d. Schwert stürzen
	~ litterīs/reī inclīnātae	sich d. Wissenschaft widmen / e. schwankende Sache niederziehen, – – – entscheiden
-- ----- - 8---	occumbere (mortī, -em, -e)	hinsinken, sterben
-- 3---- - 8--1	prōcumbere	nach vorwärts –, niederfallen
-- ----- - 89--	recumbere	sich niederlegen, sich -senken
-2 ----- - ---1	succumbere (-/ei)	sich niederlegen / unterliegen
-- ----- - --0-	cŭměra	(Getreide-)Korb
-2 --5- - 8---	cŭmŭlāre (arma/eum laude∥rem laude/ gaudium)	auf- / überhäufen ∥ steigern / vollenden
-- ----- - ---1	cūnae, ārum	Wiege
-- -456 - 8--1	cūnctāri	zögern, zaudern
	-ātum est	*pass.*: es wurde gezögert
-- --56 - ----	cūnctātiō	Zögern
▶ ● - *	cūnctus / *Pl*	gesamt, ganz / sämtliche, alle
-- ---6 - 8---	cŭněus	Keil; *(gl. Form:)* Zuschauerblock *(im Theater)* **F** coin 'Ecke' < (dreieckiger) Keil' **E** coin 'Münze' < 'Münzstempel' < 'Keil'
-- 3---- - ----	cuniculus	‹Kanin›chen; ‹K.›-höhlung, Stollen
-- ----- - --0-	cunnus	(weiblicher) Geschlechtsteil, Scham
▶ 12 -456 7 8-01	cŭpěre, iō, īvī, ītum	begehren, wünschen; Leidenschaft empfinden
▶ 12 34-- 7 8-01	cupidus (rēgnī)	gierig, begierig
	~ eius	*auch:* für ihn eingenommen, – – parteiisch
▶ ● - ----	cupiditās	Begierde, Verlangen
▶ -- -4-6 - *	cupīdō[2]	Begehren, Verlangen
▶ 12 -4-6 - ----	concupīscere, pīvī, pītum	heftig begehren
-- ----- - 890-	cupressus, ī *f*	‹Zypresse›, ‹Zypressen›holz
▶ 12 3-56 ○	cūr[3]	warum? weshalb?

[1] *cumbere* ~ *cubāre* (Nasalerweiterung d. Präs.-stammes; 'sich legen' : 'liegen'). [2] Meist f, dicht. auch m. [3] AL *quōr*.

▶	●	○		cūra	Sorge: 1. Fürsorge; 2. Kummer **D** Kur '(Heil)behandlung'
▶	●	○		cūrāre ~ aegrōtum/bellum	sorgen, besorgen e. Kranken pflegen / d. Krieg organisieren **E** cure **D** kurieren
	-2 ---- - ----			cūrātiō	Besorgung, Pflege, Verwaltung
▶	-2 ---- - ----			accūrātus	sorgfältig ausgeführt; genau
	-- --5- - ----			prōcūrāre	besorgen, verwalten
	1- ---- - ----			prōcūrātor	Besorger; (kaiserl. Finanz-)Verwalter
	-2 ---6 - ----			prōcūrātiō	Besorgung; (kaiserl. Finanz-)Verwaltung
▶	-2 ---- - ----			cūriōsus	sorgfältig, aufmerksam; neugierig **F** curieux **E** curious **D** kurios (L + F)
	-- ---6 - ----			incūria	Sorglosigkeit, Vernachlässigung
	-- ---6 - ----			incūriōsus	sorglos, nachlässig; vernachlässigt
	-- ---6 - 8-01			sēcūrus	sorglos[1]: unbekümmert, ‹sicher›; nachlässig **F** sûr **E** sure
	-2 ---6 - ----			sēcūritās	Sorglosigkeit: Sicherheit, Nachlässigkeit
▶	12 -456 - -9-1			cūria	1. ‹Kurie› *(Teil der Tribus)*[2]; 2. Versammlungsort, Rathaus
▶	-2 ---- ○			currere, cucurrī, cursum	laufen, eilen **F** courir **E** current < *PPr*
▶	12 3-56 - *			cursus, ūs	Lauf; Route, Bahn **F** cours **E** course **D** Kurs
	-2 ---- - ----			currĭcŭlum	Rennbahn; Lauf; Rennwagen
	-- ---6 7 ----			accurrere, (cu)currī, cursum	herbei-, hinlaufen zu
▶	1- 3456 7 8-01			concurrere	zusammenlaufen, -treffen
	-2 ---- - ----			concursiō	Zusammentreffen
	12 3-56 - 8---			concursus, ūs	Zusammenlaufen, -treffen **D** Konkurs[3]
	-- 3-5- - 890-			dēcurrere (ē monte/ ad eōs/spatium)	herablaufen / hineilen / durcheilen
	-- --5- - 8---			discurrere	auseinander-, hin und her laufen
	-- --5- - ----			excursiō	Ausfall, Streifzug
	-2 --5- - 8---			incurrere (in hostem/ in odium)	(hineinlaufen:) (absichtl.) anstürmen gegen / (zufällig) geraten in, stoßen auf
	-- 3--- - ----			incursiō	Einfall
	-- 3--6 - ----			incursus, ūs	Anlauf, -sturm
	-- ---6 - ----			incursāre (in hostem/ rūpī)	anstürmen gegen / anstoßen an

---

[1] *sē-* < AL *sē* 'ohne' (~ *sed*). [2] Urspr. 'Männervereinigung' (*cūria* < *coviria*). [3] Urspr. 'Zusammenlaufen (d. Gläubiger)'.

▶ 12 3-56	- 8-01	occurrere (ei)	entgegeneilen, -treten
		~ morbō/pūgnae/	d. Krankheit abhelfen / sich z. Kampf
		oculīs	einfinden / sich d. Blick darbieten
-- ---6	- ----	occursāre	entgegenlaufen, sich nahen; entgegentreten
-- 3---	- 8-0-	percurrere	hinlaufen; durchlaufen, -eilen
-- 3---	- --0-	praecurrere (ei, eum)	vorauseilen; überholen, -treffen
-- 3-5-	- 8---	prōcurrere	hervorlaufen, vorrücken; vorragen
-- ----	- -90-	recurrere	zurücklaufen; zurück-, wiederkehren; seine Zuflucht nehmen zu
-- 3---	- 8--1	succurrere	zu Hilfe eilen; in d. Sinn kommen
-2 --5-	- -*	currus, ūs	Wagen; Gespann
-- --5-	- ----	curūlis[1]	zum Wagen gehörig
		sella ~	(Wagensitz >) Amtsstuhl (d. höheren Beamten)[2]
		aedīlis ~	‹kurulischer› Ädil (sitzt auf e. sella curulis)
-- ----	- --0-	curtus	verkürzt, -stümmelt F court D kurz
		curūlis → currus	
-- ----	- -9-1	curvus	krumm; gebogen, gewölbt D Kurve < (linea) curva
-- ----	- 89-1	curvāre	krümmen, biegen, wölben
-- ----	- ---1	recurvus	zurückgebogen
-- ----	- 8--1	cuspis, ĭdis f	Stachel; Spitze, Lanze
▶ 12 3-56	- *	custōs, ōdis m	Hüter, Wächter
▶ •	- 8-01	custōdia	Bewachung, Wache; Haft
12 --5-	- ----	custōdīre	bewachen, -wahren
-- ----	- --01	cŭtis, is f	Haut
-- ----	- -90-	cўăthus	Schöpfkelle; Becher
-- ----	- 89-1	cycnus	Schwan
-2 ----	- ----	cylindrus	Walze, ‹Zylinder›
-- ----	- 8---	cўtīsus, ī m f	Schneckenklee (Futterpflanze)

D

-- ----	- 8---	damma	Gemse; Reh, Gazelle
12 --56	7 -901	damnum	Buße; Verlust, Schaden
-- ----	- --01	damnōsus	schädlich; (auch:) verschwenderisch
▶ 12 3-56	- *	damnāre (furtī// mortis/pecūniā) -ātus vōtī	verurteilen (wegen Diebstahls // z. Tode / zu e. Geldstrafe) (zur Erfüllung d. Gelübdes verurteilt:) von d. Gottheit erhört D ver-dammen

---

[1] Doppelkons. nach kurzem Vokal u. vor d. Akzent wird vereinfacht. [2] Zusammenklappbar u. mit Elfenbein verziert. Urspr. wohl d. Sitz d. Wagens, auf dem d. Könige, später d. höchsten Amtsträger fahren durften.

1- ---6 - ----		damnātiō	Verurteilung
▶ 12 -4-- - ----		condemnāre	verurteilen; z. Verurteilung bringen **F** condamner **E** condemn
-- ---- - *		dăps, pis *f*	Opferschmaus, Festmahl
▶ ●	O	dăre, dō, dĕdī, dătum	geben; *(dicht. auch:)* hervorbringen, verursachen
		~ iīs agrōs	ihnen Äcker geben, – Land gewähren
		~ dicta/dolōrem	Worte äußern / Schmerz verursachen **E** date **D** Datum < *PPP* 'gegeben (am …)'
-2 3456 - 8-01		circumdăre, dĕdī, dătum (fossam urbī/urbem fossā)	herumführen, -legen / umgeben
▶ ●	7 ----	dēdere, didī, ditum sē ~	ausliefern, übergeben sich ergeben
12 -45- - ----		dēditus (litterīs)	ergeben
▶ -- 3456 - ----		dēditiō	Übergabe, Unterwerfung
-- 3--- - ----		dēditīcius	unterworfen; Untertan
▶ 12 --56 - 8-01		ēdere	(von sich geben:) hervorbringen; bekanntmachen
		~ sonum/proelium	e. Ton hervorbringen / e. Gefecht liefern
		~ librum/ōrāculum	e. Buch herausgeben / e. Orakel verkünden
-- 3456 - ----		ēditus (collis)	emporragend, hoch
▶ ●	7 8-01	prōdere (fūmum/dēcrētum/urbem//iūs posterīs)	hervorbringen / bekanntmachen / verraten // weitergeben, überliefern
1- ---- - ----		prōditor	Verräter
-- 3-56 - ----		prōditiō	Verrat
▶ ●	O	reddere	zurück-, wiedergeben; machen zu
		~ obsidēs/grātiam	d. Geiseln zurückgeben / Dank abstatten
		~ Graeca Latīnē	Griechisches lateinisch wiedergeben
		~ mare tūtum	d. Meer sicher machen **VL** rendere *(nach* prendere*)* > **F** rendre **E** render **VL** *rendita > **F** rente **E** rent **D** Rente (MHD < F)
▶ ●	O	trādere	übergeben; überliefern

Komposita mit *dhē- 'setzen, legen, tun'[1]:

-2 34-6 - *		abdere	(wegtun:) entfernen, verbergen
▶ ●	O	addere	bei-, hinzufügen **E** add **D** addieren

---

[1] In d. Konjugation gleich wie *dēdere* usw. Der Römer empfand zwischen d. beiden Gruppen wohl keinen Unterschied.

▶ 12 -456 - *	condere	(zusammenlegen:) gründen, errichten; bergen, verbergen
	~ urbem/carmen/ācta Caesaris	e. Stadt gründen / e. Gedicht verfassen / d. Taten Caesars darstellen
	~ frūctūs/īram/diem	Früchte aufbewahren / d. Zorn verbergen / d. Tag versinken lassen
-- ---6 - ---1	conditor	Gründer; Urheber, Verfasser
-- --56 - ----	inconditus	ungeordnet; wirr, kunstlos
-- ---- - 8---	abscondere[1]	verheimlichen, -bergen
-2 ---- - 8--1	recondere	verwahren, -bergen
	-itus	verborgen, abgelegen
-- ---6 - ----	indere	hineinstecken; anfügen
	~ ei metum/vincula	ihm Furcht einflößen / Fesseln anlegen
▶ 12 -456 ○	perdere	zugrunde richten; verschwenden, verlieren
	-itus	verloren; verzweifelt, -kommen F perdre
-- ---- - --0-	dēperdere	zugrunde richten, verlieren
-- ---6 - 8--1	subdere (id ei)	hinunterlegen; unterschieben
▶ ● ○	dē + *Abl*	von ... herab, von ... weg; über
	~ mūrō/sellā/nocte/pāce	von d. Mauer herab / v. Stuhl aus / noch in d. Nacht / über d. Frieden F de
-- ---- - ----	dēbĭlis	schwach
-2 ---- - ----	dēbilitās	Schwäche, Gebrechlichkeit
12 ---- - ----	dēbilitāre	schwächen, lähmen
▶ ● ○	dĕcem	zehn F dix
▶ 12 3-56 - ---1	decimus (-umus)	zehnter
	decuma (pars)	Zehntel; Zehnter *(als Abgabe)*
1- 3--- - ----	decumānus	1. zehntpflichtig, Zehntpächter; 2. zur 10. Legion gehörig; 3. zur 10. Kohorte gehörig
	porta -a	Tor bei d. 10. Kohorte *(Haupttor d. Lagers)*
-- ---- - 8---	dēnī, ae, a	je zehn
1- ---- - ----	dēnārius (nummus)	‹Denar› *(urspr. = 10, klass. = 16 As)*
-- ---- - --0-	deciē(n)s	zehnmal
-- ---- - -90-	December, bris, bre (mēnsis) ~	zum ‹Dezember› gehörig ‹Dezember›[2] F décembre E December
▶ -2 -4-- ○	dĕcēre, uī (eum)	schmücken; anstehen, sich schicken
-- ---6 - ---1	decor	Schmuck; Anmut, Würde
▶ -2 -456 - 890-	decōrus	schön; schicklich, ehrenvoll
-2 ---6 - ----	indecōrus	häßlich; unschicklich, -rühmlich
▶ -2 -456 - 890-	decus, oris *n*	Schmuck, Zierde
-- ---- - 890-	decŏrāre	schmücken, auszeichnen F décorer

[1] Perf. auch *abscondī*.   [2] Der 'zehnte (Monat)', weil d. röm. Jahr urspr. mit d. März begann.

▶ 12 -4-6 - --01	dēdecus, oris *n*	Schande	
-- ---- - 8---	indecŏris	unrühmlich, schimpflich	
-- ---- - -9--	dēdecēre (eum)	schlecht anstehen, sich nicht schicken	
▶ 12 345- - -90-	dēlēre, ēvī, ētum	zerstören, vernichten	
-2 3--6 - ----	dēliberāre[1]	überlegen, beraten	
	-āvī adesse	ich habe beschlossen, dabei zu sein	
-2 ---- - ----	dēlīberātiō	Überlegung	
-- ---- - -9--	dēlibūtus[2]	benetzt	
-- ---- - --0-	dēlirus	wahnsinnig[3]	
-2 ---- 7 --0-	dēlīrāre	wahnsinnig sein	
-- ---- - 8--1	delphin, īnis *m*	‹Delphin›	
▶ -2 ---6 - 8--1	dēlūbrum[1]	Heiligtum, Tempel	
-- 3456 7 8--1	dēmum *Adv*	*(hervorhebend:)* gerade; erst, endlich	
▶ • 7 8-01	dēnique *Adv*	endlich, schließlich; überhaupt	
-2 ---- - *	dēns, dentis *m*	Zahn; *(gl. Form:)* Haken, Zacken	
		F dent *f*	
-- ---- - 8---	trĭdēns	Dreizack	
-- ---- - 8---	bĭdēns *f*[4]	Opfertier *(m. zwei Zahnreihen)* ; Schaf	
-- 3--6 - 89-1	dēnsus	dicht; dicht gefüllt, – gedrängt	
-- ---- - 8---	dēnsēre	verdichten; dicht aneinander fügen	
-2 ---- - ----	deŏrsum (-us) *Adv*[5]	nach unten; unten	
▶ 12 3-56 7 --0-	dēsiderāre	vermissen, begehren[6]	
		F désirer **E** desire	
▶ 12 --56 - -9--	dēsīderium	Sehnsucht, Verlangen	
12 ---6 - --0-	dētĕrior, ius *(Sup* deterrimus)[7]	(weiter unten:) geringer, schlechter	
▶ • O	dĕus	Gott **F** dieu	
1- --56 7 89-1	dea	Göttin	
-- ---- - 8---	dēvexus	sich abwärts neigend, – wegwendend	
▶ -2 3456 O	dexter, (e)ra, (e)rum	rechts; gewandt, -schickt; glückverheißend, günstig	
	dextra (manus)	d. Rechte	
▶ -2 ---- - ----	dialecticus	dialektisch; Dialektiker	
	-a (ars)	Dialektik *(Kunst d. Streitgesprächs; Lehre v. Erkennen u. Beweisen)*	
-- ---- 7 ----	dīca	Klage, Prozeß	
▶ • O	dicere, dīxī, dĭctum	sagen, sprechen; nennen, ernennen	
	~ causam	sich verantworten, – verteidigen	
		F dire	
▶ • 7 8-01	dictum	Wort, Äußerung	

---

[1] Herkunft ungeklärt. [2] Ablautend zu *lībāre*; *-ūtus* nach bedeutungsverwandtem *imbūtus*?
[3] Urspr. 'von d. Furche abkommend' (zu *līra* 'Furche'). [4] < *bidēns hostia*. [5] < *dēvorsum*
(= *-versum*). [6] Urspr. wohl 'von d. Sternen erwarten' (zu *sīdus* 'Gestirn'; vgl. *cōnsīderāre*).
[7] Weiterbildung zu *dē* (vgl. *ex* : *exter*).

-- ---- - --0-	dictāre	(mehrmals sagen:) ‹diktieren›, verfassen **D** auch dichten < (librum) dictare; Diktat < *PPP n*
▶ -2 --56 - ----	dictātor	‹Diktator› *(in Rom Sonderbeamter m. unbeschränkter Vollmacht; bei Italikern nur höchster Beamter)*
-- --5- - ----	dictātūra	Amt d. Diktators, ‹Diktatur›
1- ---6 - --0-	dictitāre	wiederholt sagen
1- ---- - --0-	addīcere	zusprechen, zu eigen geben
▶ 1- --5- 7 8-0-	ēdīcere	bekanntgeben, anordnen
▶ 1- 3-56 - ----	ēdictum	Bekanntmachung, Anordnung
▶ -- 3-56 - 8-0-	indīcere	ankündigen, befehlen
1- 3--6 - --0-	interdīcere	untersagen, verbieten; anordnen
	~ Rōmānīs Galliā	d. Römer aus Gallien ausschließen
	~ ei aquā et ignī	(ihn v. Wasser u. Feuer ausschließen:) ihn verbannen, – ächten
1- ---- - ----	interdictum	Verbot, Ausschluß; Anordnung
-2 ---6 7 8---	praedīcere	vorhersagen; festlegen, befehlen
-2 ---- - ----	praedictum	Vorhersage; Verabredung, Befehl
-2 ---- - ----	praedictiō	Vorhersage, Prophezeiung
-- ---6 - ----	dīcāre	(zusagen:) weihen, widmen
-- --5- - ----	abdicāre / sē ~	von sich weisen / sich lossagen
	~ cōnsulātum ⎫ sē ~ cōnsulātū ⎭	als Konsul zurücktreten, d. Konsulat niederlegen
1- --5- - -9--	dēdicāre (aedem deō/ deum aede)	weihen / ehren
12 34-- - ----	praedicāre	(öffentlich) ausrufen, bekannt machen **F** prêcher **E** preach **D** predigen
▶ -- --5- - 8---	dĭcĭō	Weisung, Befehl; Botmäßigkeit, Gewalt
▶ • 7 -901	condĭcĭō	Vereinbarung, Bedingung; Lage **F E** condition
-- ---- - -90-	dĭcāx, ācis	(redelustig:) spottend, witzig
▶ • O	dĭēs, ēī *m f* [1]	Tag; Tageslicht; Termin **F** lun-di
-- ---- - ----	diū *Adv*	am Tag[2]
-2 3--- - --01	diurnus	bei Tag; täglich, Tages- **F** jour **VL** diurnata > **F** journée **E** journey
-- 3-5- - ----	interdĭū *Adv*	bei Tag
-- 3-5- 7 ----	bīduum	zwei Tage
-- 3-5- 7 ----	trīduum	drei Tage
-2 ---- O	**digĭtus**	Finger, Zehe **F** doigt
▶ 12 -456 O	**dignus** (rē)	angemessen; wert, würdig **F** digne
▶ • - ----	dīgnitās	Verdienst, Würde, Ansehen
-- ---- - 8-01	dīgnārī (eum rē/id facere)	für würdig halten / sich entschließen, geruhen

---

[1] Bei Cicero nur in d. Bed. 'Termin' f. [2] Zu unterscheiden von → *diū* 'lang'.

51

-- ---6 - ----	dīgnātiō	Wertschätzung; Rang, Würde
-- ---- - ---1	dēdīgnārī	verschmähen
▶ 12 -45- 7 8-01	indīgnus	unwürdig; unverdient, empörend
-- ---5- - ----	indīgnitās	Nichtswürdigkeit; Schmach; Entrüstung
-- ---5- - 8-01	indīgnārī (rem)	entrüstet sein **D** indigniert
-- ---5- - ----	indīgnātiō	Entrüstung
▶ -2 3-5- - ----	**dimĭcāre**	kämpfen
-- 3-5- - ----	dīmicātiō	Kampf
-- ---6 - *	**dirus**	unheilvoll; gräßlich, grausig
	dīrae (precēs)	Verwünschungen
	Dīrae (*sc.* deae)	Rachegöttinnen, Furien
-- ---6 7 890-	**dis, dītis**[1]	reich
-- ---- - -90-	dītāre	bereichern
-2 -45- - ----	**disceptāre**[2]	1. *(als Schiedsrichter)* entscheiden; 2. *(als Partei)* d. Entscheidung suchen; verhandeln, streiten
-2 --5- - ----	disceptātiō	Entscheidung; Verhandlung, Streit
▶ 12 34-6 ○	**discere, dĭdĭcī**	lernen, erfahren
-- ---- - -9--	condiscere, didicī	erlernen
-2 ---- - --0-	ēdiscere (versūs/artem)	auswendig lernen / erlernen
-- ---- - 8---	praediscere	vorher lernen, – erfahren
-2 ---- - ----	**discĭpŭlus**[3]	Schüler
▶ ● - ----	disciplīna[4]	Unterweisung; Lehre; Zucht **F E** discipline **D** Disziplin
▶ 12 --56 - 8--1	**discrimen**	Scheidelinie; Unterschied; Entscheidung, Gefahr
-- ---- - --0-	**discus**	(Wurf-)Scheibe, ‹Diskus› **F** disque **E** disc (disk) **D** *auch* Diskothek; Tisch[5]
12 3-5- - -9--	**dissĭpāre**	auseinanderwerfen, zerstreuen
12 ---6 - --0-	**disertus**[6]	ausdrucksvoll, deutlich; beredt
▶ ● ○	**dĭū** (diūtius, diūtissimē) *Adv*	lang, seit -em[7]
-- 3--- - ----	diūtĭnus	langwierig, lang
▶ 12 345- - ----	diūturnus	lang dauernd; anhaltend, langlebig
-2 3--- - ----	diuturnitās	lange Dauer
▶ -2 -4-6 - *	**dives, itis**	reich[8]
▶ -2 -4-- - -901	dīvitiae, ārum	Reichtum, Schätze
▶ ● - *	**divĭdĕre, vīsī, vīsum**	trennen, teilen; ver-, zuteilen **E** divide **D** dividieren; Dividende

[1] *dītis* < *dīvitis*, danach Nom. *dīs*. [2] Von **discipere* 'auseinandernehmen'. [3] Zuordnung ungeklärt (formal zu **discipere*, bedeutungsmäßig zu *discere*). [4] < AL *-pul-*. [5] Urspr. 'Tischgestell m. napfartiger Vertiefung', also zugl. '(Tisch-)Platte' u. 'Schüssel' (> E *dish*). [6] Trotz *-ī-* aus *dissertus* (wie *curūlis* < **curr-*)? [7] < *diū* 'am Tag' (→ *diēs*) + **dū* 'lang' (vgl. *dū-dum*). [8] Nach Varro urspr. 'unter d. Schutz d. Götter stehend' (zu *dīvus*).

-2 -4-- - ----	dīvīsiō	Teilung; Ver-, Einteilung
▶ -2 ---- - ----	indīviduus	unteilbar
	-um corpus	Atom
		L -um > F individu D Individiuum
-2 ---6 - *	dīvus¹	göttlich; Gott, Göttin
	~ Augustus	d. vergöttlichte Augustus
	sub -ō	unter freiem Himmel
		D Diva (I 'göttl. [Künstlerin]')
▶ • - 8-0-	dīvīnus	göttlich; gotterfüllt, weissagend, ahnend
-2 ---- - ----	dīvīnitās	Göttlichkeit; göttliche Natur, – Art
▶ -2 ---- - ----	dīvīnāre	weissagen; ahnen, erraten F deviner
▶ -2 ---- - ----	dīvīnātiō	Sehergabe; Weissagung, Ahnung
▶ • O	dŏcēre, uī, doctum	lehren, unterrichten
	~ eum litterās	ihn d. Alphabet –, ihn Lesen u. Schreiben lehren
	~ eum dē hāc rē	ihn v. dieser Sache unterrichten
	~ fābulam	e. Schauspiel einstudieren
		D dozieren; Dozent
12 ---- - 8--1	doctus	gelehrt, -bildet; geübt
-2 ---- - --0-	doctor	Lehrer F docteur E doctor D Doktor
▶ 12 ---- - ----	doctrīna	Belehrung; Wissenschaft, Kenntnisse D Doktrin
-2 ---- - --0-	indoctus	ungebildet, -geschickt
-- --56 - ----	documentum	Beweis; (warnendes) Beispiel D Dokument
-- ---- - -90-	docilis	gelehrig
-- ---- - -9--	indocilis	ungelehrig; ungelehrt, -geschult
▶ -- 345- - ----	ēdocēre	gründlich belehren
▶ 12 34-- O	dŏlēre, uī, itūrus (rem, rē)	Schmerz empfinden; bedauern, unwillig sein
-2 ---- - ----	indolentia	Schmerzlosigkeit, Unempfindlichkeit
▶ • O	dolor	Schmerz; Kummer, Unwillen; Pathos (d. Rede) F douleur f
-- ---- - ---1	indolēscere, luī	Schmerz empfinden; unwillig sein
-- ---- - -9--	dōlium	Faß (aus Ton od. Holz)
12 -456 O	dŏlus	Hinterlist, Betrug, Täuschung
-- ---- - -90-	dolōsus	hinterlistig, trügerisch
-- -4-- - ----	subdolus	hinterlistig, trügerisch
-- -4-- - 89-1	dŏmāre, uī, itum	zähmen, bezwingen
-- ---- - 8---	domitor	Bändiger, Bezwinger
-- ---6 - 890-	indomitus	ungezähmt, -bezwinglich
▶ • O	dominus	Herr, Besitzer
-2 ---- - *	domina	Herrin F dame D Dame (F)

¹ Urspr. Nom. deivos > deus, Gen. deivī > dīvī; danach auch Nom. dīvus.

▶ -2 -4-6 - 8---		dominārī	herrschen F dominer E dominate[1] D dominieren
-2 -4-6 - ----		dominātiō	Herrschaft, Alleinherrschaft
-2 ---- - ----		dominātus, ūs	Herrschaft, Alleinherrschaft
▶ ●	O	domus, ūs f	Haus; (bildl.) Heimat
		domī/-um/-ō	zu – / nach – / von zu Hause
		-ī mīlitiaeque	zu Haus und im Feld D Dom (L + F < I < domus ecclesiae)
▶ 12 3-56 - ----		domesticus	häuslich, privat; einheimisch F domestique
12 3--- - ----		domicĭlĭum[2]	Wohnsitz
▶ -- --56	O	dōnec + V Ind / Konj	solange (als) / (solange) bis
▶ -2 -456	O	dōnum	Geschenk; Weihegeschenk, Opfer
▶ ●	- *	dōnāre	schenken, beschenken; weihen, opfern F donner
1- -4-- - ----		condōnāre	schenken; zum Opfer bringen, erlassen
-- ---- - -9--		redōnāre	wieder schenken
▶ -2 -4-- 7 -901		dormīre	schlafen F dormir
-- ---- - --0-		dormītāre	einnicken, -schlafen
-- ---- - 8-0-		dorsum	Rücken (als hervortretende Erhebung am Tierkörper); (Gebirgs-)Kamm, Riff F dos
-- ---- 7 -901		dōs, dōtis f	Mitgift; Gabe
-- ---- 7 ----		indōtātus	ohne Mitgift
-2 ---- - 8--1		drăcō, ōnis m	‹Drache›, Schlange
-- 3--- - ----		drŭĭdēs, um m	(keltische) Priester, ‹Druiden›
-- ---- - 8---		drўăs, ădis f	Baumnymphe, ‹Dryade›
▶ ●	O	dŭbĭus	unsicher, schwankend; zweifelhaft, ungewiß
▶ ●	7 8--1	dubitāre (utrum ... an/iūrāre)	zweifeln, bezweifeln / zögern F douter E doubt
▶ 12 3--- - ----		dubitātiō	Zweifel; Zögern, Bedenken
▶ ●	O	dūcere, dūxī, dūctum	ziehen, führen; glauben
		~ fossam/bellum	e. Graben ziehen / d. Krieg hinziehen
		~ (cōpiās) Uticam	d. Truppen nach Utica führen, gegen U. ziehen
		~ uxōrem (in mātrimōnium)	e. Frau in d. Ehe führen, - - heiraten
		~ id bonum/id in bonīs	dies für gut halten / dies unter d. Güter rechnen

Oft liegt im Zusammenhang eine zusätzl. Richtungsangabe (dicht.):

	~ arātrum/gregem	d. Pflug nachziehen / d. Schar anführen
	~ āera/colōrem	d. Luft einziehen / Farbe annehmen

---

[1] Vgl. zu *estimate* bei *aestimare*.   [2] *-cilium* zu *colere*.

			~ sortem/gemitum	d. Los (aus d. Urne) ziehen / tief aufseufzen
			dē īmō pectore	
			~ fīlum/carmen	e. Faden ziehen, spinnen / e. Gedicht verfertigen
			~ sopōrem/praedam	d. Schlaf herbeiführen / d. Beute wegführen
--	----	- 8---	ductor	Führer, Anführer
--	--5-	- ----	ductus, ūs	Ziehen, Zug; Führung, Leitung
--	-4--	- ----	ductāre	führen, befehligen; *(e. Frau)* heiraten
▶ 12	3-5-	7 8--1	abdūcere	weg-, davonführen
▶ ●		○	addūcere (eōs ad sē/ eum, ut maneat∥ arcum/cutem)	hin-, heranführen / veranlassen ∥ (heranziehen:) spannen / runzeln
--	3-5-	- ----	circumdūcere	herumführen; prellen
12	3-56	- --0-	condūcere -it + *(Ac)I*	zusammenführen; anwerben, mieten es nützt **F** conduire
▶ ●		○	dēdūcere (dē vallō/ ex agrīs/ad eum)	herab- / weg- / hinführen
			~ fīlum	d. Faden (aus d. Wolle) ausziehen, spinnen
			~ versūs	(Verse spinnen:) V. verfertigen
--	3--6	- 8-0-	dīdūcere	auseinanderziehen; trennen, öffnen
▶ 12	3-56	7 8-0-	ēdūcere (gladium/ cōpiās castrīs ∥ turrēs sub astra/ eum ā parvulō)	herausziehen / -führen ∥ emporführen / großziehen
▶ ●		7 8-01	indūcere	(hinein-, hinanziehen:)
			~ eum in urbem/ eum in errōrem	ihn in d. Stadt führen / – zu e. Irrtum verleiten
			~ (in) animum	sich entschließen
			~ coria lignō/scūta pellibus	Tierhäute über d. Holz ziehen / d. Schilde m. Fellen überziehen
-2	3-5-	- ----	intrōdūcere	hineinführen; *(e. Beispiel)* einführen **E** introduce
-2	----	- 8---	obdūcere (eum ei∥ pōtum∥vestem ei/ omnia iuncō)	entgegenführen ∥ einziehen ∥ darüber ziehen / bedecken
▶ -2	3-5-	- ----	perdūcere	hinführen; hinziehen
▶ 12	3-56	7 890-	prōdūcere	vor-, hervorführen; weiterführen **F** produire **E** produce **D** produzieren; Produkt < *PPP n*
▶ 12	3-56	○	redūcere	zurückführen, -ziehen
--	----	- ---1	sēdūcere	beiseite führen; trennen, entfernen
-2	3-5-	- 8-01	subdūcere	hochziehen; weg-, (heiml.) entziehen

55

▶ -2 3-5- 7 ----	trādūcere	hinüber-, hinführen; vorbeiführen
-2 ---- - ----	ēdūcāre	aufziehen, erziehen E educate[1]
▶ • - *	dŭx, dŭcis m	Führer, Anführer
-- ---- - 8--1	rĕdŭx, ŭcis	zurückführend; -geführt, -kommend
-2 ---- 7 8-0-	dūdum Adv	(schon) längst; vorher; binnen kurzem
-- ---- - -90-	duellum AL =	bellum[2]
		D Duell (F 'Zweikampf' < L + duo)
▶ -2 ---- - *	dulcis	süß; lieblich, angenehm F doux
-2 ---- - 8---	dulcēdō	Süße; Lieblichkeit; Lust
▶ • ○	dum nach Imp ∥ + V IndPräs/Ind/Konj	(verstärkend:) doch ∥ während / solange (als) / (solange) bis; sofern nur (vgl. Gramm.) F donc < dum-que
-2 ---- - ---1	dummŏdŏ + V Konj	sofern nur
▶ 12 -45- - 8-01	interdum Adv	manchmal, bisweilen
▶ 12 3-56 7 89-1	nōndum	noch nicht
-- ---6 - ----	nēdum	erst recht nicht; (in Bejahung >) erst recht
-2 ---- - ----	dumtáxat (procul/ad tempus)	(genau genommen:) höchstens / wenigstens
-- ---- - 8---	dūmus	(niedriger) Strauch, Gestrüpp
-- ---- - -9--	dūmētum	Dickicht
▶ • 7 8-01	dŭŏ, ae, ŏ	zwei F deux < duos D Duo (I)
▶ -2 3-5- - ----	duŏdĕcim	zwölf F douze
-- 3--- - ----	duodecimus	zwölfter
▶ 1- 3-5- - --0-	ducentī, ae, a	zweihundert
▶ -2 --5- - 8-01	duplex, icis (aciēs/Ulixēs)	doppelt / doppelzüngig, falsch
-- ---- - 8---	duplicāre (numerum/virum)	verdoppeln / zusammenkrümmen lassen D Duplikat < PPP n
▶ 12 3-56 ○	dūrus	hart F dur D Dur (ML)
-- ---- - ---1	dūritia	Härte
-- ---6 - *	dūrāre	hart machen; hart werden, «dauern»[3] F durer; dur-ant E dur-ing

E

-- ---- - --0-	ēbrius	betrunken, -rauscht
-- ---- 7 ----	sōbrius[4]	nüchtern; enthaltsam, besonnen
-- ---- - *	ĕbur, oris n	Elfenbein; (dar. gem.:) Götterbild, Amtsstuhl, Schwertscheide, Flöte
-- ---- - 89-1	eburnus	elfenbeinern

---

[1] Vgl. zu estimate bei aestimare. [2] Vgl. bis < *duis. [3] Urspr. wohl bes. Verbum. [4] Zu sō- vgl. sē-cūrus.

-- ---- - ---1	eburneus		elfenbeinern
-- ---- 7 ----	ēcastor!		beim Kastor!
-2 ---- 7 8-01	ecce[1]		sieh da! da ist
	eccum[2]		da ist er
			F ce inv[3]; ici[4]; ce, cet[5]; celui[6]
-- ---- - --0-	echinus		Seeigel; (gl. Form:) Spülnapf
-- ---- 7 ----	ĕdĕpol!		beim Pollux!
-- ---- - 8-01	ĕdĕre, ēdī, ēsum[7]		essen; zerfressen
-- ---- - --0-	ēsŭrīre (-/rem)		hungern / begehren
-- ---- - --0-	sēmēsus		halb verzehrt
-- ---- - 8---	obēsus		(gegessen habend:) feist, geschwollen
-- ---- - -901	ĕdāx, ācis		gefräßig; nagend
-- ---- - --0-	comedere		verzehren, -prassen; zugrunde richten
-2 ---- - 8---	exedere		verzehren; zernagen, -fressen
▶ -2 -456 - *	ĕgēre, uī (eius rei, rē)		Mangel leiden; bedürfen
1- -4-- 7 8---	egēns		arm, bedürftig
▶ 12 -4-6 7 ----	egestās		Armut, Mangel
-- ---- - 8---	egēnus		arm, bedürftig
-2 ---- - ----	indigēre (eius rei, rē)		Mangel leiden; bedürfen
-2 ---- - ----	indigentia		Mangel, Bedürftigkeit
▶ ● O	ĕgŏ (mĕī, mĭhī́, mē, ā mē; Pl → nōs)		ich F je; moi D Ego-ismus
▶ ● O	mĕus		mein
-- ---- 7 ----	ĕhŏ(dum) (ad mē)!		he, du (komm her)!
-- ---- 7 8--1	ei (mihī́)!		weh (mir)!
-- ---- 7 --0-	eia (age)!		auf (vorwärts)! (auch ironisch)
-- ---- - 8---	ēlectrum		Bernstein; Bleichgold (1/5 Silber)
-- ---- - --0-	ēlĕgi, ōrum		elegische Verse
-2 ---- - --0-	elementum / Pl		Grundstoff, ‹Element› / Angangsgründe
			D auch element-ar
▶ -2 -45- - ----	elephantus, ī m f		‹Elefant›, Elfenbein
-- ---- 7 ----	em[8]		da hast du; sieh da!
▶ 12 -4-6 7 --01	ĕmĕre, ēmī, ēmptum		(nehmen >) kaufen, erkaufen
-2 ---- - --0-	ēmptor		Käufer
1- ---- - ----	ēmptiō		Kauf
-- ---- - -90-	coemere		aufkaufen
▶ ● O	adimere, ēmi, ēmptum		an sich nehmen, wegnehmen
-2 --56 - ----	dĭrimere[9]		(auseinandernehmen:) trennen, unterbrechen
-- --56 - 89--	eximere		heraus-, wegnehmen

---

[1] -ce hinweisende Partikel, verkürzt in hi-c (gegenüber Pl. hī).   [2] < ecce *hum (*hum alter Akk. Sg. m; vgl. hun-c).   [3] < VL *ecce hoc.   [4] < VL *ecce hic.   [6] < VL *ecce istum.   [6] < VL *ecce illui.   [7] Sonderformen im Präs.-stamm s. Gramm.   [8] < eme *'nimm' (von emere).   [9] < *dis-imere.

57

12 --5-	-	----	eximius	außerordentlich; ausgenommen
-2 ----	-	----	interimere	beseitigen, vernichten
-2 ----	-	8--1	perimere	hinwegraffen; vernichten, -eiteln
1- 3-56	-	---1	redimere	loskaufen, befreien; erkaufen
▶ -2 -456	-	*	dēmere, psi, ptum	wegnehmen
-- ---6	-	-901	prōmere, psi, ptum	herausnehmen, hervorholen, enthüllen
-- -456	-	----	prōmptus	sichtbar; (griff-)bereit; entschlossen **D** prompt
-2 -4--	-	----	in prōmptū [1]	in Bereitschaft, bereit
-- ----	-	89--	dēprōmere	hervorholen
▶ -2 ----	-	----	**ēmolumentum**	Vorteil, Gewinn [2]
-- ----	-	--0-	**ēmungere**, ēmūnxī, ēmūnctum	ausschneuzen
			~ eum auro	ihn um d. Gold prellen
-- ----	-	8--1	**ēn** (āram/quid agō?)	hier, da ist / wohl, denn
▶ ●		○	**ĕnim** [3]	1. in d. Tat, fürwahr! 2. nämlich
-- --56	7	----	enimvērō	ja, fürwahr
▶ 12 ---6	-	--0-	**ĕtĕnim**	in d. Tat; nämlich
-- ----	-	*	**ēnsis**, is *m*	Schwert
-- ----	-	----	**Ēōs** *Nom f (def)*	Morgenröte
-- ----	-	-9-1	eōus / *m Subst*	(zur M. gehörig:) östlich / Morgenstern
12 ---6	-	---1	**epistula**	Brief **D** Epistel
-2 -456	-	*	**ĕpŭlae**, ārum	Speisen, Mahlzeit
-- ---6	-	8---	epulārī	speisen; verzehren
▶ ●		- *	**ĕquus**	Pferd; Hengst
-- ----	-	89-1	equa	Stute
-- ----	-	890-	equīnus	Pferde-
-2 ----	-	----	eculeus (equu-)	(Pferdchen:) Füllen; *(ähnl. Form:)* Folterbank
▶ ●		- *	**eques**, itis *m*	Reiter; Ritter
▶ 1- 3456	-	--0-	**equester**, tris, tre	Reiter-, Ritter-
-- ----	-	-9--	equitāre	reiten
▶ -2 345-	-	----	**equitātus**, ūs	Reiterei, Ritterschaft
12 3-56	7	----	**ergā** + *Akk*	gegen *(meist freundl.)*
			grātus ~ mē	dankbar gegen mich
12 -456		○	**ergō** *Adv / nach Gen*	demnach, also / um ... willen, wegen
			auxiliī ~	d. Hilfe wegen
▶ 12 34-6		○	**errāre**	irren; umherirren
▶ 12 --56	-	8-01	**error**	Irrtum; Umherirren, Schwanken **F** erreur *f* **E** error
-2 ----	-	----	aberrāre	abirren, irren
-- ----	-	8--1	pererrāre	durchirren, -schweifen
-- ----	7	--0-	**ĕrus**	Herr

---

[1] Andere Formen ungebräuchlich. [2] Urspr. 'Herausgemahlenes' (~ *mola*). [3] Kl. nachgest., im AL auch am Satzanfang.

--	---- 7	----		era	Herrin
--	---- 7	--0-		erīlis	des Herrn, d. Herrin
-2	---- -	8-0-		esca¹	Speise, Köder
▶ ●		O		esse, sum, fuī, futūrus²	sein; da-, vorhanden sein
				atomī sunt	es gibt Atome
				Caesaris ~	Caesar gehören; Sache – –, Eigenschaft Caesars sein
				decorī ~	zum Schmuck dienen
				bonō animō ~	guten Muts sein
					VL *essere > F être
▶ -2	--5- 7	8-01		futūrus³	künftig F futur E future D Futur⁴
▶ ●		O		abesse (āfuī)	abwesend –, entfernt sein; fehlen
▶ ●		O		adesse (affuī)	da-, dabeisein; nahen, erscheinen
				~ comitiīs/amīcō	an d. Volksversammlung teilnehmen / d. Freund beistehen
▶ ●		O		dĕesse⁵	fehlen, fernbleiben
-2	-4-6 7	--01		inesse	darin –, daran –, darauf sein
▶ 12	3-56 7	-90-		interesse (inter viās/ sermōnī)	dazwischenliegen / teilnehmen
				multum -est inter eōs	es besteht e. großer Unterschied zwischen ihnen
				meā (eius, Rōmā- nōrum) -est id face- re/fierī	es ist f. mich (ihn, d. Römer) wichtig, dies zu tun / daß dies geschieht
					F intérêt⁶; intéresser⁷ D Interesse < subst Inf; interessieren (F)
12	---- 7	---1		obesse	entgegenstehen, hindern
▶ ●		O		posse, possum, pŏtuī⁸	können, vermögen VL *potére > F pouvoir E power
▶ ●		- ----		praeesse (classī)	an d. Spitze stehen, befehligen
▶ 12	---6	O		prōdesse, prōsum, prōfuī⁹	nützlich sein, nützen
--	3--- -	8-01		subesse	darunter –, in d. Nähe –, vorhanden sein
▶ -2	3-56 -	8-01		superesse	übrig –, im Überfluß vorhanden sein
				~ virtūte	an Tapferkeit überlegen sein
▶ 12	3-5- -	---1		absēns	abwesend F E absent
▶ 12	3-56	O		praesēns	anwesend, gegenwärtig F présent E present D Präsens < (tem- pus) praesens

---

¹ ~ edere, Bildung singulär. ² Beachte noch *fŏre = futūrum esse; fŏrem = essem.* ³ Z. Adj. geworden. ⁴ < *(tempus) futūrum.* ⁵ Vor Vokal *dĕ-*, sonst *dē-*. ⁶ < *interest* 'es ist wichtig'. ⁷ < *intérêt* + L *-esse.* ⁸ *possum < potis sum* (danach *posse*); *potuī* v. urspr. getrenntem **potēre*. ⁹ Vor Vokal *prōd-*, sonst *prō-* (*-d-* vor Kons. zuerst angeglichen, dann durch Vereinfachung geschwunden).

59

-- 3-5-	7	----	praesentia	Anwesenheit, Gegenwart

-- 3---	-	----	essĕdum	Streitwagen
-- 3---	-	----	essedārius	Streitwagenkämpfer
▶ ●		○	et	und, auch
			et ... et	sowohl ... als auch
			et ... neque	einerseits ... andrerseits nicht
			neque ... et	einerseits nicht ... andrerseits aber
				F et
▶ ●	7	8-01	etiam	auch
			∼ atque ∼ rogare	immer wieder bitten
			∼ maior	noch größer
12	---- 7	---1	etiamnunc (-num)	auch jetzt noch
--	---- 7	----	eu (Charīne)!	bravo (Charinus)!
--	---- -	-9--	eu(h)oe (Bacche)!	hoch (Bacchus)!
--	---- 7	----	eunūchus	Kastrat, ‹Eunuch›
--	---- -	89-1	eurus	Südostwind
▶ ●		○	ex, ē[1] + *Abl*	aus; von ... an; infolge, gemäß
			ex urbe venīre	aus d. Stadt kommen
			ē tertiā hōrā	von d. dritten Stunde an
			ē lēge	gemäß d. Gesetz
				VL de-ex > **F** dès
--	---- -	89--	exāmen[2]	1. Schwarm; 2. Zünglein (an d. Waage), Prüfung **F** examen **D** Examen
--	---- -	8---	excūdere, dī, sum	herausschlagen; bilden, formen
▶ ●	7	-901	exemplum	Beispiel
				F exemple **E** example **D** Exempel[3]
-2	---- -	--0-	exemplăr, āris *n*	Abbild, -schrift; Vorbild, Muster
▶ -2	3456	○	exercēre, uī, itum[4]	umhertreiben, bewegen; üben, ausüben
			∼ equōs/sē armīs	d. Pferde tummeln / sich in d. Waffen üben
				F exercer **D** exerzieren
▶ ●		- 8---	exercitus, ūs	Heer[5]
-2	34--	- ----	exercitāre	umhertreiben, plagen; tüchtig üben
▶ -2	3--6	- ----	exercitātiō	Übung
--	---- -	---1	exhālāre	aushauchen
-2	---- -	-9--	exilis	mager, schmächtig; dürftig
--	---6	8---	exim =	exin(de) (→ is)
--	---6	- ----	exolēscere, olēvī, olētum[6]	aus d. Gewohnheit kommen, sich verlieren[7]
			-ētus (puer)	mannbar; Lustknabe[8]

---

[1] Vor Kons. aus *ex* vereinfacht (wie *ā* aus *ab*). [2] Zu *exigere* als 'austreiben' u. 'abmessen' (-ā- nach *agere* m. Ersatzdehnung f. geschwundenes -*g*-). [3] Vgl. *ein Exempel statuieren* 'ein (abschreckendes) Beispiel aufstellen'. [4] Zu *arcēre* (in d. Bed. nicht mehr spürbar). [5] 'Übung' > 'geübte Mannschaft'. [6] ∼ *ad-olēscere*. [7] 'herauswachsen' > 'abfallen', 'vergehen'? [8] Urspr. 'aus-' = 'zu Ende gewachsen'.

▶ -2 3456 - 8---	explōrāre	erkunden, prüfen [1]	E explore
-- 3--6 - ----	explōrātor	Kundschafter	
▶ 12 -456 - *	ex(s)ŭl, is [2]	verbannt; Verbannter	
▶ 12 -456 - 8--1	ex(s)ĭlĭum	Verbannung D Exil	
-2 ---- - ----	ex(s)ŭlāre	verbannt sein	
▶ -2 ---- - 8--1	exta, ōrum [3]	Eingeweide *(bes. Leber)*	
▶ 1- 3--6 - ----	exter, era, erum [4]	auswärtig, -ländisch	
▶ ● - *	extĕrior/extrēmus	weiter außen, äußerer / äußerster, letzter	

F extérieur; extrême E exterior; extreme
D Extrem

-2 ---- - ----	extrēmitās	äußerster Rand, Grenze	
▶ -2 --56 - 8--1	externus	äußerer; ausländisch, fremd	
▶ ● 7 --0-	extrā *Adv / PräpAkk* [5]	außerhalb / außerhalb von	
	~ urbem/ducem	außerhalb d. Stadt / außer d. Führer	
▶ -2 ---- - ----	extrinsecus *Adv* [6]	außen, von außen	

F

-- ---- - --0-	fāba	Bohne	
-- ---- - --0-	fāber, bra, brum / *m*	geschickt, kunstfertig / Handwerker	
-2 ---- - ----	fabrica	Handwerk; Bearbeitung; Werkstatt	
		D Fabrik (F < L 'Werkstatt')	
-2 ---- - ----	fabricārī	verfertigen	
▶ -2 ---6 7 -901	fābula	Gerede; Erzählung; Schauspiel	
	-am nārrāre/agere	e. Geschichte erzählen / e. Schauspiel aufführen [7]	
		D Fabel	
-2 ---- - --0-	fābella	kleine Erzählung, kurzes Schauspiel	
-- ---6 - -9--	fābulōsus	sagenumwoben	
▶ ● ○	făcĕre, iō, fēcī, factum	tun, machen	
	~ idem/nāvēs	d. gleiche tun / Schiffe herstellen	
	~ eum cōnsulem	ihn z. Konsul machen	
	~ dolōrem parvī	d. Schmerz gering achten	
	~ ut	bewirken, -; erreichen, daß	
	~ cum eō	zu ihm halten, seine Partei ergreifen	
		F faire D Fazit [8]; Affaire (F)	
▶ ● 7 8-01	factum	Tat, Handlung F fait E fact D fakt-isch	
▶ 12 -45- 7 ----	prŏfectō *Adv* [9]	in d. Tat, sicherlich	
-- 34-- - 8---	īnfectus	unverrichtet, -bearbeitet	
-- ---6 - ----	factitāre	gewöhnlich tun	

---

[1] Urspr. '(d. Wild) durch Geschrei aus d. Versteck jagen' (zu *plōrāre*); daraus 'durchstöbern' > 'erkunden'. [2] Inschriftl. stets ohne -*s*-; -*ul* wohl ~ *amb-ul-āre*. [3] < *exsecta 'Herausgeschnittenes'? [4] *ex* + gegenüberstellendes -*ter* (vgl. *nos-ter, al-ter* u.a.). [5] < Abl. Sg. f *exterā* (vgl. *hāc* usw.). [6] < *ext(e)rim* + *secus* (-*im* wie in *ōl-im*). [7] < 'e. Gesch. spielen'. [8] < *facit* 'es macht'. [9] < *prō factō*.

▶ -2 345- - ----	factiō	Zusammenhalt; Klüngel[1]	
		F façon[2] **E** fashion **D** Fasson (F)	
-- -4-- - ----	factiōsus	zum Klüngel gehörig, einflußreich	
▶ ● 7 ---1	facinus, oris *n*	Tat, Untat	
▶ ● O	facilis	leicht: bequem, beweglich, willig	
	~ dictū/via/ad bella	leicht zu sagen / bequemer Weg / willig z. Krieg	
▶ ● 7 ----	facile *Adv*	leicht	
	~ optimus	unstreitig d. beste	
-2 ---6 7 ----	facilitās	Leichtigkeit, Bereitwilligkeit	
▶ 12 3--6 - ----	facultās	Möglichkeit, Fähigkeit	
	~ abeundī	d. Möglichkeit wegzugehen	
	magnam -em nāvium habēre	reichlich über Schiffe verfügen	
	prō -ibus dare	entsprechend seinem Vermögen geben	
▶ ● O	difficilis	schwierig	
	homō ~	unzugänglicher Mensch	
		F difficile	
▶ 12 345- - ----	difficultās	Schwierigkeit; unzugängliche Art	
		F difficulté **E** difficulty	
▶ 12 3-56 7 ----	afficere, iō, fēcī, fectum (eum)	einwirken, versehen	
	-ī morbō/praemiō	erkranken / belohnt werden	
	sitis corpus -it	d. Durst schwächt d. Körper	
-2 ---- - ----	affectiō	Einwirkung, Zustand; Stimmung, Zuneigung	
-- ---6 - ----	affectus, ūs	Zustand; Zuneigung **D** Affekt[3]	
-- ---6 - ----	affectāre (iter/rēgnum)	einschlagen / erstreben	
▶ ● 7 8-0-	cōnficere	zu Ende bringen	
	~ ānulum/iter/vīrēs	e. Ring verfertigen / e. Weg zurücklegen / d. Kräfte erschöpfen	
▶ ● - 8-01	dēficere	ausgehen; abfallen[4]	
	cōpiae mē -iunt/ meī ā mē -iunt	d. Vorräte gehen mir aus / meine Anhänger fallen von mir ab	
		D Defizit (F < deficit 'es fehlt')	
▶ -2 3-56 - ----	dēfectiō	Ausgehen, Abfall	
▶ ● 7 8--1	efficere	herstellen; machen zu; bewirken	
-2 ---- - ----	effector	Urheber, Schöpfer	
-- ---- - -9--	efficāx, ācis	wirksam, erfolgreich	
-- ---6 - 89-1	īnficere (rem rē)	vermischen; färben, vergiften	
		D infizieren	
▶ ● - ----	interficere	töten, vernichten	

---

[1] Bed. nach *facere cum aliquō*.   [2] < *factiō* 'Machart'.   [3] '(Gemüts)zustand' > 'Erregung'.
[4] *dē-, of-* u. *prōficere* sind meist intr.

-- ---6 - ----	interfector	Mörder
-- -4-- - --0-	officere (ei)	sich entgegenstellen, hindern
▶ 12 3-56 ○	perficere	durchsetzen; fertigmachen, vollenden
	~ pontem/scelus/ bellum/ut	d. Brücke fertigstellen / d. Verbrechen ausführen / d. Krieg beenden / durchsetzen, daß
-2 ---- - ----	perfectus (ōrātor)	vollendet, -kommen F parfait E perfect
-2 ---- - ----	perfectiō	Vollendung
▶ -2 3456 - ----	praeficere (eum urbī)	an d. Spitze stellen, d. Befehl übergeben
▶ 1- 3-56 - ----	praefectus (urbis, urbī)	Vorsteher, Befehlshaber
-- ---6 - ----	praefectūra	Vorsteher-, Kommandostelle; Verwaltungsbezirk
12 3--- - --01	prōficere	Fortschritte machen; helfen zu
▶ • 7 8-0-	prŏficīscī, fectus	aufbrechen, abreisen; ausgehen von
-- 3-5- - ----	profectiō	Aufbruch, Abreise
▶ -2 345- - -890-	reficere	wiederherstellen, erneuern; *(Geld)* einnehmen
-- ---56 - 8--1	sufficere *(tr/intr)*	nachrücken lassen, darbieten / ausreichen, genügen F suffire (cela suffit)
-2 ---- - --0-	**facētus**	fein, witzig
▶ -2 -4-6 ○	**făciēs**	Gestalt, Aussehen; Gesicht[1] VL *facia F E face
-- ---- - -90-	**faex**, faecis *f*	(Wein-)Hefe; Bodensatz
-- ---- - 8---	**fāgus**, ī *f*	Buche
▶ • ○	**fallere**, fefellī	täuschen, verborgen bleiben; *(dicht. auch:)* wegtäuschen
	ille mē -it	jener täuscht mich
	-it mē + *AcI*	es bleibt mir verborgen, –; es entgeht mir, daß
	~ prōmissa	seine Versprechungen nicht einlösen VL *-ire F falloir[2] E fail; failure (< -er) D fallieren (I)
▶ • ○	falsus *(Adv -ō)*	‹falsch›, irrig; betrügerisch F faux E false
-2 ---- - 89-1	fallāx, ācis	täuschend, betrügerisch
-- ---- 7 ----	fallācia	Täuschung, Intrige
▶ -2 ---- - ----	refellere, fellī	widerlegen
-- 3--- - 89-1	**falx**, cis *f*	Sichel
▶ • ○	**fāma**	Gerücht, Ruf
-- ---6 - -90-	fāmōsus	berühmt, -rüchtigt; beleidigend F fameux E famous D famos

---

[1] Urspr. 'd. Art, wie etw. gemacht ist' (zu *facere*). [2] Nach *il faut* < *fallit*.

63

--	---6	- -9-1	īnfāmis	berüchtigt, verrufen; schmählich
12	3--6	- ----	īnfāmia	übler Ruf
▶ ●		- *	fămēs, is *f*	Hunger **F** faim
-2	----	- 89-1	fămŭlus	Diener
--	----	- 8--1	famula	Dienerin
▶ ●	7	----	famĭlĭa	Hausgemeinschaft, ‹Familie›, Gesinde
				F famille **E** family
▶ ●		- ----	familiāris	zum Haus gehörig; bekannt, vertraut
			rēs ~	Vermögen
12	----	- ----	familiāritās	vertrauter Umgang, Freundschaft
▶ 12	34--	- -9--	fānum	Heiligtum, Tempel
--	---6	- --01	prŏfānus	un(ein)geweiht, gottlos **D** profan
--	----	- 8-01	făr, farris *n*	Dinkel, Spelt *(Weizenart)*; *(dar. gem.:)*
				Mehl, Brot
--	----	- ----	farcīre, sī, fartum	stopfen, füllen
▶ --	345-	- ----	cōnfertus	zusammengedrängt, vollgestopft
▶ 12	----	- ----	refertus	dicht gedrängt, vollgestopft
--	----	- 8--1	fāri, fātus	sprechen; sagen, verkünden
			fandus	(sagbar:) erlaubt, recht
--	----	- 8---	īnfandus	unsagbar, gräßlich
--	----	- 8--1	nefandus	ruchlos, verrucht
--	----	- -9-1	fācundus	redegewandt, beredt
--	-4-6	- --01	fācundia	Redefähigkeit, Beredsamkeit
--	----	- 8--1	affārī	anreden, -flehen
-2	----	- 8---	effārī	aussprechen
			-ātus templō *(Dat)*	*pass.:* f. e. Tempel abgegrenzt, - - -
				bestimmt
12	3-56	- 89-1	fās *Nom, Akk n*	göttliches Recht; Schicksal
			~ est + *Inf*	es ist erlaubt
-2	----	- 89-1	něfās	Unrecht, Frevel
▶ 12	----	- ----	nefārius	ruchlos, frevelhaft
--	----	- -9--	nefāstus	(religiös) verboten; unheilvoll, frevelhaft
12	3-5-	- 8-0-	fascis, is *m*	Bündel
			-ēs, ium *m Pl*	Rutenbündel *(d. Liktoren; Zeichen*
				d. Strafgewalt d. Magistrate) [1]
--	----	- -901	fāsti, ōrum	Kalender, zeitliches Verzeichnis
--	----	- --0-	fastus, ūs	Naserümpfen, Hochmut
-2	----	- -90-	fastīdium [2]	Überdruß; Widerwille, Hochmut
--	----	- -9--	fastīdiōsus	überdrüssig, wählerisch; widerwärtig
--	----	- -90-	fastīdīre (rem)	Überdruß empfinden, verschmähen
--	3--6	- 8---	fastigium	Neigung, Steigung, Gefälle; Giebel,
				Höhepunkt
▶ 12	-456	7 8-01	fătēri, fassus (vēra/	gestehen, bekennen / erkennen lassen
			īram)	

[1] Vgl. *Faschismus* (I, nach *fascēs* als Symbol).   [2] < **fasti-tīdium* (*fastus* + *taedium*).

▶ 12 -4-6 7 ---1	cōnfitērī, fessus	gestehen; zeigen, offenbaren
1- ---- - ----	cōnfessiō	Geständnis, Bekenntnis
		D Konfession '(Glaubens)bekenntnis'
▶ 12 3-56 - --01	prŏfitērī	öffentlich erklären, bekennen
▶ -- -456 - 89-1	fatigāre	zermürben; bedrängen, ermüden
		F fatiguer
-- 3--- 7 ----	dēfatigāre	(völlig) ermüden
-- ---- - 8---	fatiscere	zerfallen; ermatten
▶ -- -456 - *	fessus [1]	morsch; ermattet, erschöpft
-- 34-- 7 8---	dēfetīscī, fessus	ermatten, erschöpft werden
▶ 12 --56 - 89-1	fātum	Weissagung, Schicksal [2]
-2 ---6 - 89-1	fātālis	Schicksals-, vom Schicksal bestimmt
-2 --5- - 8--1	faucēs, ium f	Schlund, Kehle; Engpaß, enger Zugang
-- ---- - ---1	faustus [3]	günstig, glücklich
-- ---6 - 8---	īnfaustus	ungünstig, -glücklich
1- 345- - *	făvēre, fāvī, fautum	geneigt sein, begünstigen
	(ei, lēgī)	
	~ ōre	andächtig schweigen [4]
	~ hīs dictīs	diesen Worten Beifall spenden
-- -4-- - --0-	fautor	Beschützer; Anhänger, Beifallspender
-- --56 - ---1	favor	Gunst; andächtige Stille; Beifall
		F faveur f E favour
-- ---- - 8--1	favilla	(glühende) Asche
-- ---- - 8---	făvus	Honigwabe; Honig
12 ---6 - 89-1	fax, făcis f	Kienspan, ‹Fack›el
-- ---- - --0-	fĕbris, is f	‹Fieber› F fièvre E fever
-- ---6 - *	fēcundus [5]	fruchtbar, ergiebig; reichlich
-- ---- - 8---	fētus (lupa/locus ulvīs ∥ lupa)	(befruchtet:) trächtig / angefüllt, reich ∥ geworfen habend, säugend
-2 ---- - 89-1	fētus, ūs	Gebären, Erzeugen; (Ergebnis:) Junges, Trieb, Frucht
-- ---- - 8---	effētus (-/vērī)	erschöpft / abgestumpft gegen
▶ ● - *	fēlix, īcis [6]	fruchtbar; erfolgreich, glücklich
1- 3-56 - ----	fēlīcitās	Erfolg, Glück
-- --56 7 8-01	īnfēlīx	unfruchtbar; unglücklich, -heilvoll
12 --56 - 89-1	fēmina	Frau; (Tier-)Weibchen F femme
-- ---- - 8--1	fēmineus	weiblich, -isch
-2 ---- - ----	effēmināre	verweichlichen
-- ---- - 8--1	fĕmur, fĕmĭnis n	(Ober-)Schenkel

---

[1] -e- nach dēfessus (vgl. gradī, gressus). [2] Urspr. '(Götter)spruch' (PP zu fārī in pass. Bed.).
[3] ~ favēre. [4] Wörtl. '(d. Opfer) m. d. Mund begünstigen', d.h. kein falsches Wort sagen, indem man schweigt. [5] -cundus wie in fā-cundus u.a. [6] ~ fē-cundus (Bed. v. -l- nicht faßbar).

65

▶	●	○	dē-fendere, dī, sum (ignem ā tēctīs/ urbem ā Gallīs)	wegstoßen, abwehren / verteidigen F défendre[1] E defend[1]
1–	3–––	– ––0–	dēfēnsor	Verteidiger
▶ 12	3––6	– ––––	dēfēnsiō	Verteidigung
––	–4––	– ––––	dēfēnsāre	verteidigen
––	––56	– 8–––	īnfēnsus	aufgebracht, feindlich
▶ ●		7 –901	offendere	anstoßen; Anstoß erregen, – nehmen
			~ eum	1. ihn antreffen; 2. ihn beleidigen
			offēnsus	1. beleidigt; 2. anstößig, zuwider
––	–––6	– ––––	offēnsa	Anstoß; *(Folge, pass.:)* Ungnade
12	–––6	– ––––	offēnsiō	Anstoß, Beleidigung; *(pass.:)* Rückschlag, Unpäßlichkeit, Verärgerung
––	––––	– 8––1	**fenestra**	‹Fenster› F fenêtre
––	–––6	– –90–	**fēnus**, oris *n*[2]	Zinsen; zinsbringendes Kapital[3]
––	–4––	– ––––	fēnerātor	Geldverleiher
––	–––6	– ––––	**fērālis** -ia, ium *n Pl*	Toten-, Leichen- Totenfest
▶ 12	345–	7 8–01	**fĕrĕ̄** *Adv* trēs ~/omnēs ~// quod ~ fit	ungefähr, fast; meistens etwa drei / fast alle // was meistens geschieht
▶ –2	–456	7 ––––	fermē *Adv*[4]	(= fere:) ungefähr, fast; meistens
–2	––––	– ––––	**fēriae**, ārum[5]	Feier-, Ruhetage D Ferien
–2	–4–6	– *	**fĕrīre**	stoßen, schlagen, treffen
			~ caelum vertice	mit d. Scheitel an d. Himmel stoßen
			~ porcum/foedus	e. Sau schlachten / e. Bündnis schließen[6]
			~ eum mūnere	ihn um d. Geschenk prellen
▶ ●		○	**ferre**, fĕrō, tŭlī, lātum	tragen; herbei-, hin-, wegtragen
			~ onus/dolōrem	e. Last tragen / d. Schmerz ertragen
			~ ei auxilium	ihm Hilfe bringen
			~ lēgem ad populum, ut	e. Gesetzesantrag vor d. Volk bringen, –; beim V. beantragen, daß
			fāma fert + *AcI*	d. Gerücht behauptet, daß
			~ eum ducem	ihn als Führer ausgeben
			~ palmam	d. Siegespalme davontragen
			ferrī ad eum	zu ihm eilen
––	––––	– –90–	ferāx, ācis	(gern tragend:) fruchtbar, ergiebig
▶ ●		○	**afferre**, -fĕrō, attŭlī, allātum	herbeitragen; beitragen, mit sich bringen, melden
▶ 12	––56	○	**auferre**, -ferō, abstulī, ablātum	weg-, davontragen, wegreißen
–2	––––	– ––0–	**anteferre**	vorantragen; vorziehen

---

[1] Vgl. noch *dēfēnsa* f Sg > F *défense*, ME, AmE *defense*, E *defence*. [2] Nbf. *faenus, oris*.
[3] Urspr. 'Frucht' (*fē-nus* ~ *fē-cundus*; *-nus* wie in *fac-inus*). [4] < *ferimē* (Sup. zu *ferē*).
[5] < *fēsiae* ~ *fēs-tus*. [6] Durch Schlachtung e. Opfertieres.

▶ 12 3-56 7 8-01	cōnferre, -ferō, cŏntulī, collātum	zusammentragen; vergleichen; hintragen
	~ omnia in ūnum ʼ	alles an einer Stelle zusammentragen
	~ pācem cum bellō	d. Frieden mit d. Krieg vergleichen
	sē ~ Rōmam	sich nach Rom begeben
	~ rem in Īdūs	d. Sache auf d. Iden verschieben
-2 ---- - ----	collātiō	Aufbringung, Beitrag; Vergleich
▶ 12 3-56 7 8-01	dēferre	herab-, weg-, (hin-)tragen
	~ ad eum epistulam/rēgnum	ihm e. Brief überbringen / d. Königswürde übertragen
	~ nōmen Verris ad praetōrem	(d. Namen d. V. d. Prätor überbringen:) Verres anzeigen, – anklagen
-- ---6 - ----	dēlātor	Anzeiger, Denunziant
-2 ---6 - ----	dēlātiō	Anzeige
▶ 12 3-56 - *	differre (tr/intr)[1]	auseinandertragen; aufschieben / sich unterscheiden
	~ rūmōrēs/rem in posterum	Gerüchte verbreiten / d. Sache auf später verschieben
	~ ā Gallīs	sich von d. Galliern unterscheiden
-2 ---- - ----	differentia	Unterschied
▶ 12 3-56 7 8-01	efferre, -ferō, extulī, ēlātum	hinaus-, emportragen
	~ mortuum (ex urbe)	d. Toten aus d. Stadt tragen, – – bestatten
	~ eum in caelum	ihn in d. Himmel heben
-2 ---- - ----	ēlātiō	Erhebung, Aufschwung
▶ 12 3-56 - 89-1	īnferre, -ferō, ĭntulī, illātum	hinein-, herantragen
	~ ei metum/vim	ihm Furcht einflößen / Gewalt antun
▶ ● 7 8-0-	offerre, -ferō, obtulī, oblātum	entgegentragen, -bringen; anbieten
	sē ~	entgegentreten; sich darbieten
		F offrir E offer[2] D Offer-te (F, I < ML)
▶ ● O	perferre	(ans Ziel) tragen; ertragen
	~ mandāta/lēgem	Aufträge ausführen / e. Gesetz durchsetzen
-2 3-56 - 8-01	praeferre (rem/rem reī)	vorantragen, zur Schau stellen / vorziehen
	sē ~ castrīs	am Lager vorbeieilen
		F préférer E prefer
▶ 12 3-56 7 -90-	prōferre (tēla//arma/fīnēs)	hervortragen, -holen // vorwärtstragen / vorschieben, verlängern
-- -4-- - ----	prōlātāre (agrum/diem/vītam)	(vorschieben:) erweitern / hinausschieben / hinziehen

[1] Perf. distulī, dīlātum nur bei tr. Verwendung.   [2] < AF ofrir + AE offrian < L offerre.

▶ ● ○	referre[1]	zurücktragen, -bringen; *(Schuldiges)* abliefern; (hin-)bringen
	~ pedem/grātiam	sich zurückziehen / Dank abstatten
	~ sermōnēs eōrum	ihre Gespräche berichten
	~ ad senātum	vor d. Senat bringen, dem S. berichten
	~ in tabulās	in d. Verzeichnis aufnehmen
	~ omnia ad ūsum	alles am Nutzen ausrichten
		D referieren; Referat[2]
-2 ---- 7 --0-	rēfert, rētulit (meā/eius)	es liegt (mir/ihm) daran
▶ ● 7 -9-1	trānsferre[3] (sīgna)	hinüber-, vorbeitragen
	~ rēgnum in eum	d. Herrschaft auf ihn übertragen
▶ 12 -456 - *	**ferrum**	Eisen; *(dar. gem.:)* Waffe, Schwert
		F fer
-- 3--- - ---1	ferreus	eisern
-- ---- - 8---	ferrātus	mit Eisen beschlagen, -- bedeckt
-- ---- - 8---	ferrūgō	(E.-krankheit:) Rost; dunkle Farbe
▶ -2 3456 - *	**fĕrus**	wild
	fera (bēstia)	wildes Tier
		F fier
-- ---- - ---1	feritās	Wildheit
-- ---- - ---1	ferīnus	von wilden Tieren (stammend)
▶ -- -45- - *	ferōx, ōcis[4]	wild; unerschrocken, trotzig
-- ---6 - ----	ferōcia	wilder Mut; Unerschrockenheit, Trotz
-- ---- - 8---	efferus	wild, roh
-- ---- - 89-1	**fertilis**[5]	fruchtbar
-- ---- - *	**fervēre, ferbuī**[6]	sieden; wallen, wogen
-- ---- - 890-	fervidus	siedend; wallend, glühend
▶ -- -4-6 - 890-	**festināre**	eilen; beschleunigen
-- ---6 - ----	festīnātiō	Hast, Eile
-- 3-5- - ----	cōnfestim *Adv*	unverzüglich, sofort
-- ---6 - *	**fēstus**	‹fest›lich
	-um	‹Fest›, Feier
		F fête < festa (dies)
-- ---- - --0-	prŏfēstus	(vor d. Fest liegend:) werktäglich
-- --5- - ----	**fētiālēs, ium** *m*	‹Fetialen›[7]
-- ---- - 8--1	**fibra**	Faser *(bes. in d. Eingeweiden d. Opfertiere)*
-- ---- - 8---	**fibŭla**	Spange, Klammer
-- ---- - --0-	**ficus, ī (-us, ūs)** *f*	‹Feigen›baum, ‹Feige›[8]
-2 --56 - 890-	**fidĕre, fīsus sum**	trauen, vertrauen; wagen

[1] Perf. Akt. *rettulī* (-*tt*- Rest d. alten Perf. *tetulī*). [2] Aus Aktenvermerk *referat* '(Bearbeiter) möge vortragen!'. [3] PPP auch *trālātus*. [4] Vgl. zu *atrōx* bei *āter*. [5] Wohl zu *ferre* (-*t*- nach *fictilis* u. a., wo es z. Stamm gehört). [6] Nbf. *fervĕre, vī*. [7] Priester f. Zeremonien bei Kriegserklärung u. Abschluß auswärtiger Verträge. [8] Über d. Provenzalische vermittelt.

▶ -2 -456 - *	fīdus	treu, zuverlässig
-- -4-- - -9--	īnfīdus	treulos, unzuverlässig
-- 3-56 - 8--1	fīdūcia (suī/accepta)	Vertrauen / treuhänderische Überlassung, anvertrautes Gut
▶ 12 34-- - ----	cōnfīdere (sibī, virtūte)	vertrauen, hoffen F confier
▶ -2 34-6	diffīdere	mißtrauen
▶ • O	fĭdēs, ĕī f	Treue, Vertrauen; Treuwort
	-em ei habēre	Vertrauen zu ihm haben
	-em eius cognōscere	seine Treue kennen lernen
	-em dare/servāre	d. Treuwort geben / d. Treue halten
	in -em Rōmānōrum recipere	in d. Treuverhältnis mit d. Römern aufnehmen *(sachl.* = unterwerfen*)*
		F foi E faith
▶ 12 -45- 7 -901	fidēlis	treu, zuverlässig F fidèle D fidel[1]
-- ---- - -9--	īnfidēlis	treulos, unzuverlässig
-- ---- - *	perfidus[2]	treulos, falsch
1- 34-- - ----	perfidia	Treulosigkeit
▶ -2 ---- - -90-	fĭdēs, is f / Pl	Saite / Leier, Laute
-- ---- - -9--	fĭdĭcen, ĭnis m[3]	Lautenspieler; lyrischer Dichter
▶ • O	fĭĕri, fīō, factus sum	werden; geschehen; gemacht werden
	fit clāmor/pōns/ut	e. Geschrei entsteht / e. Brücke wird gebaut / es geschieht, daß
	Asia Rōmānōrum fit	Asien wird Besitz d. Römer
12 -56- - *	figere, fīxī, fīxum	(nageln:) 1. anheften, fest machen; 2. durchbohren, -stechen
		PPP > F fixe D Fix-stern
-2 ---- - 8-0-	affīgere	anheften, befestigen
-- ---- - 8---	cōnfīgere	zusammenheften; durchbohren
-- 3--- - 8---	dēfīgere	(in d. Boden) hineinstoßen; festheften an
-2 ---- - 8---	īnfīgere	hineinbohren; anheften
-- ---- - 8---	praefīgere	vorne anheften, - versehen mit
		D Präfix < *PPP n*
-- ---- - 89--	refīgere	losmachen, abreißen
▶ -2 3--- - 8--1	figūra[4]	Gestaltung, Gestalt F E figure D Figur
▶ • O	filius	Sohn F fils
▶ 12 3-56 7 89-1	fīlia	Tochter F fille
-- ---- - 8--1	filum	Faden; *(gl. Form:)* Saite *(d. Leier)*
		F fil D Fili-gran (I[5])
-- ---- - 8---	fĭmum	Dünger, Mist

---

[1] Bed. 'fröhlich' aus d. Studentensprache. [2] < *per fidem (fallēns)*. [3] *-cen* zu *canere*.
[4] Zu *fingere* (vereinzelte Bildung aus d. Verbalwurzel). [5] 'Stickerei m. Gold- u. Silberfäden'.

-- ---- - *		findere, fĭdī, fissum	spalten
-2 ---- - ----		fissum	Spalt, Einschnitt
-- ---- - --0-		diffindere	spalten
▶ 12 34-6 ○		fingere, fīnxī, fictum	formen, bilden; sich vorstellen, erdichten D fingieren; fikt-iv
-- ---- - -90-		diffingere	umbilden, -schmieden
-2 ---- - ----		effingere	nachbilden, darstellen
-- ---6 - 8---		effĭgĭēs	Bild, Abbild
▶ ● ○		finis, is *m* per -ēs Gallōrum	Grenze; Ende, Ziel durch d. Gebiet d. Gallier F fin *f*; fin 'zart' (< 'Vollendung') E fine D fein (AF)
▶ -2 345- - 89-1		fīnĭtĭmus	benachbart; nahestehend, verwandt
▶ -2 3-56 - -901		fīnīre	begrenzen; beendigen, -stimmen F finir E finish[1]
▶ 12 3--- - ----		īnfīnītus	unendlich; unbestimmt, allgemein
-2 ---- - ----		īnfīnītiō	Unendlichkeit
▶ 12 ---- - ----		dēfīnīre	begrenzen, -stimmen D -ieren
-2 ---- - ----		dēfīnītiō	Festsetzung, ‹Definition›
1- ---- 7 ----		affīnis	benachbart; verschwägert; verwickelt in
-- 3--6 7 ----		affīnitās	(Verschwägerung:) Verwandtschaft
-2 ---- - ----		īnfīnitās	Unendlichkeit
▶ ● ○		firmus	fest, stark, sicher
-2 ---- - ----		firmitās	Festigkeit, Stärke
-2 3456 7 8---		firmāre	befestigen, stärken; sichern F fermer
▶ -2 --56 - ----		affirmāre	bekräftigen, -haupten F affirmer
▶ 12 34-- - ----		cōnfirmāre	stärken; bekräftigen, versichern
12 34-- - --0-		īnfirmus	schwach, krank
-- ---6 - ----		īnfirmitās	Schwäche, Krankheit; Unbeständigkeit
1- ---- - ----		īnfirmāre	schwächen, entkräften
-- ---6 - ----		fiscus	Korb; Staats-, kaiserl. Privatkasse[2] D Fiskus
-- ---- - 89--		fistula	(Röhre:) Wasserrohr, Hirtenpfeife, ‹Fistel› *(Geschwür)*
-- ---- - 890-		flagellum	Geißel, Peitsche; *(gl. Form:)* Ranke, Sprößling D Flegel
12 ---6 - ----		flāgĭtāre	dringend fordern
▶ 12 -4-6 7 -9--		flāgĭtium	Schimpf, Schande; Schandtat
12 -4-6 - ----		flāgitiōsus	schändlich, schmachvoll
-2 ---6 - 89-1		flăgrāre	brennen, lodern, glühen D flagrant[3]
-2 ---- - ----		dēflagrāre	niederbrennen *(tr., intr.)*

---

[1] Nach F *finiss-ons* (F *-iss-* < VL *-isc-* < Kl *-sc-* d. Inkohativa).   [2] < '(Geld)korb (d. Prinzeps)'.   [3] *(Unrecht):* 'schreiend' < 'brennend'.

-- ---6 - ----	flāmen, inis *m* ~ Diālis	Sonderpriester *(nur f. einen Gott)* Sonderpriester d. Juppiter
12 3-5- - *	flamma	‹Flamme› E flame
-- ---- - 8---	flammāre (*tr*/*intr*)	entzünden / lodern
▶ 12 ---- - ----	īnflammāre	entflammen, -zünden
-- ---- - ----	flāre	blasen; (mit d. Blasbalg) schmelzen
-- ---- - 8---	flātus, ūs	Blasen, Wehen; Wind, Atem
-- --5- - 8--1	flāmen	Blasen, Wehen
-- ---- - 8--1	afflāre	an-, heranwehen; an-, einhauchen
1- -4-- - ----	cōnflāre	anblasen; einschmelzen[1]; zustande bringen[1]
-2 ---- - 8-0-	īnflāre (tubam/būcās)	blasen / aufblasen, -blähen
-- ---- - 89-1	flāvus	gelb, blond
-- ---- - 8---	flāvēre	gelb –, blond sein
-2 -456 - 89-1	flectere, xī, xum ~ iter ad urbem/ animōs iūdicum	biegen, umdrehen; (hin)lenken z. Stadt hin abbiegen / d. Richter umstimmen, – – erweichen
-- ---- - 8---	flexus, ūs	Biegung; Wendepunkt; Umweg
-2 ---- - 8---	īnflectere	(einwärts b.:) krümmen, biegen, beugen
-- ---- - 8---	reflectere	zurückbeugen; zurück-, abwenden
1- 3---- - *	flēre, ēvī, ētum	weinen; beweinen
12 3---- - 8--1	flētus, ūs / *Pl*	Weinen, Wehklagen / Tränen(ströme)
-- ---- - -9-1	flēbilis	1. beklagenswert; 2. klagend, weinend
▶ 12 34-6 - ----	af-flīgere, flīxī, flīctum (vāsa terrae/cīvēs)	schlagen gegen, beschädigen / niederschlagen, bedrücken
▶ -- 3-5- - ----	cōnflīgere (*intr*)	zusammenstoßen, kämpfen
-- 3--6 - ----	cōnflīctāre / -rī	schwer treffen / zu kämpfen haben mit
-- ---6 - ----	prōflīgāre -ātus	niederwerfen, -schlagen *auch:* verworfen *(Mensch)*
-2 ---- - *	flōs, flōris *m*	Blüte, Blume; Jugendkraft; Zierde F fleur *f* E flower D Flor
▶ 12 -456 - 8-01	flōrēre, uī	blühen; in voller Kraft stehen D -ieren
▶ -2 ---6 - *	flŭĕre, flūxī Rhēnus inter eōs -it/vestis -it/ ~ mollitiā	fließen, strömen zwischen ihnen fließt d. Rhein / d. Gewand fällt weich (haltlos) herab / in Weichlichkeit zerfließen
12 3--6 - *	flūctus, ūs / *Pl*	Flut, Strömung / Wogen
-- ---- - 8---	flŭctŭāre	wogen, branden; dahintreiben, schwanken
-- -4-6 - ----	flūxus	fließend; haltlos, vergänglich
▶ -2 3456 - *	flūmen	Strömung; Strom, Fluß
-2 --5- - 890-	flŭvius	Wasser; Fluß, Strom
-- ---- - 8---	fluentum	Strömung; Strom, Fluß

[1] < '(zu e. Masse) zusammenschmelzen'.

-- ---- - 8-0-	fluitāre	hin und her fließen; dahintreiben, schwanken
-2 ---6 - ----	affluere	heranfließen, sich herbeidrängen; im Überfluß vorhanden sein
-2 ---- - 890-	dēfluere	herab-, weg-, (hin-)fließen; –, –, -gleiten
-2 ---- - ----	effluere	heraus-, ausfließen; entschwinden
-2 3--- - ----	īnfluere	hineinfließen, -strömen
-- ---- - -9--	praefluere (urbem)	vorbeifließen
-- ---- - 8---	refluere	zurückfließen
-2 ---- - *	fŏcus	Feuerstätte, Herd **F** feu; foy-er
-- ---- - 8--1	fŏdĕre, iō, fōdī, fossum	graben, stechen
	~ argentum/arva	Silber ausgraben / d. Land umgraben
	~ eum hastā	ihn mit d. Lanze durchbohren
▶ -- 3456 - 8--1	fossa [1]	Graben (*auch:* Kanal)
-- ---- --8---	dēfodere (sīgna/specūs)	(in d. Erde) eingraben / (in d. Erde) anlegen
-- ---6 - 8---	effodere (terram // oculōs/domōs)	aus-, umgraben // ausstechen / durchwühlen
-- ---- - 8---	īnfodere (frūgēs)	ein-, vergraben
▶ 12 -456 - *	foedus	häßlich, scheußlich, widerlich
-- ---6 - 8---	foedāre	entstellen, beflecken
▶ 12 -456 - 8-01	foedus, eris *n*	Bündnis, Vertrag
1- ---- - ----	foederātus	verbündet
-- ---- - *	fŏlium	Blatt *(d. Pflanze)* **F** feuille *f* Sg < *n* Pl
▶ -2 34-6 - *	fōns, fontis *m*	Quelle; Quellwasser; Ursprung
-- ---- - ---1	forāmen	Öffnung, Loch
-- ---- - 8---	forceps, ĭpis *m* [2]	Zange
-2 ---6 ○	fŏris, is *f* / *Pl*	Türflügel / Tür, Eingang
-- -45- 7 --0-	forīs *Adv* [3]	draußen, auswärts; von draußen **VL** de-foris > **F** dehors
-2 ---- 7 --0-	forās *Adv* [4]	hinaus, nach draußen
▶ -2 3456 ○	fōrma	‹Form›, Gestalt; Erscheinung, Vorstellung **F** forme
-2 ---- - ----	fōrmula	Maßstab, Norm; (Rechts-)‹Formel›, Vertrag
-2 ---- - 8-01	fōrmōsus	wohlgeformt, schön
-2 ---- - *	fōrmāre	bilden, gestalten, formen **F** former **E** form **D** -ieren [5]; Format [6]
-- ---- - ----	cōnfōrmāre	bilden, gestalten
-2 ---- - ----	cōnfōrmātiō	Bildung, Gestaltung
-2 ---- - ----	īnfōrmāre	bilden, gestalten, formen **D** -ieren [7]
-2 ---6 - ---1	dēfōrmis	entstellt, häßlich

---

[1] Sc. *terra.* [2] *for-* aus *formus* 'heiß', *-ceps* zu *capere.* [3] < Abl. Pl. d. Nbf. **fora.* [4] < Akk. Pl. d. Nbf. **fora.* [5] (L + F). [6] < PPP n. [7] Urspr. '(durch Belehrung) bilden'.

-- ---6 - 8-0-	īnfōrmis	unförmig, häßlich
-- ---- - -9--	trifōrmis	dreigestaltig
-2 ---- - ----	formīca	Ameise
▶ -2 -4-6 - 8-0-	formīdō	Grausen, Furcht; Schreckbild
-- -4-6 - -9--	formīdolōsus (-dul-)	grauenvoll, schrecklich; furchtsam
-- ---- - --0-	formīdāre	sich fürchten, – entsetzen
-2 ---- - ----	reformīdāre (rem)	zurückschaudern
-- ---- - 8---	fornāx, ācis *f*	(Schmelz-)Ofen, Esse
-- ---- - --0-	fornĭx, ĭcis *m*	Bogen, Gewölbe¹; Kellerkneipe, Bordell
-- -4-6 ○	fors, *Abl* forte *f*	Zufall
▶ ● 7 8-01	forte	durch Zufall, zufällig
1- ---5- - 8--1	forsitan + *V Konj*²	vielleicht
▶ 12 ---6 7 --01	fortasse³	vielleicht
-- ---- - --0-	fortassis³	vielleicht
▶ -2 ---6 - ----	fortuītus *(Adv* -ō*)*	zufällig, aufs Geratewohl
▶ ● ○	fortis	stark, mutig; tapfer **F** fort **D** forsch; forte (*Musik*, I)⁴
-2 ---- - ----	fortitūdō	Mut, Tapferkeit, Tatkraft
▶ ● ○	fortūna / *Pl*	Schicksal, Glück / Reichtum **FE** fortune
-2 ---- 7 8-0-	fortūnātus	glücklich; wohlhabend, reich
▶ ● ○	fŏrum	Markt, Marktplatz; öffentl. Leben
12 ---- - --0-	forēnsis vestītus ~	Markt-, Gerichts- Ausgehkleidung
-- ---- - --0-	fŏvĕa	(Fall-)Grube
-- ---6 - 8--1	fŏvēre, fōvī, fōtum	warm halten; pflegen, begünstigen
-- ---- - --0-	fōmentum	warmer Umschlag, Verband; Linderungsmittel
-- ---- - 8---	frăgor	Krachen, Dröhnen, Tosen⁵
▶ 12 --56 - *	frangere, frēgī, frāctum	brechen, zerbrechen; zwingen, überwinden
-- ---- - 8---	frăgmen	Bruchstück, Splitter
-- ---- - *	frăgĭlis	zerbrechlich, hinfällig
-- ---6 - 8---	īnfringere	abknicken; hinein-, dagegenschlagen
-- ---6 - ----	perfringere	durchbrechen; zerbrechen, zunichte machen
-- ---- - 8---	frăgrāre	riechen, duften
▶ ● ○	frāter, tris *m* ~ patruēlis	Bruder (Bruder v. Onkel her:) Vetter **F** frère
-- ---- - *	frāternus	brüderlich; verwandtschaftlich

¹ Urspr. 'Ofenwölbung' (~ *fornāx*). ² Da < *fors sit, an.* ³ Zweiter Bestandteil ungeklärt.
⁴ Vgl. noch *fortia* n Pl > F *force* f Sg, E *force*. ⁵ Urspr. 'Bersten' (zu *frangere*).

73

► 12 --56 - *	fraus, fraudis *f*	Täuschung, Betrug; Schaden, Vergehen
1- ---- - ---1	fraudāre	betrügen, unterschlagen
-- ---- - 8---	frāxinus, ī *f*	Esche
-- --56 - 89-1	fremere, uī	brummen, murren, tosen, lärmen
-2 3-56 - 8---	fremitus, ūs	Brummen, Murren, Tosen, Lärmen
-- ---- - *	frēnum *(Pl meist* -ī, ōrum *m)*	Zaum, Zügel
-- ---- - 8---	frēnāre	aufzäumen; zügeln, lenken
-2 ---- - ----	effrēnātus	zügellos
► ● - *	frĕquēns	dicht besetzt, zahlreich, häufig
12 ---- - ----	frequentia	Andrang; Menge, Masse
-- -4-- - ---1	frequentāre (urbem// scrībās//scholās/ exempla)	(dicht besetzen, zahlreich –, häufig machen:) bevölkern // versammeln // oft besuchen / wiederholen
-2 --56 - 89-1	frĕtum	Meerenge, Meer
► 1- 345- 7 8---	frētus (virtūte)	vertrauend –, im Vertrauen auf
-- ---- 7 ----	frigēre	kalt –, erstarrt sein
-2 ---- - *	frīgidus	kalt, kühl; matt **F** froid
-2 3--- - *	frīgus, oris *n*	Kälte; (Angst-, Todes-)Schauer; abweisende Haltung
-- ---- - *	frōns, frondis *f*	Laub
-- ---- - 8---	frondōsus	laubreich, belaubt
-- --- -- 8---	frondēre	belaubt sein
-2 3-56 - *	frōns, frontis *f*	Stirn; Vorderseite, ‹Front› **F** front *m* **E** front
► ● - 8-0-	frūmentum	Getreide[1]
► 1- 3--- - ----	frūmentārius rēs -a	Getreide- Getreideversorgung
-- 3--- - ----	frūmentārī	Getreide holen, – beschaffen
-- 3--- - ----	frūmentātiō	Getreidebeschaffung
► 12 -4-6 ○	fruī, frūctus (frŭĭtus) (agrō/pāce)	Nutzen haben / genießen
► 12 3-56 7 --01	frūctus, ūs	Nutzung; Ertrag, ‹Frucht› **F E** fruit
-2 ---- - ----	frūctuōsus	fruchtbar, ergiebig
► -2 ---6 - *	frūx, frūgis *f*	(Feld-)Frucht
-- ---- 7 --0-	frūgī *inv*[2]	rechtschaffen, sparsam, mäßig
-2 ---- - ----	frūgālitās	Rechtschaffenheit, Sparsamkeit, Mäßigung
-2 ---- - ----	perfruī, frūctus (ōtiō)	(völlig) genießen, auskosten
► -2 3456 ○	frūstrā *Adv*[3]	1. grundlos; 2. erfolglos, vergeblich
	eum ~ habēre	ihn in seiner Erwartung täuschen
-- -4-- - ----	frūstrārī	täuschen

[1] Urspr. 'Genußmittel' (zu *fruī*; zeigt Bewertung d. Getreides in d. Frühzeit). [2] < Dat. zu *frūx* (*frūgī esse* 'brauchbar sein'). [3] ~ *fraus*.

--	----	-	--0-	frustum	Stückchen, Brocken
--	----	-	---1	frŭtex, icis *m*	Strauch, Baumstumpf
--	----	-	--0-	fūcus	Purpurfarbe, Schminke
▶ •		○		fŭgĕre, iō, fūgī, fugitūrus (labōrēs)	fliehen, meiden
				-it mē + *AcI*	es entgeht mir, daß
					VL *-ire > F fuir
1-	3---	-	--0-	fugitīvus	flüchtig, entlaufen
--	----	7	----	fugitāre	eilig fliehen; meiden, scheuen
▶ •		-	*	fuga	Flucht, Verbannung
--	-45-	-	*	fugāre	in d. Flucht schlagen, verscheuchen
--	----	-	89-1	fugāx, ācis	flüchtig; fliehend, vergänglich
12	3-5-	-	----	cōnfugere (ad eum)	seine Zuflucht nehmen
--	----	-	89--	diffugere	auseinanderstieben, sich zerstreuen
▶ 12	3-56	○		effugere (ē proeliō/ mortem)	fliehen / entkommen, -rinnen
--	---6	-	----	effugium	Flucht, Ausweg
--	3-56	-	----	perfugere (ad eum)	Zuflucht suchen; überlaufen
▶ -2	3456	-	----	perfuga, ae *m*	Überläufer
12	---6	-	----	perfugium	Zuflucht
▶ 1-	34--	-	----	prŏfugere (ex oppidō, ad eum/rem)	fliehen, flüchten / meiden
--	-4-6	-	89-1	prŏfugus	fliehend, flüchtig; verbannt
--	3-5-	-	89-1	refugere (ex urbe, in domum; tēla)	fliehen, zurückweichen
--	--5-	-	----	trānsfuga, ae *m*	Überläufer
-2	----	-	8-0-	fulcire, sī, fultum	stützen
-2	---6	-	89-1	fulgēre, sī	blitzen, glänzen
-2	----	-	8-0-	fulgor	Blitz, Glanz
-2	----	-	----	fulgur, uris (ŏris) *n*	Blitz, Wetterleuchten, Glanz
-2	----	-	89-1	fulmen	Blitz, -schlag
--	----	-	8---	effulgēre	hervorleuchten
--	----	-	89--	refulgēre	zurückstrahlen, aufleuchten
--	----	-	89-1	fulvus	rotgelb, bräunlich, blond
--	----	-	*	fūmus	Rauch, Dampf
--	----	-	8--1	fūmāre	rauchen, dampfen F fumer
--	3---	-	8---	funda	Schleuder; Wurfnetz
--	34--	-	----	fundĭtor	Schleuderer
▶ -2	-456	-	*	fundere, fūdī, fūsum (vīnum/verba/sē/ hostēs)	gießen, ausgießen // hervorströmen lassen / ausbreiten / zerstreuen F fondre
-2	----	-	----	fūsē (dīcere)	weitläufig, ausführlich
-2	3-56	-	8---	circumfundere (cēram corporī/corpus cērā//*Pass*)	herumgießen / umgießen, -geben // umfließen, -drängen

-2 ---5 - 8-01	cōnfundere	1. zusammengießen; vermischen, -wirren; 2. gießen, ausgießen [1] F confondre; confus E confound, confuse [2] D konfus
-2 ---- - ----	cōnfūsiō	Vermischung, -wirrung
-- ---- - --0-	dēfundere	herab-, aus-, (ein-)gießen
-2 ---- - 8-01	diffundere	auseinander- –, ausfließen lassen
	~ vultum	seine Miene entspannen, sich heiter zeigen
	sē ~ ⎫ -ī ⎭	auseinanderfließen, sich verbreiten
▶ 12 -456 - 8-01	effundere	ausgießen, -schütten
	~ vōcēs pectore	Worte aus seinem Innern hervorströmen lassen
	~ sinum togae	d. Bausch d. Toga auflösen
	sē ~ in agrōs	sich über d. Felder ergießen, – – – – ausbreiten
-- ---- - 8--1	īnfundere	hinein-, voll gießen
-2 ---- - ----	offundere (lūcem oculīs/oculōs lūce)	entgegenströmen lassen / übergießen
-- ---- - *	perfundere (aquā/ gaudiō)	übergießen / erfüllen
12 -4-- - ---1	prŏfundere	hervorströmen lassen; vergießen, -schwenden
-- ---- - 8---	refundere / *Pass*	zurückgießen / -strömen
-- ---- - 8--1	suffundere (aquam/ lānam)	(von unten) ein-, dazugießen / übergießen, benetzen
▶ 12 ---- - 890-	**fundus**	Boden; Grundstück, Landgut F fond
-- ---- - 8---	fundāre (arcem/urbem colōnīs)	gründen / befestigen F fonder
-2 ---- - ----	fundāmentum	Grundlage D Fundament
▶ 12 ---- - 8---	fundĭtus *Adv*	von Grund aus, völlig
-- ---6 - 89-1	prŏfundus	tief
	-um	Tiefe; *(dicht.)* Meer D profund (L + F)
▶ -2 ---6 7 -901	**fungī**, fūnctus (mūnere, mūnus [3])	sich entledigen, ausüben, verrichten
	~ officiō/morte	seine Pflicht erfüllen / sterben D fungieren
-- ---6 - 89--	dēfungī (bellō)	zu Ende bringen, überstehen
	~ (vītā)	sterben
-- 3--- - *	**fūnis**, is *m*	Seil, Tau
12 --56 o	**fūnus**, eris *n*	Leichenbegängnis; Leiche; Tod

[1] Verstärktes Simplex.   [2] Präs. aus PPP (vgl. zu estimate bei aestimare).   [3] Akk. vor- u. nachkl.

1- ---- - ---1	fūnestus	Trauer-; todbringend, verderblich
-- ---- - --0-	fūr, fūris m / f	Dieb / -in
▶ 1- ---- 7 8-01	fūrtum	Diebstahl, Unterschlagung; Heimlichkeit, Hinterlist
-- ---- - --01	fūrtīvus	gestohlen; heimlich, verstohlen
-- ---- - 8-01	fūrtim *Adv*	heimlich, verstohlen
-- ---- - --0-	**furca**	(zweizackige) Gabel; *(gl. Form:)* Stützbalken; Tragstange; Gabelholz[1] **F** fourche[2] **E** fork
-- ---- 7-----	furcĭfer, ĕrī m	(Gabelholzträger:) Halunke
12 ---- - *	fŭrĕre	einherstürmen; rasen, wüten
▶ 12 --56 - *	furor	Raserei, Wut; Begeisterung, Verzükkung
12 ---- - 8-01	furia	Wahnsinn, Raserei; Rachegeist, ‹Furie›
-- ---- - ---1	furiālis	furienhaft; wahnsinnig, rasend
12 ---- - --01	furiōsus	wahnsinnig, rasend **F** furieux **E** furious
-- ---- - --0-	**furnus**	Backofen, -haus
-- ---- - 8--1	**fuscus**	dunkel, schwärzlich; dumpf *(Stimme)*
-- ---- - --0-	**fūstis, is** *m*	Knüppel, Prügel
-2 ---- - ----	**fūtilis** (futt-)	unzuverlässig, nichtig

G

-- ---- - 89-1	gălĕa	Helm *(urspr. aus Leder)*
-2 ---- - ----	**gallus**	Hahn
-2 ---- - --0-	gallīna	Huhn, Henne
-- ---- 7 --0-	**garrire**	schwatzen, plappern
-- ---- - --01	garrulus	geschwätzig
▶ 12 --56 O	**gaudēre**, gāvīsus sum (rē, *AcI*, quod)	sich freuen **VL** *-ire > **F** jouir
▶ -2 -456 O	gaudium	(innere) Freude, Vergnügen **F** joie *f Sg* < *n Pl* **E** joy
-- ---- - -9--	găza	Schatz; Vorrat
-- ---- - 8--1	gĕlū, ūs *n*	Kälte, Frost
-- ---- - *	gelidus	eisig kalt, kühl; kalt machend
-- ---- - *	gĕmĕre, uī, itum	seufzen, stöhnen; beseufzen, -trauern
12 ---6 - 8--1	gemitus, ūs	Seufzen, Stöhnen
-2 ---- - 8--1	ingemīscere(-escere), muī (-/*Dat*)	seufzen / seufzen bei, – über
-2 ---- - *	gĕmĭnus (frāter//portae/ Chīron/pedēs//audācia)	zugleich geboren, Zwillings- // doppelt / aus zwei Hälften bestehend / beide // verwandt, ähnlich
-- ---- - --01	gemellus	doppelt, Zwillings-

---

[1] Auf d. Nacken auszupeitschender Sklaven. [2] Davon *fourchette*.

-- ---- - ---1	gemināre	verdoppeln; unmittelbar aufeinander folgen lassen
-- ---- - 8---	ingemināre	verdoppeln; sich verdoppeln
-- ---- - *	gemma	Knospe; *(gl. Form:)* Edelstein; *(dar. gem.:)* Siegelring, Becher
-- ---- - 89-1	gĕna	Wange; *(dicht.)* Augenhöhle, Auge
1- ---6 ○	gĕnĕr, ĕrī *m*	Schwiegersohn
-- ---- - *	gĕnū, ūs *n*	Knie
-2 ---- - ----	geōmĕtrēs, ae *m*	Feldmesser
-2 ---- - ----	geōmetricus	‹geometrisch›
-2 ---- - ----	geōmetria	Feldmeßkunst, Landvermessung **D** Geometrie
▶ ● ○	gĕrĕre, gessī, gestum	tragen, ausführen
	~ pīla manū/ōs virginis/sē honestē	d. Speere in d. Hand tragen / d. Aussehen e. Jungfrau (an sich) haben / sich ehrenhaft benehmen
	~ bellum/rem	Krieg führen / e. Sache ausführen
-2 ---- - ---1	gestus, ūs	Haltung, Gebärde **F** geste *m* **D** Geste
-- ---6 - 890-	gestāre	tragen, herbeischaffen
-2 --56 - 8-01	congerere	zusammentragen; aufhäufen, errichten
-- ---- - 8--1	dīgerere	auseinanderlegen; zerteilen, ordnen
-- ---6 - 8---	ingerere	(hinein-, herantragen:)
	~ saxa in subeuntēs/ei nōmen	Steine auf d. darunter Vorbeigehenden werfen / ihm e. Namen aufdrängen
▶ -2 ---- - -90-	gestire (rem/rē)	heftig verlangen / frohlocken
▶ -2 -456 - 8--1	gignere, gĕnŭī, gĕnĭtum	erzeugen, hervorbringen
-- ---- - 8--1	genitor	Erzeuger, Vater; Urheber, Schöpfer
-- ---- - 8--1	genetrīx, īcis *f*	Erzeugerin, Mutter
▶ ● ○	gēns, gentis *f* [1]	Sippe, Geschlecht; Volk, Stamm
	~ Iūlia/Suēbōrum Aenēās, ~ deōrum	d. jul. Geschlecht / d. Volk d. Sueben Aeneas, d. Sproß d. Götter **F** les gens
▶ ● ○	gĕnus, eris *n* [2]	Geschlecht; Gattung, Art
	~ dūcere ab eō Bacchus, ~ Iovis ~ armōrum/dīcendī	sein Geschlecht von ihm ableiten Bacchus, d. Nachkomme Juppiters Art d. Waffen / Art zu reden, Stil **F** genre
-- ---- - -901	generōsus	edel, -gesinnt **F** généreux **E** generous
▶ -2 ---- - 89--	generāre	erzeugen, -schaffen
-- 3--- - ----	generātim *Adv*	nach Geschlechtern, – Gattungen; im allgemeinen
-- ---6 - ----	dēgener, eris	abgekommen; entartet
	~ patriae artis	v. d. väterl. Kunst abgekommen

[1] *gēns : gen-uī = mēns : me-min-ī = mors : mor-ī.* Bei *gēns* Vorgang > Ergebnis. [2] Vgl. *decus : decēre.*

-- ---6 - ----	dēgenerāre	abkommen, entarten; *(auch:)* entehren
	~ ā patribus/eum	v. d. väterl. Art abkommen / ihn entehren
-- ---- - --0-	genius	Schutzgeist *(e. Mannes, Ortes usw.)*
-- ---- - ---1	geniālis	hochzeit-, ehelich; fest-, fröhlich
		D genial (L + F génie)
▶ 12 -456 7 -901	ingenium	(angeborene Art:) Natur, Begabung
		F engin[1] **E** engine
12 ---- - ---1	ingeniōsus	begabt, fähig
-2 ---6 - -901	ingenuus	freigeboren, edel
-2 ---- - 89-1	prōgeniēs	Abstammung; Nachkommenschaft, -komme
-2 ---- - 8--1	germānus (frāter/Stōicus // eius)	leiblich / echt, wahr // Bruder
-- ---- - 8--1	glăciēs	Eis **VL** *-ia > **F** glace
▶ ● - 8--1	glădius	Schwert *(z. Stoß u. Hieb)*
▶ 1- ---6 - ----	gladiātor	Fechter, ‹Gladiator›
-- ---- - 8-01	glāns, glandis *f*	Eichel; *(gl. Form:)* Schleuderkugel
-- ---- - 8---	glaucus	blaugrau, schillernd
-- ---- - 89-1	glēba (glae-)	Erdscholle
-- ---6 - ----	gliscere	(unvermerkt) wachsen
-2 ---6 - 8---	glŏbus	Kugel, Ball; Knäuel, Schwarm
		D Globus
-2 ---- - ----	globōsus	kugelförmig, rund
-- -4-6 - ----	conglobāre	zusammenballen, -scharen
-- ---- - 8---	glŏmĕrāre	zusammenballen, -drängen
▶ ● ○	glōria	Ruhm; Ruhmsucht: Ehrgeiz, Prahlerei
		F gloire **E** glory **D** Glorie
▶ 12 -4-- - ----	glōriōsus	ruhmvoll; ehrgeizig, großsprecherisch
		F glorieux **E** glorious
▶ 12 3-5- - ----	glōriārī (rē)	sich rühmen, prahlen
-- ---6 - 8---	inglōrius	ruhmlos
	~ mīlitiae	~ im Felde
-- ---6 - ----	gnārus (locī/mihĭ)	kundig / bekannt
▶ 12 -456 7 8-01	īgnārus (rērum/ei)	unkundig / unbekannt
-- ---- 7 8-0-	gnātus *AL* =	nātus
-- ---- - 8--1	grăcĭlis	schlank; mager, dürr
▶ -- ---- - 8---	grădi, ior, gressus[2]	schreiten
-- ---- - 8---	gressus, ūs	Schritt, Gang
▶ 12 --56 - 89-1	gradus, ūs	Schritt; Stellung, Stand; Stufe, Rang
	-um celerāre/eum	d. Schritt beschleunigen / ihn aus seiner
	dē -ū movēre	(Auf-)Stellung vertreiben
	-ūs templī	d. Stufen d. Tempels
	-um fīliī habēre	d. Rang e. Sohnes einnehmen
		F de-gré **E** de-gree **D** Grad

---

[1] '(Kriegs)maschine' < 'geistreiche Erfindung'.   [2] *-e-* nach d. Komposita.

79

-2 ---- - ----	gradātim *Adv*	schritt-, stufenweise
-- ---6 - ----	grassārī (-/in tē)	kräftig ausschreiten / vorgehen
▶ -2 3456 7 -8--	aggredī, ior, gressus (eum, id)	(herangehen:) sich wenden an, angreifen, beginnen
-2 ---- - ----	antegredī	vorausgehen
-- 3-56 - 8---	congredī	zusammentreffen, -stoßen
-- ---6 - ----	congressus, ūs	Zusammentreffen, -stoß
-- ---6 - ----	dēgredī	herab-, weg-, (hin-)gehen
-- -4-6 - 8---	dīgredī	auseinander-, weggehen
▶ • 7 8--1	ēgredī (ex urbe/mūnītiōnēs)	heraus-, hinausgehen / verlassen
-- ---6 - ----	ēgressus, ūs	Herausgehen, Ausgang
▶ • - 8--1	ingredī (lentē/in nāvem/urbem)	einher- / hineingehen / betreten
	~ eum/ōrātiōnem	ihn angreifen / e. Rede beginnen
-- --5- - ----	praegredī (eōs)	vorangehen, zuvorkommen; vorbeiziehen
▶ 12 3-56 - 8---	prōgredī	hervor-, herauskommen; vorrücken, fortschreiten
-2 ---- - ----	prōgressiō	Fortschritt, Steigerung
-- -456 - ----	regredī	zurückgehen, -kehren
-- ---6 - ----	regressus, ūs	Rückkehr, -zug
▶ -- 3-56 - ----	trānsgredī	hinübergehen; überschreiten
-- ---- - 89-1	**grāmen**	Gras
-- ---- - 8---	grāmineus	aus Gras, grasbedeckt
-- ---- - --0-	**grammătīcus**	sprach- und literaturkundlich; Sprach- und Literaturgelehrter, Philologe
	-a (ars)	Sprachkunde, ‹Grammatik›, Philologie
12 34-6 ○	**grandis**	groß, ausgewachsen; alt, bedeutend
		F grand-mère **E** grand-mother
-- ---- - 89-1	**grandō**	Hagel
-2 ---- - ---1	**grānum**	*(Getreide-)* Korn; *(Frucht-)* Kern
		F E grain
▶ 12 -456 ○	**grātus**	anmutig; beliebt, willkommen; dankbar
		F gré; a-gréer[1] **E** a-gree
▶ • 7 8-01	**grātia**	Anmut; Beliebtheit, Gunst; Dank
	-am habēre/-ās agere/-am referre	Dank wissen, – empfinden / Dank sagen / Dank abstatten
	amīcī grātiā[2]	d. Freundes wegen, um d. Fr. willen
		F grâce **E** grace **D** Grazie
1- ---- - ----	grātiōsus	beliebt; Günstling
-- ---6 - ---1	grātēs *Nom, AkkPl f*	Dank
-- --5- - ----	grātulārī (ei dē rē, ei rem)	beglückwünschen, danken **D** gratulieren

---

[1] Urspr. 'nach seinem Geschmack finden' (*ad grātum*). [2] Abl. > Präp., vgl. *causā*.

1- ---5- - ----	grātulātiō	Glückwunsch, Danksagung
-- ---- - ---1	grātārī (ei)	freudig beglückwünschen, danken
1- ---- - ----	grātīs *Adv*	unentgeltlich[1] ⋅ **D** gratis
-- -4-- - ----	grātuītus *(Adv -ō)*	unentgeltlich; ohne Anlaß
-2 -4-- - ----	grātĭfĭcārī	zum Opfer bringen, willfahren
12 ---6 - *	ingrātus	unangenehm; danklos, undankbar
▶ ● ○	**grăvis**	schwer (zu tragen); beschwert
	-e onus/-is causa/	schwere Last / wichtiger Grund / ein-
	ōrātiō/vōx	drucksvolle Rede / tiefe Stimme
	nāvis praedā ~	m. Beute schwer beladenes Schiff
		F E grave
▶ 12 ---6 - --01	gravitās	Schwere, Bedeutung, Würde; Beschwert- sein, Schwerfälligkeit
	~ oneris/linguae	Schwere d. Last / Schwerfälligkeit d. Zunge
-- ---6 7 8--1	gravidus	schwanger, trächtig; voll von
-- ---- - 8--1	gravāre	beschweren, -lasten; schwerer machen
-- ---- - --0-	praegravāre	niederdrücken, belasten; d. Überge- wicht erhalten
-- ---- - 8--1	**grĕmĭum**	Schoß
12 ---- ○	**grĕx, grĕgis** *m*	Herde, Schar
-- -4-6 - ----	gregārius (mīles)	gemein, -wöhnlich
-- ---6 - ----	aggregāre	beigesellen, anschließen
-2 ---6 - ----	congregāre	versammeln, -einigen
-2 ---- 7 ----	sēgregāre	absondern; trennen, entfernen
▶ ● - 890-	ēgregius	(aus d. Herde herausgehoben:) ausge- zeichnet, hervorragend
-- ---- - 8---	**grūs, grŭĭs** *m f*	Kranich
▶ 12 ---- - ----	**gubernāre**	steuern, lenken **F** gouverner **E** govern
-2 3--- - ----	gubernātor	Steuermann, Lenker
		F gouverneur **E** governor
-- ---- - --0-	**gŭla**	Kehle, Schlund
-- ---- - 8--1	**gurges**, itis *m*	Strudel, Abgrund **VL** *gurga > **F** gorge
-2 ---- - --0-	gustāre	kosten, genießen **F** goûter
-- ---- - 8--1	**gutta**	Tropfen; Flecken *(d. Fells)* **F** goutte
-- ---- - 89-1	**guttur**, uris *n*	Gurgel, Kehle
-2 ---- - ----	**gymnăsĭum**	Gymnasion[2] **D** -ium
-- ---- - 8---	**gȳrus**	Kreis **D** Giro (I)

H

-- ---- - 8-01	**habēna**	Riemen, Zügel

---

[1] Urspr. 'um Dankesworte' (< Abl. Pl. *grātiīs*).   [2] Einrichtung in allen griech. Städten: Sportplatz m. Wandelgängen, in denen oft Philosophen disputierten; daher auch Schule.

▶ •	○	**hăbēre, uī, itum**	haben, halten
		~ agrum/causam	e. Acker besitzen / e. Grund haben
		~ contiōnem	e. Versammlung abhalten
		~ eum prō amīcō	ihn als Freund behandeln
		~ id cognitum[1]	dies erkannt haben, – wissen
		rēs ita sē -et	d. Sache verhält sich so
			F avoir
▶ -2 --56 - 8-0-		habitus, ūs	Haltung; Kleidung; Zustand
			F habit (de cérémonie) **E** habit
▶ 12 --5- 7 8-01		habitāre	wohnen, bewohnen **F** habiter; -ant
-- ----- - 8---		habilis	handlich: lenkbar, bequem, geeignet
			E able
▶ 12 3-56 - 89-1		adhibēre (manum ad vulnus/vim virō∥ eum ad scelus/eum sevērē)	hinhalten / anwenden ∥ hinzuziehen / behandeln
-2 ---6 - -90-		cohibēre	zusammenhalten, einschließen, zügeln
		~ manūs ab aurō	d. Hände v. Gold fern-, – – – – zurückhalten
-2 ---- - ---1		exhibēre	(hervorholen:) herbeischaffen, zeigen
		~ sonōs ōre/ei cūram	Laute hören lassen / ihm Mühe bereiten
-- ---- - ---1		inhibēre (rēmōs/modum)	anhalten, hemmen / anwenden
-- ---- - 8---		perhibēre	sagen; angeben, nennen
▶ •	○	prŏhibēre (ā rē)	abhalten, hindern; bewahren vor
▶ •	○	dēbēre[2]	(haben von:) verdanken, schulden; sollen, müssen **F** devoir[3]
▶ •	○	praebēre[4]	hinhalten, gewähren
		~ sē virum	sich als Mann erweisen
-- ---- - 89--		**haedus**	junger Ziegenbock, Böcklein
▶ 12 --56	○	**haerēre, haesī, sum** (in eō, ei)	haften, kleben; hängen-, steckenbleiben
-- ---- - --0-		adhaerēre	haften –, kleben an
-2 ---- - ----		cohaerēre	zusammenhängen
-2 ---- - ---1		inhaerēre	haften –, kleben an
-- ---- 7 ----		**hahahae!**	haha! da haben wir's!
-- ---- - --0-		**(h)allēc**, ēcis *n*	Fischtunke[5]
-- ---- - --01		**hāmus**	Haken; *(gl. Form:)* (gekrümmter) Schwertgriff, Angelhaken
-- ---- - 89-1		**(h)arēna**	Sand; Sandfläche, Kampfplatz
			D Arena

---

[1] Danach *j'ai connu* als umschreibendes Perfekt. [2] < *dē* + *habēre*. Da *h* stumm war, wurden die Vokale zusammengezogen. Vgl. *dēgere* < *dē* + *agere*. [3] Vgl. noch *dēbita* (f Sg < n Pl) > F *dette*, E *debt*. [4] < *prae* + *habēre*. Vgl. Erläuterung zu *dēbēre*. [5] Auszug aus Fischeingeweiden.

-- ---- - 8-01	harundō	Schilfrohr; *(dar. gem.:)* Angelrute, Pfeilschaft, Rohrpfeife *u.a.*
▶ 12 -456 - ----	haruspex, icis *m*	Eingeweideschauer
-2 ---- - ----	haruspicīna	Eingeweideschau
-2 --56 - 89-1	hasta	Stange; Speer, Lanze
	sub -ā vēndere	öffentlich versteigern [1]
-- ---- - 8---	hastīle, is *n*	Stange; Lanzenschaft, Lanze
-- --5- - ----	hastātus	mit Speeren bewaffnet
	-ī, ōrum	erste Linie, vorderstes Glied [2]
▶ -2 -456 7 8-01	haud	nicht
-2 ---6 - 8-01	haurīre, sī, stum	schöpfen; ausschöpfen; einschlürfen, verzehren
	~ aquam ē fonte	Wasser aus d. Quelle schöpfen
	~ pōcula ōre	Becher leertrinken
	~ aquam/artem	Wasser trinken / e. Kunst in sich aufnehmen
12 --56 - 8---	exhaurīre	heraus-, leer schöpfen
	~ terram manibus	d. Erde mit d. Händen ausheben, - - - - - ausgraben
	~ urbem/bella	d. Stadt entvölkern / Kriege durchmachen
-2 -4-- - ----	hĕbĕs, ĕtis	stumpf, schwerfällig
-- ---- - 89-1	hĕdĕra	Efeu
-- ---- - --0-	(h)ellĕbŏrum	Nieswurz [3]
-- ---- 7 ----	hem!	*(Überlegung:)* hm! *(Zorn:)* ha!
-- ---- 7 ----	ĕhĕm (optumē)!	ah (das trifft sich ausgezeichnet)!
▶ -2 ---- - *	herba	(grünende) Pflanze; Kraut, Gras F herbe
▶ 12 --56 7 ----	herc(u)le!	(beim Herkules:) wahrlich! weiß Gott!
12 -4-- - ----	mehercule(s)!	wahrlich! weiß Gott!
▶ 12 ---6 - -901	hērēs, ēdis *m / f*	Erbe / -in E heir
▶ 12 ---- - ----	hērēditās	Erbschaft
-- ---- - --0-	cohērēs	Miterbe
-2 ---- 7 ----	hĕrī *Adv*	gestern F hier
-2 ---- - --0-	hesternus [4]	gestrig
-- ---- - 8-01	hērōs, ōis *m*	Halbgott, Held
-- ---- - ----	Hespĕrus	Abendstern
-- ---- - ---1	hesperius	abendländisch, westlich
-2 ---- 7 89-1	heu (mē miserum)!	ach (ich unglücklicher Mensch)!
-- ---- - -90-	ĕheu (mē miserum)!	o - - -! ach (ich unglücklicher M.)!
-- ---- 7 ----	heus!	heda! hallo!

---

[1] Staatl. Versteigerungen fanden neben e. in d. Boden gesteckten Lanze statt. [2] Im röm. Heer urspr. m. Speeren bewaffnet. [3] Als Mittel gegen Wahnsinn verwendet. [4] Vgl. zu *arbustum* unter *arbor*.

-- ---- - 8-0-		hiāre	gähnen, klaffen, d. Mund aufsperren nach e. Sache schnappen
		~ rem	
-- ---- - 8---		hiātus, ūs	Auseinanderklaffen, Öffnung; Aufsperren d. Mundes
-- ---- - 8---		děhīscere	sich spalten
-- ---- - 8---		inhiāre (aurō/-)	schnappen –, trachten nach / staunen
▶ -- 3456 - 890-		hibernus	winterlich, stürmisch
		-a, ōrum	Winterlager F hiver < hibernum (tempus)
-- --5- - ----		hībernāre	überwintern
▶ •	O	hĭc, haec, hŏc[1]	dieser (hier), – (jetzt)
		respondet haec	er antwortet folgendes F oui < AF o-il < L hoc ille (fecit)
-- ---- 7 8-01		hāc *Adv*[2]	hier, -her
-- ---- 7 ----		ant(e)hāc *Adv*	vorher
12 ---6 7 --0-		posthāc *Adv*	künftig, später
-2 ---6 - 8-01		hāctenus *Adv*	bis hierher, – dahin
▶ •	O	hīc *Adv*[3]	hier
-- ---- 7 8---		hōc *Adv AL* =	hūc
▶ •	O	hūc *Adv*[4]	hierher, -zu
▶ •	O	adhūc *Adv*	bis jetzt, – dahin; immer noch
▶ 12 3-56	O	hinc *Adv*[5]	von hier, daher; von jetzt an, dann F encore < hinc ad horam
-- ---6 7 8-0-		děhinc *Adv*	von jetzt an; hierauf, dann
-2 34-- 7 ----		huius(ce)modī *inv*	derartig
▶ -2 3456 - *		hĭems, is *f*	Sturm; Winter, Kälte
▶ -- 34-- - --0-		hiemāre	überwintern
-- ---- 7 ----		hĭlărus	heiter
-- ---- - --0-		hĭlāris[6]	heiter
-2 ---- - ----		hilaritās	Heiterkeit
-- ---- - 890-		hircus	Ziegenbock; *(Eigenschaft:)* Gestank
-- ---- - 8--1		hirsūtus	struppig, rauh; stachlig
-- ---- - -9--		hispĭdus	struppig, rauh
▶ -2 ---- - -9--		histŏrĭa	Nachforschung; *(Ergebnis:)* Erzählung, Geschichtswerk; *(daher:)* Geschichte F histoire E history; story
-2 ---6 - ----		histriō, ōnis *m*	Schauspieler
▶ 12 --56 7 8-0-		hŏdĭē *Adv*[7]	heute
1- ---- - ----		hodiernus	heutig
-- ---- - --0-		(h)ŏlus, eris *n*	Gemüse, Kohl
▶ •	O	hŏmō, inis *m*	Mensch F homme; on

---

[1] Über -c vgl. zu *ecce*. [2] < Abl. *hāc (viā)*. [3] < Lokativ *hei-c*. [4] < AL *hōc* < Abl.; vgl. *eō, quō* u. a. [5] < *him-ce*. Vgl. *-im* in *illin-c, istin-c, in-de* (?), *utrim-que, extrīn-secus, ōlim*. [6] *-is* wohl nach Ggs.-W. *trīstis*. [7] < *hō diē* 'an diesem Tag' (wegen *hō* statt *hōc* vgl. zu *ecce*).

▶ •	O		hŏnōs, ōris *m*[1]	Ehre, Auszeichnung; Ehrenamt; Zierde
			-ēs ei dēcernere	Auszeichnungen f. ihn beschließen
			-ēs petere	sich um d. Ämter bewerben
				F honneur **E** honour **D** honor-ig[2]
▶ •	O		honestus (homō/pāx/ōs)	angesehen / ehrenvoll / schön
				F honnête **E** honest
▶ 12	---- - ----		honestās	Ansehen; Ehrenhaftigkeit; Schönheit
-- -4-6	- --0-		inhonestus	unehrenhaft, schändlich; häßlich
-2 ---6	- --01		honōrāre	ehren, auszeichnen **D** honorieren; Honoratioren < *PPP Komp m Pl*
▶ 12 3-5-	- *		hōra	Stunde; Zeit, Jahreszeit
				F heure; encore[3] **E** hour **D** Uhr (AF)
-- 3---	- ----		hordeum	Gerste
-- ----	- -9--		hōrnus	diesjährig, heurig
-2 --5-	- *		horrēre, uī	starren, sich sträuben; schaudern
			terga saetīs/comae -ent	d. Rücken starren vor Borsten / d. Haare sträuben sich
			membra/multī mortem -ent	d. Glieder erschauern / viele entsetzen sich vor d. Tod
-- ----	- ---1		horrendus	schaudererregend, schrecklich
-2 ---6	- 89-1		horridus	starrend, rauh; schaudernd; entsetzlich
-2 ----	- 89--		horribilis	schaudererregend, entsetzlich
-- ----	- 8---		horror	Schauder, Schrecken **F** horreur *f*
-- ----	- 8---		horrēscere, ruī	starren, sich sträuben; sich entsetzen
12 ---6	- ----		abhorrēre (ā rē)	zurückschrecken; unvereinbar sein
-- ----	- 89--		horreum	Scheune
▶ •	- 8-01		hortārī	ermuntern
-- 3-5-	- ----		adhortārī	ermuntern, anfeuern
▶ -2 34--	- ----		cohortārī	ermuntern, anfeuern
-- ----	- 8---		exhortārī	aufmuntern
12 ---6	- 8-01		hortus / *Pl*	Garten / Park
-2 ----	- ----		hortulus	Gärtchen
▶ •	O		hospes, itis *m*	Gast, -freund; Fremder
1- 3-5-	- 8-01		hospitium	Gastfreundschaft; Herberge **D** Hospiz
-- ----	- -9--		hospitālis	gastfreundlich; d. Gastfreundes *n Subst* > **F** hôpital; hôtel **E** hospital; hotel **D** Hospital; Spital; Hotel (F)
-- ----	- -9--		inhospitālis	ungastlich, -wirtlich
-- ----	- 89-1		hospitus	1. gastfreundlich; 2. fremd
-2 -45-	- 89-1		hostia	Opfertier **D** Hostie
▶ •	- *		hostis, is *m*	(Landes-)Feind
-- -456	- 89-1		hostīlis	feindlich

---

[1] Nom. Sg. auch *-or* (Angleichung an d. Kasus obliqui; vgl. zu *arbustum*).   [2] Aus d. Studentensprache.   [3] < *hinc ad hōram.*

-- ---- 7 ----	hui (tam citō)!	ei (so rasch)!
▶ 12 -456 ○	hūmānus	menschlich; freundlich, gebildet F humain E human; -e D human
▶ 12 3--- - ----	hūmānitās	Menschennatur; Freundlichkeit, Bildung F humanité E humanity D Humanität
-2 ---- 7 ----	inhūmānus	unmenschlich, -gebildet
	(h)ūmidus, (h)ūmor →	ūmēre
-2 -4-6 - *	hŭmus, ī f	Boden, Erde
	-ī iacēre[1]	auf d. Boden liegen
-2 3-56 - *	humilis (casa/ars/ ōrātiō)	(am Boden:) niedrig / unbedeutend / demütig, unterwürfig F E humble
-2 3--- - ----	humilitās	Niedrigkeit; Schwäche, Unterwürfigkeit
-2 ---- - ----	humāre	beerdigen
-- ---- - 8---	inhumātus	unbeerdigt
-- ---- - 8---	hyacinthus, i m f	‹Hyazinthe› *(nicht unsere H.)*
-- ---- - 8---	hy̆drus	Wasserschlange; *(allg.)* Schlange
-- ---- - 8--1	hymenaeus	Hochzeitslied, Hochzeit; -sgott

I

▶ 12 --56 - *	iacēre, uī	liegen; da-, darniederliegen
▶ ● - 8-01	iăcĕre, iō, iēcī, iactum (tēla in eōs/vallum)	werfen, schleudern / aufwerfen, errichten
	~ sēmina	(S. hinwerfen:) Samen ausstreuen
-- ----6 - 8---	iactus, ūs	Wurf
-2 3-5- - ----	iactūra	Überbordwerfen; Einbuße, Verlust
▶ 12 3-56 - *	iactāre (facēs//nāvem/nōmen)	schleudern ∥ hin und her werfen / immer wieder erwähnen, rühmen VL *iect- > F jeter
-- ---- - 89-1	iaculum	Wurfspieß
-- ---- - -9--	iaculārī (-//ignēs/ cervōs)	mit d. Speer werfen ∥ schleudern / werfen nach, treffen
▶ ● - --0-	abicere, iō, iēcī, iectum[2]	weg-, herab-, niederwerfen
	abiectus	*auch:* mutlos; niedrig, verächtlich
▶ -- 3-56 - *	adicere	zuwenden; hinzufügen
-- ----6 - ----	circumicere	ringsum aufwerfen, - -stellen; umgeben
▶ 12 3-5- 7 8--1	conicere (arma in medium/quot sint)	(zusammen-)werfen / vermuten[3]
-2 ---- - ----	coniector	(Traum-)Deuter, Wahrsager

---

[1] *humī* Lokativ wie *domī* u. *rūrī*. [2] Gesprochen *abji̯cĕre* usw. (so in allen Komposita).
[3] < *(sortēs) conicere* 'd. Losstäbe zusammenwerfen' > 'wahrsagen' > 'vermuten'.

▶ 12 ---- 7 ----	coniectūra	Vorhersage, Vermutung
-- ----6 - ----	coniectāre	vermuten, erschließen
▶ 12 3-56 - *	dēicere	herab-, heraus-, (hinein-)werfen
	~ eōs ē saltū/spē	sie aus d. Schlucht vertreiben / um ihre Hoffnung bringen
-- 34-6 - 8---	disicere	zerstören; zersprengen, -streuen
▶ 12 3--- 7 8--1	ēicere	hinauswerfen; ausstoßen, vertreiben
	~ āctōrēs	d. Schauspieler von d. Bühne jagen
▶ 12 3-56 ○	inicere	hinein-, hin-, heranwerfen
	sē ~ in ignem	sich in d. Feuer stürzen
	~ ei metum	ihm Furcht einjagen
	~ ei frēnōs	ihm Zügel anlegen
▶ -2 3--6 - ----	intericere	dazwischenwerfen, einfügen
12 3-56 ○	obicere (rem ei)	entgegenwerfen, -stellen, -halten
	~ ei metum	ihm Furcht einflößen
		PPP n > **F** objet **E** object **D** Objekt
-- -4-6 - 8---	obiectāre	entgegenwerfen, -stellen, -halten
-- ---- - 8---	ob(i)ex, obicis *m f*	Querbalken, Riegel; Damm, Hindernis
-2 ---6 - 8-01	prōicere (hastam∥ arma/pudōrem/ eum)	(nach vorn werfen:) vorstrecken ∥ wegwerfen / preisgeben / verstoßen
▶ 12 3-5- - 89-1	reicere	zurückwerfen; wegwerfen, -stoßen
	~ hostēs/dōna∥rem ad senātum/ad Īdūs	d. Feinde zurückschlagen / Geschenke zurückweisen ∥ e. Sache an d. Senat verweisen / auf d. Iden verschieben
▶ 12 3-56 - 8-01	subicere	hinunter-, (von unten herauf-)werfen
	~ ignem domuī/ eum imperiō	Feuer an d. Haus legen / ihn d. Herrschaft unterwerfen
	~ castra urbī/ratiōnēs	d. Lager unmittelbar unter d. Stadt aufschlagen / Beweise anfügen, – unmittelbar folgen lassen
	~ eum in equum/ ei spem	ihn aufs Pferd heben / ihm Hoffnung einflößen
▶ -- 3-5- - 8--1	trāicere (tēlum/eum tēlō)	hinüberwerfen / durchbohren
	~ (cōpiās) flūmen	(Truppen) über d. Fluß setzen
-- ---- - -90-	amīcīre, uī, tum [1]	herumwerfen, umhüllen
-- ---- - 8--1	amictus, ūs	Überwurf, Umhang; Hülle
▶ • ○	**iăm**	schon, nunmehr, eben
	nōn ~	nicht mehr
	iam ... iam	bald ... bald
		F jadis < iam diu
-- ---- - -90-	**iambus**	‹Jambus› *(Versfuß ᵕ ⁻)*

[1] In d. i-Konjugation übergegangen.

-- ---- - ----	**Iānus**	‹Janus› *(Gott d. Durchgangs und d. Torbogens)*
1- -4-- - ----	Iānuārius (mēnsis)	(Monat d. Janus:) ‹Januar›
		F janvier **E** January **D** *auch* Jänner
-- ---- - 89-1	iānua	Haustür; Eingang
-- ---- - -9--	iānĭtor	Türhüter
► -2 --5- - 89-1	**icisse**, ictum	gestoßen –, geschlagen –, getroffen haben
-2 3-56 - 89-1	ictus, ūs	Schlag, Stoß, Wurf
► 12 ---- - 8-01	**idcircō**	deshalb
-2 ---- - ----	**identĭdem** *Adv*	mehrfach, immer wieder
1- --56 - ----	**ideō**	deswegen
► • 7 -90-	**idōneus**	geeignet
-- --5- - --01	**Īdūs**, uum *f*	‹Iden›[1]
-2 ---- - -90-	**iĕcŭr**, ŏris *n*[2]	Leber
-- ---- - --0-	**iēiūnus**	nüchtern, hungrig; mager
-- ---- - ---1	iēiūnium	Fasten, Hunger
► 12 -456 7 8-01	**ĭgĭtur**	also, folglich
► • - *	**ignis**, is *m*	Feuer
-2 ---- - 89--	igneus	feurig
-- ---- - 8---	ignĭpŏtēns	Feuerbeherrscher *(Beiname Vulkans)*
► • 7 8-01	**ignōrāre**	nicht kennen, – wissen
-2 ---- - ----	īgnōrātio	Unkenntnis
-- ---- - 89-1	**ilex**, icis *f*	(Stein-)Eiche
-- ---- - 8-01	**ilia**, ium *n Pl*	Eingeweide; Weichen
-- ---- 7 8---	**ilicet** *Adv*[3]	1. aus![4] 2. sogleich[5]
-- ---- 7 ----	**ilicō** *Adv*[6]	auf d. Stelle, sogleich
► • O	**ille**, a, ud	jener (dort), – (damals) **F** il; lui; le
-- ---- 7 ----	postillā *Adv*[7]	danach, später
-- ---6 O	illīc *Adv*[8]	dort
-- 3--- - ----	illō *Adv*	dorthin
-2 -4-6 7 --01	illūc *Adv*[8]	dorthin; bis dahin
-- ---- 7 8---	illinc *Adv*[8]	von dort
► 12 ---6 - *	**imāgō** / *Pl*	Bild, Abbild / Ahnenbilder **F E** image
► 12 -4-6 - *	**imitārī**	nachbilden, -ahmen
		F imiter **D** -ieren
-- ---- - --0-	imitātor	Nachahmer
-2 ---- - ----	imitātiō	Nachahmung
► -2 -4-- - --0-	**imbecillus**	schwächlich; kraftlos, matt
-2 ---- - ----	imbecillitās	Schwäche
-2 3-56 - *	**imber**, bris *m*	Regenguß, Regen; *(dicht.)* Wasser

---

[1] In d. ,,Milmo"-Monaten März, Juli, Mai, Oktober d. 15., sonst d. 13. Tag. [2] Nbf. im Gen. usw. *iecineris*. [3] < *ire licet*. [4] < 'man kann gehen; (d. Sache ist erledigt)'. [5] Nach *ilicō*. [6] < *in locō*. [7] Vgl. durchgehend d. Parallelformen unter *hic*. [8] Endbetont, da < *illīce*, *-ūce*, *-ince*.

-2 -4-6 - --0-	**imbŭĕre, uī, ūtum**	tränken, benetzen / einführen // einweihen
	(vestem sanguine/ eum litterīs//opus)	
▶ 12 -4-- - 89-1	**immānis**	ungeheuer; riesig, schrecklich
12 ---- - ----	immānitās	Wildheit, Unmenschlichkeit
▶ 12 ---6 7 8---	**immō** *Adv*	gewiß; im Gegenteil, ja sogar
▶ • 7 8-01	**imperāre** (eīs)	befehlen, herrschen über
	∼ obsidēs	d. Stellung v. Geiseln befehlen
▶ • - ----	imperātor	Oberbefehlshaber, Feldherr; Kaiser
-- ---6 - ----	imperātōrius	Feldherrn-, kaiserlich
▶ • ○	imperium	Befehl; Befehlsgewalt, Herrschaft, Reich
	sub -ō Caesaris	unter d. Befehl Caesars
	sub/in -ō Rōmānō	unter röm. Herrschaft / im röm. Reich
-- ---- - --0-	imperiōsus	gebietend, -erisch
-- -4-6 - --0-	imperitāre (eīs)	befehlen, herrschen über
▶ • - *	**impetus, ūs**[1]	(Vorwärts)-Drang, Ungestüm; Angriff
-- ---- - *	imus	unterster
▶ • ○	**in** + *Akk / Abl*	*(wohin?)* in, nach, gegen / *(wo?)* in, auf, bei
	∼ urbem/urbe	in die Stadt / in der Stadt
	∼ multōs annōs	für viele Jahre
	∼ diēs maior	von Tag zu Tag größer
	∼ ultiōnem	zur Bestrafung
		F en (en France; en-fermer)
▶ 12 3--6 - *	**inānis**	leer; nichtig, eitel
-- ---- - 8---	**incassum** *Adv*	erfolglos
-2 ---6 - 8---	**inclŭtus** (-clĭt-)	berühmt
▶ -2 ---6 - ----	**incŏhāre**	anfangen; z. Sprache bringen, darstellen wollen
▶ • - 890-	**incŏlŭmis**	unversehrt, -letzt
-2 ---6 - ----	incolumitās	Unversehrtheit
-- ---- - 8---	**incūs, ūdis** *f*	Amboß
1- -456 - ---1	**index,** icis *m* (sceleris/ librī)	Anzeiger, Mitteiler / Etikette *(an d. Buchrolle)*, Titel
▶ • 7 8--1	indicium	Anzeige; Anzeichen, Beweis **D** Indiz
▶ 12 -45- 7 -9-1	indicāre	anzeigen
	∼ ei fundum	ihm d. Preis d. Grundstücks angeben
		F indiquer **E** indicate[2]
-- ---56 7 8--1	**indulgēre, sī, tum** (ei/ somnō/largitiōnem)	nachsichtig sein / sich hingeben / gewähren
▶ 12 -456 - ----	**industria**	Regsamkeit, Fleiß
		F industrie[3] **E** industry **D** Industrie (F)

---

[1] Zu AL *im-petere*.   [2] Über -*ate* vgl. zu *estimate* bei *aestimare*.   [3] 'erzeugendes Gewerbe' < 'Tätigkeit' < 'Fleiß'.

▶ -- 345- - ----	indūtiae, ārum	Waffenstillstand	
-2 ---6 - 8-01	infāns (ōs/fīlius/-)	(nicht sprechend[1]:) stumm, unberedt / kindlich, -isch / Kind **F** enfant	
-- ---- - 8--1	infĕrĭae, ārum[2]	Totenopfer	
▶ • - 89-1	infĕrus / īnferior / īnfĭmus īnferī, ōrum	unten befindlich / weiter unten befindlich, tiefer / unterster, tiefster d. unterirdischen Götter **F** inférieur **E** inferior	
-- ---- - 8---	īnfernus	unten befindlich, unterirdisch	
▶ 1- 3456 - *	infestus	gefährdet, unsicher; gefährlich, feindlich	
-- ---- - 8---	infit *def V*	er hebt an (zu sprechen)	
-- ---- - ---1	infitiāri	leugnen	
-2 3--- - --0-	infrā *Adv* / *PräpAkk*[3] ~ scrīptus/lūnam	unten / unterhalb von unten angeführt / unterhalb d. Mondes	
▶ -- -456 - *	ingēns	ungeheuer (groß), gewaltig	
-- ---6 - 8---	ingrŭĕre	hereinbrechen, -stürzen	
-- ---- - *	inguen, inis *n*	Weiche, Unterleib; Schamglied	
▶ 12 3-56 7 8-01	inquam *def V*[4]	sage –, sagte ich	
-2 ---- - -9--	inquĭnāre	verunreinigen, beflecken	
-- ---6 - 8---	insōns, ontis	unschuldig, -schädlich	
-- ---- - 8--1	instar *inv n* equus ~ montis	so groß wie e. Pferd, so groß wie e. Berg	
-- --5- - 8---	instaurāre	aufstellen; erneuern, wieder feiern	
-- ---- 7 ----	instigāre	anstacheln; antreiben, reizen	
-- ---- - --0-	instillāre	einträufeln	
▶ 12 3-56 - 89-1	insula	‹Insel›; *(gl. Form:)* Häuserblock	
▶ • 7 890-	intĕger, gra, grum	unberührt; unverletzt, frisch **F** entier **E** entire	
12 ---- - ----	integritās	Unversehrtheit	
-- 3--- - ----	redintegrāre	wiederherstellen	
▶ • ○	inter + *Akk* ~ urbem et flūmen ~ Gallōs ~ cēnam ~ sē differre	zwischen, unter zwischen Stadt u. Fluß unter d. Galliern während d. Essens sich voneinander unterscheiden	
▶ -- 3456 7 -9--	interim *Adv*	inzwischen; vorerst, einstweilen	
-2 3--- - 8---	intĕrior, ius[5]	weiter innen; innerer, geheim **F** intérieur **E** interior	
-2 ---6 - 8---	intimus	innerster, vertrautester **F** intime **D** intim (F)	
-- ---6 - ----	internus	innen, einheimisch **D** intern	
▶ 12 --5- - 8-0-	interprĕs, ĕtis *m*	Vermittler; Übersetzer, Erklärer	

---

[1] Zu *fārī*. [2] Zu *īnferre*? [3] < Abl. Sg. f *īnferā* (vgl. *extrā* u.a.). [4] Häufig *inquam, inquīs, -it*. [5] Über **interus* zu *in* (vgl. *exterior : exter : ex*).

▶ -2 ---6 - ----	interpretārī	übersetzen, auslegen; verstehen
-2 ---6 - ----	interpretātiō	Auslegung, Erklärung
▶ -- 3456 - *	intrā + Akk [1]	innerhalb
	~ urbem	innerhalb d. Stadt
-- ---- 7 ----	intrō Adv [2]	hinein
-2 3-56 - 8--1	intrāre [3] (in hortum/	eintreten, -dringen / betreten
	hortum)	F entrer E enter D entern (Ndl < F)
-- 3--- - --0-	intrōrsum (-us) Adv [4]	hinein; innen
-2 ---6 7 8-01	intus Adv	innen, von –, nach innen
-- --5- - ----	intestīnus	innerlich
-- ---- - --0-	inŭla	Alant (Pflanze)
12 3--- - 8---	invītāre [5]	einladen, bewirten; verlocken
		F inviter E invite
▶ ● ○	invītus [5]	wider Willen, ungern
	eō -ō	gegen seinen Willen
-- ---- - -901	iō!	(Freude/Schmerz:) juchhe! / ach, o!
-2 ---- - -901	iŏcus	Scherz F jeu E joke D Jux [6]
-- ---- - -90-	iocōsus	scherzhaft
-2 ---- - ----	iocārī	scherzen, im Scherz sagen F jouer
▶ ● ○	ipse, a, um [7]	selber, selbst
▶ -2 -456 ○	ira	Zorn, Erbitterung
▶ 12 --56 7 -901	īrātus	zornig, erzürnt
-2 ---- - -90-	īrācundus	leidenschaftlich, jähzornig
▶ 12 3--6 7 ----	īrācundia	Leidenschaft, Zorn
12 ---6 - -901	īrāscī	zürnen
▶ ● ○	ire, ĕō, īī, ĭtum	gehen
▶ ● ○	abīre	(weg-)gehen
	~ in ventum	sich in Wind auflösen
▶ ● 7 8-01	adīre (senātum/īn-	(herangehen:) sich wenden an / besu-
	sulam/labōrēs)	chen / auf sich nehmen
▶ ● - 8--1	aditus, ūs	Zugang, -tritt
-2 -4-6 - ----	anteīre	vorangehen; überholen, -treffen
-- 3456 - ---1	circumīre	herumgehen
	~ aciem/vigiliās	d. Front umgehen / bei d. Posten d. Runde machen
-2 3--- - ----	circu(m)itus, ūs	Umgang, -lauf, -weg
-- --56 - 8-01	coīre	zusammenkommen, sich vereinigen
	-eunt gentēs	d. Stämme kommen zusammen (auch: stoßen –)
	-it vulnus/lac	d. Wunde schließt sich / d. Milch gerinnt
-- ---- - ---1	coitus, ūs	(Zusammenkommen:) Beischlaf

---

[1] Vgl. extrā : exter(us) : ex. [2] -ō wie in eō, AL hŏ-c, illō usw. [3] Urspr. zu intrā, dann zerlegt in in-trāre (vgl. pene-trāre). [4] < intrōvorsum = -versum. [5] V. vīt- 'wollend' (vgl. vī-s 'du willst'); in invītāre in- < Präp., in invītus negierend. [6] Scherzbildung. [7] AL m auch -us.

▶	12 3-5- 7 8-01	exīre	heraus-, weggehen; ausgehen, enden
		~ ex urbe/vallem[1]/	aus d. Stadt weggehen / d. Tal verlassen /
		tēla[1]/in terram	d. Geschossen entgehen / an Land gehen
▶ ●	- 89-1	exitus, ūs	Ausgang; Ende, Ergebnis
	12 -4-6 - 89-1	exitium	Untergang, Verderben
	-- ---6 - ----	exitiōsus	verderblich
▶	12 3-56 7 8--1	inīre (in urbem, urbem)	hineingehen, betreten
		~ bellum/foedus	Krieg beginnen / e. Bündnis schließen
▶ ●	7 ----	initium	(Eingang:) Anfang, Beginn
		-a Bacchī	Mysterien d. Bacchus[2]
▶	-2 34-- - *	interīre	unter-, zugrunde gehen
	12 ---- - --0-	interitus, ūs	Untergang
	-- -4-6 - ----	intrŏīre	hineingehen, betreten
	-- 3--- - ----	introitus, ūs	Eintritt, -zug; Eingang
	12 ---6 - 890-	obīre (hūc/rem)	hingehen / aufsuchen, auf sich nehmen
		~ Asiam/(mortem)	Asien besuchen / d. Tod erleiden, sterben
	-2 ---- - ----	obitus, ūs	Tod, Untergang
▶ ●	○	perīre	zugrunde –, verlorengehen
▶	12 345- ○	praeterīre (eum)	vorbeigehen; überholen
		hoc mē/diēs -it	dies entgeht mir / d. Tag vergeht
		-itus	vergangen
	1- 3--- 7 -901	prōdīre	hervorkommen, sich öffentlich zeigen;
			vorrücken, -ragen
▶ ●	○	redīre	zurückkehren; zukommen, -fallen
		legiōnēs -eunt	d. Legionen kehren zurück
		ager ad eōs -it	d. Acker fällt ihnen zu
▶	12 3-56 - *	reditus, ūs	Rückkehr; Einkünfte
▶	12 3-56 - *	subīre (labōrem/ani-	(hinuntergehen:) auf sich nehmen / sich
		mum/ei, eum)	einschleichen / folgen auf
▶	-2 3456 7 8-01	trānsīre (ad eum/	hinübergehen / vorbeigehen / über-
		eum/montem/diem)	schreiten / verbringen
	-- 3-56 - ----	trānsitus, ūs	Über-, Durch-, Vorbeigang
	-- -4-6 - 8-01	ambīre, iō, īvī, ītum[3]	herumgehen: umwerben / um Gunst
		(potentēs/-/terram)	werben / umfassen
▶	12 -4-6 - --0-	ambĭtĭō[4]	Werbung um Gunst, Ehrgeiz
	-- ---6 - --01	ambitiōsus	ehrgeizig, liebedienerisch
	12 ---6 - ----	ambitus, ūs[4]	Herumgehen (akt., pass.)
		~ stellārum/aquae/	Kreislauf d. Sterne / Windung d. Was-
		lacūs	sers / Einfassung d. Beckens
		lēx dē -ū	Gesetz über Wahlbestechung
▶ ●	- ----	comitium / Pl	Versammlungsplatz / Volksversamm-
			lung (m. Beschlußrecht)
	-- --56 - --01	**irritāre**	reizen D irritieren 'verwirren'[5]

---

[1] Vgl. Akk. bei excēdere, ēgredī u.a. [2] 'Einweihung(en)' > 'Kulthandlung'. [3] In d. i-Konjugation übergegangen. [4] -ĭ- trotz ambītum. [5] < 'reizen' + 'irren'.

▶	●	○		is, ĕa, id
--	----	-	----	ĕā Adv¹
▶	●	7	----	anteā Adv
▶ 12	34-6	7	8-01	intereā Adv
▶	●	7	----	posteā Adv
▶ 12	3---	-	----	posteāquam (posteā ... quam)
▶ 12	345-	7	8-0-	praetereā Adv
▶ 12	3---	7	----	proptereā Adv
▶	●	7	8--1	ĭbī́ Adv³
--	-4--	-	----	ibīdem Adv
▶	●	7	--0-	eō Adv
-2	345-	7	-9--	eōdem Adv
▶	●	7	8-01	adeō Adv
				haec ∼
▶	●	7	8-01	inde Adv
▶	●	7	8-01	dĕinde Adv
▶ -2	-456	-	--0-	dĕin Adv⁴ =
▶ -2	3-5-	-	----	dĕinceps Adv⁵
--	----	-	----	exinde Adv
-2	----	-	8---	exin Adv⁴ =
-2	--56	-	----	perinde (ac)
-2	3456	7	----	proinde (abī/ac)
--	----	-	--0-	subinde Adv
▶ 12	3--6	-	----	eiusmŏdī inv
▶	●	○		īdem, ĕădem, ĭdem
▶ 12	-456	7	8-01	iste, a, ud⁶
--	----	7	----	istīc Adv⁷
--	----	-	----	istūc (-ōc, -ō) Adv
--	----	-	--0-	istinc Adv
▶	●	○		ĭtă Adv⁸
				∼ factum est
				∼ secundus, ut
				haud ∼ magnus
				∼ vīvam
▶	●	7	----	itaque
--	----	7	----	itīdem Adv
▶ 12	345-	7	--0-	ĭtem Adv⁸
▶	●	○		ĭter, itĭnĕris n

dieser; *(abgeschwächt:)* er
da
vorher
1. inzwischen; 2. indessen, jedoch
nachher, später
nachdem, seit²
außerdem; fernerhin
deshalb
dort; damals, dann
ebendort
dorthin; so weit
ebendorthin
so sehr, – lang
gerade –, besonders dies
von dort; von da an; daher
F en (j'en viens; em-porter)
dann, darauf
deinde
der Reihe nach
von da aus; hierauf, dann
exinde
ebenso (wie)
daher, also / ebenso
kurz darauf; schnell hintereinander
F souvent
derartig
derselbe
dieser (bei dir), der da
dort (bei dir); da, dabei
dorthin (zu dir); dahin
dorther (von dir); von da her
so
so geschah es
in d. Weise – –, –; unter d. Bedingung d. zweite, daß
nicht gerade groß
so wahr ich lebe
deshalb
ebenso
ebenso, desgleichen⁹
Marsch, Reise; Weg

Vgl. Erklärungen bei *hic*. ² Wie *postquam* (→ *post*). ³ -*bī́* nach *ubī́*. ⁴ Verkürzt aus -*inde*. -*ceps* zu *capere* (vgl. *prīn-ceps*). ⁶ ∼ *is*; durch Deklination getrennt. ⁷ Vgl. Erklärungen bei *hic* u. *ille*. ⁸ *i*- ∼ *is*. ⁹ Bed. wegen -*em* nach *īdem*.

93

▶ 12 3-56 ○	ĭtĕrum *Adv*[1]	zum zweitenmal; wiederum, andrerseits
-- ---- - -9--	iterāre	erneut tun, – sagen, – aufsuchen *usw.*
	~ tumulum/agrum/	d. Grabhügel wieder errichten / d. Acker
	iānuam	nochmals pflügen / d. Tür erneut aufsuchen
-- ---- - 8--1	iŭba	Mähne; Helmbusch, Kamm *(d. Tiere)*
▶ ● ○	iŭbēre, iussī, iussum	befehlen
	-eō eum sequī	ich befehle ihm, zu folgen
	populus lēgem -et	d. Volk beschließt d. Gesetz
-2 -456 - 8-01	iussum	Befehl
▶ ● - ----	iussū *Abl*	auf Befehl
-2 --5- - ----	iniussū *Abl*	ohne Befehl
▶ 12 ---- - *	iūcundus	angenehm, erfreulich
-2 ---- - ----	iūcunditās	Annehmlichkeit, Liebenswürdigkeit
▶ 12 --56 ○	iūdex, icis *m* [2]	Richter F juge E judge
▶ ● 7 --01	iūdicium	(Rechtsprechung:) Urteil, Gericht
▶ ● 7 --0-	iūdicāre	urteilen, entscheiden; erklären zu
		F juger E judge
-2 ---- - ----	dīiūdicāre	entscheiden; unterscheiden
-- ---- - --0-	iūgis (aqua)	unversiegbar [3]
1- --5- - --0-	iūgerum [4]	Morgen *(240 × 120 Fuß ≈ 25 a)* [5]
-- ---- - 8-01	iŭgŭlum	Schlüsselbein, Kehle [6]
1- -4-- - --0-	iugulāre	schlachten; ermorden, vernichten
▶ -2 3-56 - *	iungere, iūnxī, iūnctum [7]	anspannen, verbinden
		F joindre E join
-- ---- - --0-	iūnctūra	Verbindung
-- 345- - ----	iūmentum	Zug-, Lasttier
▶ ● 7 8---	adiungere	anschließen, hinzufügen
	adiūncta, ōrum	(Angeschlossenes:) Eigenheiten
▶ ● - 8--1	coniungere	verbinden, -einigen; *(Bund)* schließen
12 ---- - ----	coniūnctiō	Verbindung, -einigung
12 ---- - ----	disiungere	losbinden, trennen
-- 3--- - ----	iniungere	anfügen, auferlegen
▶ 12 ---- - ----	sēiungere	trennen, sondern; unterscheiden
▶ -2 3-56 - 89-1	iŭgum	Joch; *(gl. Form:)* Querholz, Bergkamm;
		(pars pro toto:) Gespann, Paar
-- ---- - 8--1	iugālis	(angespannt:) zusammengefügt; ehelich
-- ---- - 8---	biiugis (-us)	zweispännig; zusammengespannt
	biiugī (equī)	Zweigespann
▶ 12 --56 - 89-1	coniux, ugis *m* / *f* [8]	Gatte / Gattin; *(dicht.)* Geliebte

---

[1] < Akk. Sg. n; *i- ~ is*; *-ter* gegenüberstellend wie in *ex-ter* u.a. [2] *iū-* zu *iūs*, *-dex* zu *dīcere*.
[3] Urspr. 'zussamenhängend' *(iūg- ~ iungere)*. [4] Neubildung zu *iūgera*, *um* n Pl; Sg. *iūgus eris* bei Priscian. [5] Urspr. 'Gespann(leistung je Tag)' *(iūg- ~ iungere)*. [6] Urspr. 'Verbindungsteil' (zu *iungere* wie *iaculum* : *iacere*). [7] Wz. *iug-* m. *n-*Einfügung. [8] Nom. Sg auch *coniūnx* (*-n-* nach *iungere*).

-- ---6 - 8--1	coniugium	Ehebund; *(dicht.)* Liebesverhältnis; Ehepartner	
-- ---5- - -90-	iūnior¹	jünger	
	-ēs	d. jüngeren Leute *(17–45 Jahre)*	
-- ---- - --0-	iūrgāre	zanken, streiten	
-2 -4-6 7 8-01	iūrgium	Zank, Streit	
-- ---- 7 ----	obiūrgāre (eum)	tadeln, schelten	
▶ • ○	iūs, iūris *n*	(menschliches) Recht **D** Jur-ist (ML)	
	in ~ vocāre	vor Gericht fordern	
	~ iūrandum	Eid	
▶ • ○	iūstus	gerecht **F** juste **E** just **D** just²	
▶ -2 3--- - 89--	iūstitia	Gerechtigkeit	
		F E justice **D** Justiz 'Rechtspflege'	
-2 -4-- - ---1	iniūstus	ungerecht	
-2 ---- - ----	iniūstitia	Ungerechtigkeit	
▶ 12 3-56 7 8-01	iūrāre (–/deōs/morbum/dolum)	schwören (– / bei / daß ... vorliegt / daß ... nicht vorliegt) **F** jurer	
12 ---- - ---1	iūrātus / *m Subst*	vereidigt / Geschworener	
-- 34-- - ----	coniūrāre	gemeinsam schwören; sich unter Eid verbünden, sich verschwören	
1- ---6 - ----	coniūrātus	durch gemeinsamen Eid verpflichtet; Eidgenosse, Verschworener	
▶ 1- 3456 - ----	coniūrātiō	gemeinsamer Schwur; Eidgenossenschaft, Verschwörung	
▶ • 7 8--1	iniūria	Unrecht, -gerechtigkeit	
	~ cōnsulis	*auch:* Rache am Konsul	
-- ---- - -9--	iniūriōsus	unrechtmäßig, -gerecht	
-- ---- 7 ----	iniūrius	ungerecht	
-- ---- - *	periūrus³	meineidig	
-2 ---- - 8--1	periūrium	Meineid	
-- ---- - --0-	iūs, iūris *n*	Brühe, Suppe **F** jus **E** juice	
▶ • - *	iŭvāre, iūvī, iūtum⁴ (cēna/hic mē -at)	erfreuen / unterstützen, helfen	
▶ • 7 ---1	adiuvāre⁵ (eum)	unterstützen, fördern	
12 3--- 7 ----	adiūtor	Helfer	
-- ---- 7 ----	adiūtrīx, īcis *f*	Helferin	
12 ---- - ----	adiūmentum	Hilfsmittel	
-- ---- 7 ----	adiūtāre	unterstützen; fördern	
		F aider **E** aid **D** Adjutant (S + L)	
▶ -2 --56 - *	iŭvĕnis	jung; junger Mann *(etwa 20–40 J.)*	
		F jeune	
▶ • - *	iuventūs, ūtis *f*	Jugend *(Alter; Personen)*	
-- ---- - -9--	iuventās	Jugend *(Alter; Personen)*	

¹ < *iuvenior* zu *iuvenis*. ² 'genau' < 'recht'. ³ < *per iūs (dēcipiēns)*; vgl. *perfidus*. ⁴ Aber *iuvātūrus*. ⁵ Beachte *adiūtūrus*.

-- ---6 - 89-1	iuventa	Jugend *(Alter; Personen)*
-- ---- - 8--1	iuvenālis	jugendlich, Jugend-
-- ---- - 89-1	iuvencus / -a	junger Mann, Jungstier / junge Frau, junge Kuh, Färse
▶ -- 34-6 - 8---	**iuxtā** *Adv / PräpAkk*	dicht daneben / nahe bei
	sellam ∼ pōnere	d. Sessel dicht daneben aufstellen
	∼ perīculōsum	gleich gefährlich
	∼ viam/deōs	neben d. Straße / nächst d. Göttern

K

▶ 1- -456 - -9-1	**Kalendae**, ārum[1]	*(Monats-)* Erster **D** Kalend-er[2]

L

▶ 12 3--6 - *	**lābī**, lāpsus	gleiten; ausgleiten, fallen
-2 ---- - 8---	lāpsus, ūs	(Dahin-)Gleiten; Sturz; Fehltritt
12 ---- - ---1	lābēs, is *f*	Sturz, Fall; Fleck, Makel
-- ---- - 8---	allābī	herangleiten
-- ---- - 8---	collābī	einstürzen, zusammensinken
-2 ---6 - 8--1	dēlābī	herab-, weg-, (hin-)gleiten
▶ -2 -456 - --0-	dīlābī	auseinander-, weg-, (hin-)gleiten
	∼ vetustāte/ā sīgnīs	vor Alter zerfallen / sich heimlich von d. Feldzeichen entfernen
-2 ---- - 8--1	ēlābī	heraus-, ent-, (hin-)gleiten
	∼ ē manibus/pūgnam/in servitūtem	aus d. Hand gleiten / d. Kampf entkommen / in Knechtschaft geraten
-- ---- - -9--	illābī (urbī/-)	hineingleiten / einstürzen
-- --56 - ----	prōlābī	(nach vorn) gleiten; herabgleiten, stürzen
-- ---- - -9--	relābī	zurückgleiten, -sinken
-- ---- - 8---	sublābī	niedersinken; heranschleichen
-- ---6 - 8--1	lābāre	wanken, schwanken
12 ---- - ----	labefactāre	heftig erschüttern
▶ -2 3456 ○	**labor**	Anstrengung, Beschwerde **E** labour
-2 ---- - -9--	labōriōsus	beschwerlich; arbeitsam, geplagt
▶ 12 345- - -901	labōrāre (morbō/in eā rē/vestem)	geplagt werden, leiden / sich anstrengen verfertigen **D** laborieren
-- ---- - -9--	allabōrāre	unter Mühe hinzufügen; sich abmühen

[1] Nbf. *Cal-*.   [2] < *(liber) calendārius* 'Buch d. Monatsersten'; daneben *calendārium* n Subs > D *Kalendarium*.

12 ---- - -9--	ēlabōrāre (tr/intr) -ātus	ausarbeiten / sich bemühen *auch:* gekünstelt **D** Elaborat 'mühselige Ausarbeitung' < *PPP n*
-- ---- - 8-0-	lăbrum	Lippe, Rand **F** lèvre *f Sg* < *n Pl*
-2 3--- - 89-1	lac, lactis *n*	Milch **VL** *lactem > **F** lait
-- ---- - 8---	lacteus	milchig
-- ---- - ---1	lăcer, era, erum	zerrissen, -fleischt
-2 -45- - 89-1	lacerāre	zerreißen, -fetzen
-- ---- - *	lacertus	(Ober-)Arm; starker Arm, Kraft
1- 3-56 7 89--	lacessere, īvī, ītum[1]	reizen, herausfordern
	~ eum pūgnā, ad pūgnam	ihn z. Kampf reizen
	~ pūgnam/pācem	d. Kampf beginnen / d. Frieden stören
-2 ---- - ----	allĭcĕre, iō, lēxī, lectum	anlocken
-- -4-- - ----	illicere	verlocken, -führen
-2 3-56 - -9--	ēlicere, iō, uī, itum	heraus-, hervorlocken
-2 ---6 - ----	illecebra	Verlockung, -führung
▶ 12 --56 ○	lăcrĭma	Träne, Tropfen *(v. Pflanzensaft)* **F** larme
-- ---- - -90-	lacrimōsus	tränenerregend, weinerlich
-- -4-- 7 8--1	lacrimāre	weinen
-- ---- - -9--	illacrimābilis	(ohne Tränen:) unbeweint; ungerührt
-- ---- - --0-	lactūca[2]	‹Lattich›, Salat
-2 --56 - *	lăcus, ūs	Trog, Wanne; *(gl. Form:)* Becken, Kahn, Flußbett, See; *(Inhalt:)* Wasser **F** lac **E** lake
▶ 12 -4-6 ○	laedere, sī, sum	verletzen, beleidigen
-- ---- - --01	ēlīdere (eum ē currū/ herbās)	herausstoßen / zerschlagen, -stampfen
-- ---- - 8---	illīdere	hinein-; daran-, dagegenstoßen
▶ -2 -456 ○	laetus (tellūs/suēs/vultus/ōmen)	(gedeihend:) fruchtbar / wohlgenährt / fröhlich / günstig
▶ ● 7 89-1	laetitia	Freude, Fröhlichkeit
12 -4-6 7 8--1	laetārī	sich freuen
-2 --56 - *	laevus (manus/mēns/ nūmen)	links / ungeschickt / günstig[3]
-- ---- - --0-	lagoena[4]	Flasche (mit Henkel), Krug
-- ---- - 8---	lambere	belecken
-2 ---- - ----	lāmentāri	wehklagen; bejammern
-2 ---- - ----	lāmentātiō	Wehklagen

---

[1] Von AL *lacere, iō* 'locken'. Vgl. auch *dēlectāre* (→ *-lectāre*). [2] < *lact-ūca herba* 'milchiges Kraut' (da L. reich an milchigem Saft). [3] Nach altröm. Auffassung. Vgl. *sinister*. [4] Nbf. *lagōna, lagūna*.

-- ---- - 8---	lampăs, ădis *f*		Fackel; Leuchter
			F lampe **E** lamp **D** Lampe
-- ---- - ○	lāna		Wolle
-- ---- - --0-	lāneus		wollen
-- ---- - 8--1	lāniger, era, erum		wolletragend; Widder
-2 ---- - 89-1	languēre, guī		matt –, schlaff sein
-2 -4-- - -9-1	languidus		matt, schlaff
-2 ---- - -9-1	languor		Mattigkeit, Erschlaffung, Trägheit
-- ---6 - ----	languēscere, guī		matt werden, erschlaffen
-2 ---- - ---1	**lănire**		zerfetzen, -fleischen
-- ---- - 8-0-	lanx, cis *f*		Schale: Schüssel; Waagschale
			D Bilanz (I < bi-lanx 'zweischalig')
▶ ● - *	lăpĭs, ĭdis *m*		Stein
-- ---- - --0-	lapillus		Steinchen
-- ---- - -901	**lăquĕus**		Fallstrick, Schlinge
			D Latz (AF); Lasso (S)
-- ---- - *	lār, lăris *m*		Schutzgott *(bes. d. Hauses)*, ‹Lar›
-- ---6 - *	**largus**		freigebig, reichlich **F E** large
-2 -4-6 - ----	largīrī		schenken, gewähren
12 34-6 - ----	largītiō		Freigebigkeit; Bestechung; Gewährung
-- ---- - --0-	**lār(i)dum**		Speck
-- ---- - -901	lascivus		ausgelassen, mutwillig; geil
-- -4-6 - ----	lascīvia		Ausgelassenheit, Mutwille; Geilheit
-- ---6 - ----	lascīvīre		ausgelassen –, mutwillig sein
-- ---- - *	**lassus**		matt, müde
-- 34-- - ----	lassitūdō		Ermattung, -müdung
-- ---- - ---1	lassāre		müde machen, ermüden *(tr)*
-- 3--- - ----	**lătĕr, ĕris** *m*		Ziegelstein
-- 3--- - ----	laterīcius		aus Ziegeln (gebaut)
12 ---- - *	**lătēre, uī** (in umbrā/ eum)		verborgen sein, sich verstecken (in / vor)
-- ---6 - 8--1	latebra		Verborgensein; Versteck; Ausflucht
-- ---- - 8--1	**lătex, icis** *m*		Flüssigkeit, Naß
-- ---- - 8-01	**lātrāre**		bellen, anbellen
-- ---- - 8---	lātrātus, ūs		Gebell
▶ 12 34-- - --0-	**lătrō, ōnis** *m*		Söldner; Wegelagerer, Räuber
1- 3-56 - ----	latrōcĭnĭum		Räuberei, Raubzug; Räuberbande
▶ -2 3456 - *	**lātus**		breit; ausgedehnt, weit
-- 3--- - ----	lātitūdō		Breite; Ausdehnung, Fülle
-2 ---- - ----	dīlātāre (castra)		ausdehnen, erweitern
▶ -2 3456 - *	**lătus, eris** *n*		Seite, Flanke; *(allg.)* Brust, Körper
-- ---- - 89-1	**laurus, ī** (-us, ūs) *f*		‹Lor›beerbaum; *(Blätter:)* ‹Lor›beer, -zweig, -kranz
-- ---- - -9-1	laurea		Lorbeer, -kranz
▶ ● ○	**laus, laudis** *f* / *Pl*		Lob, Ruhm / Lobesworte, Ruhmestaten

▶ 12 -456 ○	laudāre	loben, preisen; (als Zeugen) nennen **F** louer
1- ---- - --0-	laudātor	Lobredner; Entlastungszeuge
12 ---- - ----	laudātiō	Lob, -rede; Dankadresse *(e. Provinz)*; Entlastungszeugnis
-2 ---- - ----	laudābilis	lobenswert
-- 3-5- - ----	collaudāre	nachdrücklich loben
-- ---- ○	lăvāre, lāvī, lautum[1]	waschen, baden **F** laver
-2 ---- - ----	lautus	(gewaschen:) sauber; gepflegt, vornehm
-- ---- - 8-01	laxus	lose, locker; geräumig **F** lâche **D** lax
-- ---- - 8---	laxāre	lösen, lockern **F** lâcher
-2 ---- - ----	relaxāre	lockern
▶ 12 ---- - -90-	dē-lectāre	erfreuen, entzücken[2]
-2 ---- - ----	dēlectātiō	Entzücken, Unterhaltung
12 ---- - ---1	dēliciae, ārum	Wonne, Genuß, Vergnügen
-2 ---- - ----	dēlicātus	(wonnevoll:) köstlich; verwöhnt **F** délicat **D** delikat
-2 ---- 7 ----	oblectāre	unterhalten, erheitern
-2 ---- - ----	oblectātiō	Unterhaltung, Genuß
-2 ---- 7 --01	lectus	(Ruhe-)Bett, Speisesofa **F** lit
-- ---- - --0-	lectīca	Sänfte *(Tragsessel m. Vorhängen)*
▶ 12 -456 - *	lĕgĕre, lēgī, lēctum (ossa/cīvēs/librōs/ōram/saltūs)	auflesen, sammeln / auslesen / lesen / entlangfahren / durchziehen **F** lire **D** Legende < legenda (pars)[3]
-- ---- - --01	lēctor	Leser; Vorleser
▶ ● - 8-0-	legiō	‹Legion›; *(allg.)* Heerhaufen[4]
-- 3--6 - ----	legiōnārius / *mPl*	Legions-/Legionssoldaten
▶ ● - 8-01	colligere, lēgī, lēctum	sammeln
	~ ūvas/grātiam	Trauben ernten / Anerkennung gewinnen
	sē ~ ex timōre	sich von d. Furcht erholen
	~ id ita esse	schlußfolgern, daß dies so ist
▶ ● - 8---	dēligere (ūvam/locum)	abpflücken / auswählen
▶ 12 3--- - ----	dēlēctus, ūs	Auswahl
▶ -2 --56 - ----	dīlēctus, ūs	Aushebung, ausgehobene Mannschaft
▶ 12 3--6 - ---1	ēligere	auslesen, -wählen
-- -4-- - ---1	perlegere	genau betrachten; durch-, verlesen
-2 ---- - ----	sēlēctiō	Auswahl
▶ 12 ---- - *	dīligere, lēxī, lēctum	hochschätzen, lieben

---

[1] Nbf. *lavĕre*; PPP auch *lavātus*. [2] Urspr. 'heftig verlocken' (Intensivum zu seltenem *dēlicere* 'verlocken'; vgl. *lacessere* m. Anm.). [3] 'd. (beim klösterl. Mittagessen) vorzulesende Teil (d. Heiligenvita)'. [4] Urspr. 'Auswahl' (Ergebnis < Handlung).

▶ 12 3--- - ----	dīligēns	sorgfältig, gewissenhaft
	~ salūtis meae	auf meine Rettung bedacht
▶ 12 3--- - ----	dīligentia	Sorgfalt
▶ 12 34-6 7 ---1	intellegere, lēxī, lēctum	wahrnehmen; verstehen, begreifen *PPr* > **F E D** intelligent
-2 ---- - ----	intellegentia	Einsicht, Verstand; Kenntnis; Begriff **F E** intelligence
▶ • 7 -901	neglegere, lēxī, lēctum	vernachlässigen, nicht beachten
-2 --5- 7 ----	neglegentia	Nachlässigkeit, Vernachlässigung
▶ -2 ---- - ----	ēlĕgāns	geschmackvoll, gewählt; folgerichtig **D** elegant (F)
-2 ---- - ----	ēlegantia	Geschmack, gewählte Art; Richtigkeit
-- --5- - ----	**lembus**	Barke, Boot
12 3-5- 7 -901	**lēnis**	mild, sanft
1- 3--- - ----	lēnitās	Milde, Sanftheit
-2 -4-6 - 890-	lēnīre	mildern, lindern
-2 ---- - ----	dēlēnīre	beschwichtigen; für sich gewinnen
-- ---- 7 --0-	**lēnō, ōnis** *m*	Zuhälter, Kuppler
-- ---6 - *	**lentus** (rādīx/rāmus//in dīcendō/spēs/iūdex)	zäh / biegsam // langsam / anhaltend / gelassen **F** lent
-2 ---- - *	**lĕō, ōnis** *m*	‹Löwe›[1] **F E** lion
-2 ---- - ----	**lĕpōs** (-or), **ōris** *m*	Anmut
-- ---- 7 ----	lepidus	anmutig, zierlich
-- ---- - -901	**lĕpus, ŏris** *m*	Hase
-- ---- - 89-1	**lētum**	Tod
-- ---- - 8---	lētālis	tödlich
-2 ---- - *	**lēvis**	glatt
▶ • o	**lĕvis** (terra/labor//cervus/homō)	leicht / unbedeutend // behend / leichtsinnig
12 ---- - ---1	levitās	Leichtigkeit; Behendigkeit; Leichtsinn
▶ 12 --56 - *	levāre	erleichtern, -heben
	~ eum onere/fidem	ihm d. Last abnehmen / d. Treue vermindern
	~ sē/eōs auxiliō	sich erheben / sie unterstützen **F** lever
-2 ---- - ----	levātio	Erleichterung; Verminderung
-- ---6 - ----	levāmentum	Linderung(smittel)
-- ---- - ---1	relevāre	aufheben; erleichtern, mildern **F** relever **E** relieve
1- 3--- - ----	sublevāre	emporheben; unterstützen, erleichtern
▶ • o	**lēx, lēgis** *f*	Bedingung; Gesetzesvorschlag, Gesetz **F** loi

---

[1] < VL *levo*.

100

12 ---- - --01		lēgĭtĭmus	gesetzlich; gebührend, richtig D legitim 'anerkannt' (F)
-2 -4-- - ----		lēgāre (ei fundum∥ eum ad Antōnium/ eum ei)	vermachen ∥ als Gesandten schicken / als Legaten zuordnen
▶ • - 8---		lēgātus	Gesandter; ‹Legat› *(Stellvertreter d.* *Feldherrn)*; Statthalter
▶ • - ----		lēgātiō	1. Gesandtschaft; 2. Legatenstelle
-- ---- - ---1		relēgāre (eum/id)	fortschicken, ausweisen / zurückweisen
-- ---- - 8--1		libāre (laticem/altāria∥ iecur/harēnam pede)	als Trankopfer ausgießen / benetzen ∥ e. Probe wegnehmen von / flüchtig berühren
-- ---- - --01		lībum	(Benetztes:) Opferkuchen, Fladen
▶ • ○		liber, era, erum	frei; freimütig
▶ • 7 -9--		līberī, ōrum	Kinder[1]
▶ • - 8-0-		lībertās	Freiheit; Freimut F liberté E liberty
1- -4-6 - --0-		lībertus	Freigelassener
-- ---6 - -90-		lībertīnus	freigelassen
▶ 12 34-6 7 ----		līberālis	e. Freien würdig; edel, freigebig D liberal 'freisinnig'
▶ 12 3--6 - ----		līberālitās	edle Gesinnung, Freigebigkeit
▶ 12 3-5- - ----		līberāre (eum metū, vōtī)	befreien
		~ prōmissa	1. Versprechungen einlösen; 2. V. rück- gängig machen F livrer[2] D liefern (F)
▶ 12 --56 - -901		liber, brī	Bast; Buch F livre
1- ---6 - --01		libellus	kurze Schrift, kleines Buch (Bitt-, Klage-, Schmähschrift *usw*.)
▶ -2 -4-6 ○		lĭbet, uit[3]	es beliebt
▶ 12 3--6 7 -90-		libēns	gern, willig
▶ 12 -456 7 -901		libīdō	Verlangen, Begierde; Lust, Laune
12 ---- - ----		libīdinōsus	ausschweifend, willkürlich
-2 ---- - --0-		libra	Waage, Pfund F livre
-- ---- - 8--1		lībrāre (corpus/tēlum)	im Gleichgewicht halten / schwingen, schleudern
-- ---- - -9--		liburna (nāvis)	‹Liburne›[4]
-- ---6 - ----		liburnica (nāvis)	Liburne
▶ -2 3456 ○		lĭcet, uit[5]	es ist erlaubt, – – möglich
		~ abeās ...	magst du auch weggehen ...
-- -4-6 - ----		licēns	ungebunden, zügellos

[1] In d. Hausgemeinschaft 'd. Freien' gegenüber d. Sklaven.   [2] '(aus)liefern' < 'freigeben'. Vgl. auch F *délivrer*, E *deliver*.   [3] Perf. auch *libitum est*.   [4] Leichtes, schnelles Schiff, urspr. v. Volk d. *Liburnī* an d. dalmatin. Küste verwendet.   [5] Perf. auch *licitum est*.

▶ ●	– –90–		licentia	Erlaubnis; Ungebundenheit, Zügellosigkeit
12	––56 –	––––	lictor	‹Liktor› *(Amtsdiener m. Rutenbündel; 12 vor Konsuln, 6 vor Prätoren)*
––	–––– –	–––1	ligāre	(fest-)binden; zubinden **F** lier
–2	–––– –	––––	alligāre	an-, festbinden; *(Wunde)* verbinden
–2	–––– –	––––	colligāre	zusammenbinden, verknüpfen
–– 3–––	–	––––	dēligāre	anbinden
––	–––– –	–9––	illigāre	an-, festbinden; verwickeln in
–2	–––– –	–9––	obligāre	an-, zubinden; verpflichten, -pfänden **F** obliger **E** oblige
–– 3–––	–	–9–1	religāre	zurück-, empor-; an-, festbinden
–– 3–––	–	*	lignum	Holz
––	–––– –	–9––	lĭgō, ōnis *m*	Hacke
––	–––– –	––0–	ligurrire (rem)	belecken; lüstern sein nach
––	–––– –	8––1	lilium	‹Lilie›[1]
––	–––– –	––––	lima	Feile
––	–––– –	––0–	līmāre (ōrātiōnem// causam/commoda)	feilen, glätten // herausarbeiten / vermindern
––	–––6 –	*	limen	Schwelle; Haus, Anfang
––	–––– –	8––1	limes, itis *m*	Querweg *(der Äcker trennt)*; Weg, Grenze **E** limit
––	–––– –	8–0–	limus	Schlamm
–2	–––– –	––––	linea[2]	Richtschnur; Strich, ‹Linie› **F** ligne **E** line
–2	–––– –	––––	līneāmentum / *Pl*	Strich, Linie / Umriß, Züge
▶ 12	–456 –	*	lingua	Zunge; Sprache **F** langue
––	–––– –	–9––	trilinguis	dreizüngig, mit drei Zungen
––	–––– –	––0–	linĕre, lēvī (līvī), lĭtum	beschmieren, -streichen
––	–––– –	––0–	litūra	(Glattstreichen auf d. Wachstafel:) Korrektur; unleserliche Stelle
––	–––– –	––0–	illinere	auf-, bestreichen
––	–––– –	––0–	oblinere	beschmieren, überziehen
–2	–––– –	*	linquere, līquī	zurück-, verlassen
–2	–4–– –	––––	dēlinquere, līquī, lictum	sich vergehen **D** Delinquent
▶ 12	–4–6 –	––0–	dēlictum	Vergehen **D** Delikt
▶ ●		○	relinquere	zurück-, verlassen; unbeachtet lassen
▶ ●		7 ––––	rĕlĭquus -um diēī	übrig Rest d. Tages
–2	––56 –	8–––	reliquiae, ārum	Überbleibsel, Rest **D** Reliquie(n)
–– 3–––	–	––0–	linter, tris *f*	Trog, Mulde; *(gl. Form:)* Kahn

---

[1] f Sg < n Pl.   [2] Substantiviertes Adj. zu *līnum*.

-- ----- - ---1	**linum**	Flachs; *(dar. gem.:)* Faden, Netz, Leinwand[1]
-- ----- - -9-1	**linteum**[2]	Leinwand
-- ----- - --0-	**lippus**	triefäugig
-- ----- - 8--1	**liquēre, liquī**[3]	flüssig –, klar sein
-- ----- - *	liquidus	flüssig, klar **E** liquid
-- ----- - 89--	liquor	flüssiger Zustand, Flüssigkeit
-- ----- - 8---	liquefacere	schmelzen; auflösen, entkräften
-- ----- - 8---	līquī	flüssig sein, fließen
12 ---- 7 -901	**lis, lītis** *f*	Streit; Prozeß, Streitsache, -wert
▶ • - ---1	**littera** / *Pl*	Buchstabe / Schrift; (alles Geschriebene:) Urkunde, Brief, Literatur, Wissenschaft
	-ās Rōmam mittere	e. Brief nach Rom schicken
	-īs studēre	sich d. Wissenschaften widmen
		F lettre **E** letter[4]
-- ---6 - -----	oblitterāre	auslöschen, in Vergessenheit bringen
-2 3-56 - 89-1	**litus, oris** *n*	(Meeres-, See-, Fluß-)Ufer, Strand
-2 ---- - -9--	**lĭtŭus**	Krummstab *(d. Augurn)*; (krummes) Signalhorn *(d. Reiterei)*
-- ----- - -9--	**lividus**	bläulich, neidisch
-- ----- - ---1	līvor	blauer Fleck, Neid
-- ---6 - -----	**lixa, ae** *m*	Marketender
▶ 12 -4-6 - --0-	**lŏcŭplēs, ētis**	reich, begütert
	~ auctor	zuverlässiger Gewährsmann
-2 ----- - -----	locuplētāre	bereichern
▶ • ○	**lŏcus**	Ort, Stelle
	loca, ōrum *n*	Orte, Gegend
	locī, ōrum *m*	Stellen *(in Büchern)*
		F lieu **D** Lok-al
-- ----- - --0-	loculus / *Pl*	Fach / Kästchen, Behälter
▶ 12 -456 - 8-01	locāre	(an seinen Platz) stellen, – – – legen
	~ eum in īnsidiīs	ihn in e. Hinterhalt legen
	~ fīliam ei nuptum	ihm d. Tochter z. Frau geben
	~ pecūniam	Geld anlegen
	~ agrum fruendum	d. Acker z. Nutznießung verpachten
		F louer
▶ 12 34-6 7 -----	collocāre	(an d. richtigen Platz) stellen
	~ mīlitēs in mūrō	d. Soldaten auf d. Mauer aufstellen, – – – – postieren
	~ verba	Wörter anordnen
	~ pecūniam	Geld anlegen, – auf Zinsen ausleihen
		VL coll(o)care > **F** coucher

---

[1] *Lein-* < *līnum* od. früh aus d. gl. Quelle entlehnt. [2] Bildung ungeklärt. [3] Perf. auch *licuī*. [4] Vgl. auch F *littérature*, E *literature*, D *Literatur* (*-t-* neben *-tt-*, da man wegen falscher Ableitung von *linere* auch *litera* schrieb).

▶ • ○		**longus** (via, diēs/intervallum)	lang / weit
		nāvis -a	Kriegsschiff
		-ē maximus	d. weitaus größte
			F long
-- 3--- - ----		longitūdō	Länge
-2 3--6 - ----		longinquus	(weit) entfernt
-2 ---- - ----		longinquitās	Entfernung, Länge
-- ---- - 8---		longaevus	hochbetagt
-- 3--- - ----		**longŭrĭus**	Latte, Stange[1]
▶ • ○		**lŏqui**, locūtus (-/rem)	sprechen / sprechen von, nennen
-- ---- - -901		loquāx, ācis	geschwätzig
-- --56 - 8--1		alloquī	anreden, -sprechen
▶ -2 3-5- 7 ----		colloquī	sich unterreden
▶ -- 3456 - ----		colloquium	Unterredung, Gespräch
-2 ---- 7 ----		ēloquī	aussprechen; sich äußern
-2 ---- - ----		ēloquēns	beredt
▶ 12 ---6 - ----		ēloquentia	Beredsamkeit
-- ---- - ---1		ēloquium	Rede(weise), Beredsamkeit
-- ---- 7 ----		prōloquī	(heraussagen:) aussprechen, äußern
-- ---- - 8-01		**lōrum** / *Pl*	Riemen / Zügel, Peitsche
-- ---6 - 8---		lōrīca	(Brust-)Panzer[2]; Brustwehr
-2 ---6 - 89--		**lūbricus** (via/amnis)	schlüpfrig, glatt / dahineilend
▶ -2 ---- - 8--1		**lūcēre**, xī	hell sein, leuchten
-- ---- - 89-1		lūcidus	hell, deutlich
▶ 12 3-56 - *		**lūx**, lūcis *f*	Licht; Tages-, Lebens-, Augenlicht
		~ sōlis	d. Licht d. Sonne
		ante -em	vor Tagesanbruch
		-e fruī	d. Licht d. Welt genießen, leben
		in -em prōdīre	an d. Öffentlichkeit treten
-- ---- - ---1		lūcifer, era, erum	lichtbringend; Morgenstern
▶ 12 -4-6 - *		**lūmen**	Licht; Tages-, Lebens-, Augenlicht; Tag, Leben, Auge
-- ---- - 8---		collūcēre	(hell) leuchten, glänzen
-2 ---- - ----		ēlūcēre	hervorleuchten
-2 ---- - ----		dīlūcidus	klar, deutlich
-2 ---- - ----		perlūcidus	1. durchscheinend; 2. sehr hell
-- ---- - -90-		lūcerna[3]	(Öl-)Lampe
12 ---- 7 -901		**lŭcrum**	Gewinn, Vorteil
-- ---- - --0-		lucellum	kleiner Gewinn
-- ---- - *		**luctārī**	ringen, sich abmühen
-2 --56 - *		**lūcus**	(heiliger) Hain, Wald

---

[1] Urspr. 'd. weit Ausgreifende' (~ *longus*)?   [2] Aus Leder m. Metallauflage.   [3] *-erna* nach *lanterna* ⟨Laterne⟩.

-2 ---- o	lūdere, sī, sum	tanzen, spielen, scherzen; foppen, täuschen
	~ tōtā nocte	d. ganze Nacht über spielen
	~ pilā/versūs	Ball spielen / aus Spielerei Verse machen
	~ eum veste	ihn durch d. Kleidung täuschen
-- ---- - ---1	lūsus, ūs	Spiel
▶ 12 --56 o	lūdus	Spiel; Schule
	-ōs facere	Spiele veranstalten
	~ gladiātōrius	Gladiatorenschule
-- -456 - ----	lūdĭbrĭum	Spiel, -zeug
-- ---6 - --0-	lūdicer (-crus), cra, crum	spielerisch: unterhaltsam, schauspielartig, schauspielerisch
	-um Olympiōrum	d. Schauspiel d. olympischen Spiele
-2 --56 - 8-01	ēlūdere (lītore//tēlum/hostem)	spielend hervorkommen // ausweichen / foppen, verspotten
-- ---6 7 8-0-	illūdere (ei, eum)	spielen mit, verspotten
-- ---6 - 89--	lŭĕre, luī, luiturus	büßen, bezahlen
	~ dēlictum/poenam	e. Verbrechen büßen / e. Strafe erleiden
-- ---- - 8-0-	-lŭĕre, luī[1]	-waschen
-- ---- - --0-	dīluere	(in Flüssigkeit) auflösen; (Vorwürfe) entkräften
-- ---- - -9--	dīluvium (-iēs)[2]	Überschwemmung
-- ---- - 8-0-	prōluere, luī, lūtum	hervorspülen; ausspülen, -waschen
-- ---- - --0-	illūtus	ungewaschen, schmutzig
12 ---- - ---1	lūgēre, xī	trauern, betrauern
▶ 12 -456 - 89-1	lūctus, ūs	Trauer
1- ---- - -9--	lūctuōsus	traurig, jammervoll
-- ---- - -9--	lūgubris	traurig, Trauer-; unheilverkündend
-- ---- - --0-	lumbus	Lende
▶ -2 ---- - *	lūna	Mond F lune
-- ---- - *	lŭpus	Wolf; (gemeiner) Seebarsch[3]
-- ---- - --0-	lupīnus -um	Wolfs- Wolfsbohne; (verwendet als) Spielpfennig
-- ---- - -9--	lūrĭdus	gelblich, leichenfarben
-- --5- - -9-1	lūstrum[4]	Sühnopfer (alle 5 Jahre nach d. Zensur); Jahrfünft
-2 ---- - 8--1	lūstrāre (urbem/exercitum/terrās/omnia lūce)	reinigen, entsühnen / (beim Sühnopfer) mustern / durchwandern / erhellen[5]
-2 ---- - ----	collūstrāre	(hell) erleuchten; mustern, betrachten

---

[1] < -lavĕre in Komposita.   [2] Zur Bildung vgl. *fluere : fluvius, pluit : pluvia* u.a.   [3] Als Raubfisch m. spitzen Zähnen u. Größe bis zu 1 m als '(Meer)wolf' betrachtet.   [4] ~ lūc-ēre?
[5] In dieser Bed. urspr. eigenes Verbum (~ lūc-ēre)?

-2 ---- - ----	illūstrāre	erleuchten; erklären, verherrlichen
▶ 12 -4-6 - ----	illūstris	hell, klar; glänzend, berühmt
-- ---- - 8---	**lŭstrum**	Schlupfwinkel; Wildlager, Bordell
-- ---- - --0-	**lŭtum**	Schlamm, Lehm
-- ---- - --0-	lutulentus	schlammig
-- -4-6 - 8---	**luxus, ūs**	üppiges Wachstum; Ausschweifung, Verschwendung **D** Luxus
▶ 12 -4-6 - --0-	luxŭrĭa	üppiges Wachstum; Ausschweifung, Verschwendung
1- ---- - ----	luxŭrĭēs =	luxuria
-2 ---- - ----	luxuriōsus	üppig; ausgelassen, verschwenderisch
-- ---- - ---1	luxuriāre	üppig wachsen; strotzen, schwellen; ausgelassen sein, schwelgen
-- ---- - -901	**lympha**	Quellnymphe, klares Wasser
-- ---- - -9--	**lynx,** cis *m f*	Luchs
-- ---- - -901	**lўra**	Laute **D** Leier

M

-- ---- - --0-	**macellum**	Fleischmarkt
-- ---- - --0-	**măcer,** cra, crum	mager **F** maigre
-- ---- - 89-1	maciēs	Magerkeit
-- ---- 7 -9--	**mācerāre**	einweichen; aufzehren, entkräften
-- ---- - 8---	**māchĭna**	(Bewegungs-)Vorrichtung, ‹Maschine› (F); Kunstgriff, List **F E** machine
-- 3--- - ----	māchinātiō	Mechanismus, Getriebe
-- ---- - 8--1	**mactāre** (deōs/amīcos/ hostēs//agnum)	durch Opfer verherrlichen / beschenken / heimsuchen // opfern
-- ---- - 8---	**măcŭla**	Fleck, Schandfleck; Masche *(im Gewebe)* **D** Makel
-- ---- - 8---	maculāre	beflecken, -sudeln
-- -4-- - ----	commaculāre	beflecken
-- ---- - 8--1	**mădēre,** uī	naß sein, triefen
-- ---- - ---1	madidus	naß, feucht
-- ---- - ---1	madefacere	naß machen, tränken
▶ 12 ---6 - *	**maerēre,** uī	traurig sein, betrauern
12 -4-6 - ----	maeror	Trauer
-- --56 - *	maestus	traurig, trauerbringend
-- ---6 - ----	maestitia	Trauer, Traurigkeit
▶ ● ○	**măgĭs** *Adv*[1]	mehr; eher **F** mais
▶ 12 --56 - *	**magister,** trī	Vorsteher, Leiter, Lehr‹meister›[2]
	~ equitum/nāvis	Reiteroberst / Kapitän **F** maître **E** master; mister[3]

---

[1] Positiv → *valdē*. [2] Urspr. 'wer mehr ist' (zu *magis*); Ggs. *minister* (zu *minus*). [3] Durch Proklise < *master*.

106

-2	----	-	----	magistra	Leiter-, Lehrmeisterin
▶ •		-	----	magistrātus, ūs	(staatliches) Amt; Amtsträger D Magistrat[1]
▶ •		○		magnus (maior[2], maximus)	groß (größerer, größter)
				-a īra/vōx/rēs	heftiger Zorn / laute Stimme / wichtige Sache
				maior (nātū)	älter
				maiōrēs nostrī	unsere Vorfahren L maior > F maire E mayor; major D Major (S + L)
▶ •		-	----	magnitūdō	Größe
▶ 12	-456	-	---1	maiestās[3]	Größe, Hoheit, Würde
				-ātis accūsāre	wegen Hoheitsverletzung anklagen[4]
▶ 12	3-5-	-	----	magnŏpĕre Adv[5]	dringend, sehr
-2	----	-	8---	magnanimus	hochherzig
▶ 12	-456	-	----	magnĭfĭcus	großartig, prächtig; prahlerisch
-2	---6	-	----	magnificentia	Großartigkeit, Pracht; Prahlerei
12	----	-	----	permagnus	sehr groß
12	----	-	----	**măgus**	‹Magier›[6] (pers. Priester); Zauberer
--	----	-	---1	magicus	Zauber-, ‹magisch›
--	----	-	89--	**māla**	Kinnbacke, Wange
--	----	-	8-0-	**mālum**	Apfel
				~ aureum/Pūnicum	Quitte / Granatapfel[7]
--	----	-	89--	**mālus**	(senkrechter) Balken, Mast
▶ •		○		**mălus** (peior[8], pessimus; Adv -ĕ)	schlecht; schädlich (schlechterer, schlechtester)
				summum -um	d. größte Übel F mal-heur; le mal; mal Adv
-2	-4--	7	----	malitia	Schlechtigkeit, Bosheit
-2	----	-	----	malitiōsus	boshaft, arglistig
--	----	-	--0-	maledīcere (ei)	schmähen, lästern
1-	-4--	7	----	maledictum	Schmähung, Verleumdung
▶ 1-	3---	-	----	malefĭcĭum	Übeltat, Feindseligkeit
--	----	-	890-	malīgnus[9]	böswillig, knauserig F malin
--	----	-	-9--	**malva**	‹Malve› (Pflanze)
--	----	-	8---	**mamma**	Brustwarze; Brust, Euter
▶ -2	----	-	*	**mānāre** (-/sūcum)	fließen / ausfließen lassen
-2	----	-	----	permānāre (ad eum)	(hin-)fließen, -dringen
1-	---6	-	--0-	**mancĭpĭum**[10]	(Ergreifen mit d. Hand:) Eigentumserwerb; Eigentum, Besitz, Sklave

---

[1] '(Stadt)obrigkeit' > 'Stadtrat'. [2] Gesprochen *majjor* (wie *peior* = *pejjor*, *eius* = *ejjus* usw.).
[3] Zu *maius*. [4] In d. Republik stand d. *maiestās* d. Volk, in d. Kaiserzeit d. Kaiser zu.
[5] < *magnō opere*. [6] *-ier* über Pl. *Magier* < *magī*. [7] Apfelartige Frucht m. vielen Kernen
(*Granat-* zu *grānum* 'Korn'). [8] Gespr. *pejjor* (vgl. zu *maior*). [9] *-gn-* ~ *gi-gn-ere*; vgl.
benīgnus. [10] Z. Adj. *manceps* < **manu-cap-s*.

-- ---- - --0-	mancus	verstümmelt, -krüppelt; kraftlos	
▶ ● 7 8-0-	mandāre (ei rem/ut)	anvertrauen / beauftragen[1]	
1- 3-56 - 8-01	mandātum	Auftrag, Weisung **D** Mandat	
12 3--6 7 8-01	commendāre	anvertrauen, empfehlen	
		VL -man- > **F** commander **E** command	
		D kommandieren (F)	
-2 ---- - ----	commendātiō	Empfehlung	
-- ---- - 8---	mandere, dī, mānsum	kauen; verzehren	
-2 3--- 7 8-01	māne *inv n* / *Adv*	Morgen / früh am Morgen	
▶ ● ○	mănēre, mānsī, sum (diū/eum)	bleiben, bestehen bleiben / warten auf	
▶ -2 34-- - ---1	permanēre	bleiben; andauern, beharren	
▶ 12 34-6 - ---1	remanēre	zurück-, verbleiben **E** remain	
-- ---- - *	mānēs, ium *m*	abgeschiedene Seelen	
	~ coniugis	1. Seele – –; 2. Leichnam d. Gattin[2]	
1- -4-6 - 8--1	manifēstus	handgreiflich, offenkundig	
	~ dolōris	d. Schmerz deutlich zeigend	
-- 3456 - 8---	manĭpŭlus[3]	‹Manipel› *(Drittel d. Kohorte)*[4]	
-- 3--- - ----	manipulāris / *m* *Subst*	z. Manipel gehörig / gewöhnlicher Soldat, Kriegskamerad	
-- ---- - -9--	mannus	kleines Pferd, Pony	
-- -4-- - ----	mānsuētūdō	Milde, Umgänglichkeit	
▶ ● ○	mănŭs, ūs *f*	Hand; Schar	
	-ūs cōnserere	handgemein werden	
	-ūs dare	(d. Hände darbieten:) sich fesseln lassen, sich ergeben	
	in -ū patrōnī esse	unter d. Verfügungsgewalt d. Schutzherrn stehen	
		F main **D** Manu-faktur, Manu-skript	
-- ---- - -9--	centĭmănus	hundertarmig	
-- ---- - --0-	mappa	Mundtuch, Serviette	
		E map[5] **D** Mappe[6]	
▶ ● - *	mărĕ, is *n*	Meer **F** mer *f*	
-- ---- - 89-1	marīnus	Meer-, See- **D** Marine (F)	
▶ 12 345- - ----	marĭtĭmus (ōra/bellum/oppidum)	Meeres- / See- / Küsten-	
-- ---- - ---1	margō, inis *m*	Einfassung; Rand, Grenze	
-- ---6 - *	maritus ∥ *m* / *f Subst*	verheiratet, ehelich ∥ Ehemann / -frau **F** mari	
-- ---- - *	marmor, ŏris *n*	‹Marmor›; (glänzende) Meeresfläche	
-- ---- - 8--1	marmoreus	aus Marmor (bestehend); marmorartig, weiß	

---

[1] Urspr. 'in d. Hand legen' (*manum* als Akk. d. Richtung + **dhē-* wie in *ab-dere* usw.).
[2] *mānēs* > 'Überrest(e)'. [3] Dicht. auch *maniplus*. [4] Dicht. auch 'Bündel' (urspr. 'Handvoll' mit *-plus* ~ *-plēre*?). [5] < ML *mappa mundi*. [6] < 'Karten(tasche)'.

--	----	-	-9-1	Mars, tis *m*	‹Mars› *(Kriegsgott)*
-2	----	-	--01	Martius (mēnsis)	(Marsmonat:) ‹März› F mars E March
--	----	-	-9--	mās, măris *m*	Männchen; männlich
▶ 12	3-56	○		măsculus	männlich F mâle E male
--	---6	-	8-01	māter, tris *f*	Mutter F mère
--	---5-	-	-901	māternus	mütterlich
--	---6	-	----	mātrōna	verheiratete Frau, ‹Matrone›
▶ -2	3-56	-	--01	mātrimōnium / *Pl*	Ehe / -frauen
				mātĕrĭa	(Bau-)Holz; Material, Stoff E matter D Materie
--	---6	-	----	māteriēs =	māteria
-2	----	-	----	mathēmătĭcus	‹Mathematik›er, Astrologe
▶ --	3456	-	*	mātūrus	reif; recht-, frühzeitig F mûr
-2	----	-	----	mātūritās	Reife; richtige Zeit, Vollendung
--	3456	7	-9--	mātūrāre (ūvam// iter/proficīscī)	reif machen // beschleunigen / sich beeilen
--	----	-	--0-	mātūtīnus	(früh:) morgendlich, Morgen-
--	----	-	----	mĕāre	gehen
--	---6	-	----	commeāre	seinen Weg nehmen; hin und her gehen
▶ --	3456	-	----	commeātus, ūs	(Hinundhergehen:) Verkehr, Nachschub, Transport; Urlaub
--	---6	-	----	remeāre (in urbem, urbem)	zurückkehren, -kommen
-2	---6	-	---1	mĕdēri (ei, morbō//reī pūblicae/inopiae)	heilen // auf- / abhelfen
▶ 12	---6	-	--01	medicus / *m Subst*	heilend, Heil- / Arzt
▶ -2	----	-	----	medicīna	Heilkunst, -mittel F médecine[1] E medicine[2] D Medizin
-2	----	-	---1	medicāmen	Heilmittel; Zaubermittel, Gift
-2	---6	7	----	remedium	Heilmittel E remedy
1-	----	-	----	medimnum (-us, ī *m*)	attischer Scheffel *(52,5 1)*
12	---6	7	890-	mĕdĭtāri (dē rē, rem) -ātus *PP*	nachdenken, sich vorbereiten *auch:* vorbereitet, überlegt
-2	---6	-	----	meditātiō	Vorbereitung, Einübung
▶ ●		○		mĕdĭus	mittlerer, mitten
				in -ō colle	1. auf d. mittleren Hügel; 2. mitten auf d. Hügel
				-um respōnsum	ausweichende Antwort
				~ pācis et bellī	zwischen Krieg u. Frieden schwankend
				-a pars	*(dicht.)* halber Teil, Hälfte
				-um diēī	Mitte d. Tages
				in -ō pōnere	in d. Mitte legen F mi-di D Medium[3]
▶ 12	34--	-	--0-	medĭŏcris	mittelmäßig, geringfügig

[1] 'Heilkunde'. [2] 'Arznei'. [3] 'vermittelnde Instanz'.

-2 ---- - ----	mediocritās	Mittelmaß, Mittelmäßigkeit
-- 3-5- - --0-	dīmidius	halb
	-um tribūtī	Hälfte d. Tributs
		VL -med- > **F** demi
-- ---- - ---1	**medulla**	Mark *(in Knochen od. Pflanzen)*
-2 ---- - *	**měl,** mellis *n*	Honig **F** miel **D** Mel-asse
▶ -2 ---- - *	**membrum**	Glied; Teil, -nehmer
		F membre **E** member
-- ---- - --0-	membrāna	Haut, Pergament
▶ ● ○	**měmǐnisse** (factī, tē, *AcI*)	sich erinnern; *(auch:)* erwähnt haben
▶ -- -456 - *	**měmǒr,** ǒris (factī)	sich erinnernd; erinnernd, mahnend
	pius et ~	anhänglich u. dankbar
	īrātus et ~	zornig u. unversöhnlich
-2 ---- - ----	memoriter *Adv*	auswendig
▶ ● 7 ----	memoria	Erinnerung, Gedächtnis; Überlieferung
		F mémoire **E** memory
▶ -2 -456 - 8-01	memorāre (rem)	erinnern an, erwähnen
-- --5- - ----	memorābilis	denkwürdig, bedeutend
▶ 12 3-5- - ----	commemorāre	sich erinnern; erwähnen
-- ---- - 89-1	immemor (meritī/-)	vergessend / vergeßlich; undankbar
-- ---- - -901	**mendāx,** ācis	lügnerisch; täuschend, nachgemacht
-- ---- - ---1	mendācium	Lüge, Täuschung
-- ---- - ----	**mendum**	Fehler
-- ---- - --0-	mendōsus	fehlerhaft
-2 ---- - --0-	ēmendāre	verbessern
▶ ● ○	**mēns,** mentis *f* [1]	Verstand; Gesinnung; Absicht
▶ 12 ---- 7 --01	mentīrī	(ersinnen:) lügen, vortäuschen, erdichten
	-ītus *PP*	*auch:* erdichtet, nachgemacht
		F mentir
▶ 12 ---- - 8--1	āmēns	un-, wahnsinnig
1- ---- - ----	āmentia	Wahnsinn
12 ---- - *	dēmēns	un-, wahnsinnig
-2 -4-- - 8---	dēmentia	Wahnsinn
12 3-5- - ----	mentiō [2]	Erwähnung, Vorschlag **F E** mention
-2 ---6 - *	**mēnsa** [3]	Tisch; Essen
▶ 12 3-56 ○	**mēnsis,** is *m*	Monat **F** mois
-- ---- - 89--	**mentum**	Kinn
▶ ● ○	**měrēre,** uī, itum	verdienen
	(merērī, itus)	
	~ (stipendia)	Kriegsdienst leisten, dienen
	~ equō/pedibus	als Reiter / als Fußsoldat dienen
	bene ~ dē patriā	sich um d. Vaterstadt verdient machen
	meritus *Deponens/*	verdient habend / verdient, gebührend
	Pass	

[1] ~ me-min-isse (z. Bildung vgl. zu *gēns*). [2] Über Verbalwz. -min- *(me-min-isse; comminīscī, commentus)* ~ *mēns*. [3] Wohl < *mēnsa (tabula)* 'abgemessene Platte'.

110

1- 3456 7 8--1	meritum	Verdienst, Gebühr; Wohltat, Schuld
-- -45- o	meritō *Adv*[1]	nach Gebühr, mit Recht
-- ---- o	immeritus	unschuldig; unverdient
-- ---- - -9--	immerēns	unschuldig
-- ---- 7 --0-	meretrīx, īcis *f*	Dirne[2]
-- ---- 7 ----	meretrīcius	Dirnen-
-- ---- 7 ----	commerēre	verdienen, -schulden
-- ---- - ---1	ēmerēre (honōrēs/ eum)	verdienen / sich verdient machen
	~ stipendia	d. notwendigen Feldzüge abdienen
-- ---- - 8--1	**mergere**, mersī, sum / *Pass*	eintauchen, versenken / -sinken
-- ---- - --0-	mersāre	eintauchen
-2 ---- - ----	dēmergere	eintauchen, versenken
-2 ---- - ----	ēmergere (*tr/intr*)	auftauchen lassen / auftauchen
-- ---- - 8---	submergere	untertauchen, versenken
-2 ---- - ----	**meridiēs**, ēī *m*[3]	Mittag; Süden
-- ---- - --0-	**merŭla**	Amsel
-- ---- - *	**merus** (lac/spēs) -um	unvermischt, rein / bloß reiner Wein
-- ---- - -90-	**merx**, cis *f* / *Pl*	Ware / Kram
-- -4-- 7 --0-	mercārī	kaufen
▶ -- 3--- - -90-	mercātor	Kaufmann
-2 ---- - ----	mercātūra	Handel, Markt
-- ---6 - ----	commercium	Handel, Verkehr, Umgang **F E** commerce
▶ 12 -456 - -901	mercēs, ēdis *f*[4]	Entgelt: Lohn, Sold, Honorar; Zins, Miete, Pacht **F** merci **E** mercy **D** Mercedes[5]
-- ---5- - --0-	mercēnnārius[6]	gemietet, bezahlt; Taglöhner, Lohnknecht
▶ 12 -456 7 --0-	**-met** (egomet *usw.*)	selbst (ich selbst *usw.*)
-- ---- - 8--1	**mēta**	Kegel, Pyramide; spitze Säule; *(war in d. Rennbahn:)* Wendepunkt, Ziel
-- ---- - 8---	**metallum**	(‹Metall›-)Bergwerk; ‹Metall› **F** métal **E** metal
-- ---- - 8-0-	**mĕtĕre**, (messem feci), messum	mähen, ernten
-- ---- - 8--1	messis, is *f*	Ernte
▶ -2 ---- - -90-	**mētiri**, mēnsus mēnsus *PP*	messen; zumessen; ausmessen *auch:* gemessen
	~ campum currū	d. Ebene auf d. Wagen durchmessen

---

[1] < Abl. [2] Urspr. 'Verdienerin'. [3] Wohl < Lokativ *mediī-diē. [4] Bildung ungeklärt.
[5] Automarke < weibl. Vorname < S < kirchl. Fest *Maria de mercede redemptionis captivorum* (24. IX.). [6] < *mercēd(i)nārius?

-- ---- - ---1	mēnsūra	Messung, Maß
	~ nōminis	Größe d. Namens
		F mesure **E** measure
-2 ---6 - 8--1	immēnsus	unermeßlich, -geheuer **F E** immense
-- ---- - 8---	ēmētīrī	durchmessen, -wandern; zumessen
	ēmēnsus *PP*	*auch:* durchmessen, -wandert
▶ • ○	**mĕtus**, ūs	Furcht
▶ 12 -456 ○	metuere, uī	sich fürchten, befürchten
	meus → **ego**	
-2 ---- - 8--1	**mĭcāre**, uī (lingua/stēlla -at)	zittern, zucken / funkeln, blitzen
-- ---- - 8--1	ēmicāre	hervorzucken: -schnellen, -strahlen
-2 ---- - --0-	**migrāre** (Rōmam/iūs)	wandern / übertreten
-- 3--- - ----	dēmigrāre	weggehen, auswandern
▶ • ○	**miles**, itis *m*	Soldat, Krieger
▶ -2 -456 - *	mīlitia	Kriegsdienst; Truppe
▶ • - -9--	mīlitāris	soldatisch, Kriegs-
		F militaire **E** military **D** militärisch (F)
-- --5- - -90-	mīlitāre	Kriegsdienst leisten; dienen
-- ---6 - ----	commīlitō, ōnis *m*	(Waffen-)Kamerad
▶ • - *	**mille** (hominēs) / duo mīlia (hominum)	tausend – / zweitausend (Menschen) **F** mille **E** mile[1] **D** Meile[1]
-- ---- - --0-	**mimus**	Posse; Schauspieler, Possenreißer
-- ---- - --0-	mīma	Schauspielerin, Possenreißerin
-- ---- 7 ----	**mīna**	‹Mine› *(attische Geldeinheit)*
1- --56 - *	**mĭnae**, ārum	Spitzen, Zinnen; Drohungen
12 ---- - *	minārī (in caelum/ ei/ei malum)	emporragen // drohen / androhen **F** mener[2]
-- ---6 - -9-1	mināx, ācis	drohend
1- -4-6 7 -9--	minitārī	drohen, androhen
▶ -2 --56 - ---1	ē-minēre	hervorragen
▶ -- --56 - 89-1	imminēre (mōns urbī/ hostis urbī/hostis mortī rēgis)	emporragen über / drohen, bedrohen / lauern auf
-- ---- - -9--	prōminēre	hervor-, (hinein-)ragen
-- ---- - --0-	**mingere**, mīnxī, mīnctum (mictum)	pissen
12 -4-6 - 89-1	**minister**, trī[3]	Diener, Gehilfe
		F ministre **E** minister **D** Minister[4]
-2 ---6 - 8-01	ministrāre (vīnum/ iussa)	auftragen, verschaffen / ausführen, besorgen
-- --56 - ----	ministerium / *Pl*	Dienst / Gehilfen, Personal **F** métier

---

[1] < WGm < *mīlia (passuum)*. [2] 'führen' < 'vor sich herscheuchen'. [3] Zu *minus* (vgl. *magis* : *magister*). [4] < *minister (prīncipis)*.

-- -4-- - ----	administer	Helfer, Gehilfe	
▶ 12 345- - ----	administrāre	leiten, besorgen, verwalten	
-2 ---- - ----	administrātiō	Hilfeleistung; Lenkung, Verwaltung **FE** -ion	
	minus (→ parvus)[1]		
▶ • 7 -901	mĭnŭĕre, uī, ūtum	zerkleinern; vermindern, -ringern	
-2 ---- - ----	minūtus	klein, unbedeutend **FE** minute **D** Minute[2]	
-- 3--6 - ----	dēminuere	vermindern; *(e. Teil)* wegnehmen	
-- -4-6 - ----	imminuere	vermindern, schmälern	
-- 3--6 - 8--1	com-**mīnus** *Adv*[3]	in - -, aus der Nähe; in die Nähe	
	~ pūgnāre	Mann gegen Mann kämpfen	
-- 34-6 - 8---	ēminus *Adv*	aus - -, in der Ferne	
▶ 12 --56 ○	**mirus**	erstaunlich, wunderbar	
	-um quantum prōdest[4]	(es nützt - erstaunlich, wie viel -:) es nützt außerordentlich	
▶ 12 -456 ○	mīrārī (stultum/sapientem)	staunen: sich wundern / bewundern	
-- --5- - --0-	mīrāculum	erstaunliche Sache, Wunder	
▶ -2 -4-- - 8-01	mīrābilis	erstaunlich, bewundernswert	
▶ 12 3--- - 8-0-	admīrārī	staunen: sich wundern, bewundern **F** admirer **E** admire	
-2 --56 - ----	admīrātiō	Staunen, Bewunderung **FE** -ion	
-2 ---- - ----	admīrābilis	erstaunlich, bewundernswert **FE** admirable	
-2 ---- - ----	mīrĭfĭcus	erstaunlich, außerordentlich	
▶ 12 ---- - --0-	nīmīrum *Adv*	(nicht erstaunlich:) freilich, natürlich	
▶ -2 -456 - *	**miscēre**, uī, mixtum	‹mischen›, ver‹mischen›; verwirren	
	~ pōculum/bellum	e. Trank mischen / Krieg erregen	
	~ domum gemitū	d. Haus m. Seufzen erfüllen **E** mix[5] **D** *auch* mixen (E)	
-2 ---- - ----	admiscēre	beimischen; vermischen	
-- ---- - 8---	commiscēre	vermischen, -mengen	
-- --56 - 8---	immiscēre	bei-, daruntermischen; verbinden	
-2 -4-6 - 8---	permiscēre	vermischen, -wirren	
-- -4-6 - ----	prōmisc(u)us	vermischt; gemeinsam, unterschiedslos, gewöhnlich	
▶ • ○	**mĭser**, era, erum	unglücklich, elend	
▶ 12 -4-6 7 ----	miseria	Unglück, Elend **F** misère **E** misery **D** Misere (F)	

---

[1] Urspr. *minu-s*; erst wegen *maius* usw. als *min-us* aufgefaßt. [2] < *(pars) minūta (prīma)*; Ggs. *(pars minūta) secunda* > F seconde, E second, D Sekunde. [3] *-minus* < *manus*. [4] Ind., da *mīrum quantum* z. adv. Wendung erstarrt. [5] Rückbildung zu *mixed* < *mixt* < L *mixtus*. Vgl. auch zu *estimate* bei *aestimare*.

-- -4-6 - 8--1		miserārī (eum)	Mitleid haben, bejammern
-- ---6 - ----		miserātiō	Jammern; Mitleid, Bedauern
-- -45- - 8--1		miserābilis	beklagenswert; klagend F misérable E miserable D miserabel (F)
-- ---- - ----		miseret (mē eius)	leid tun (er tut mir leid)
-2 -4-- 7 8--1		miserērī, itus (eius)[1]	Mitleid haben, sich erbarmen
▶ • 7 ----		misericordia	Mitleid, -gefühl
-2 --56 - 89-1		**mitis** (cibus//lupus/homō, ōrātiō)	weich // zahm / mild, sanft
-2 ---6 - ----		mītĭgāre	weich machen, besänftigen
-- ---6 - 89-1		immītis	herb; rauh, streng
▶ • ○		**mittere**, mīsī, missum	schicken; (los-)lassen
		~ lēgātōs/pīla	Gesandte schicken / Geschosse schleudern
		eum missum facere -e precārī!	ihm d. Abschied geben, ihn entlassen laß das Bitten! F mettre D Messe[2]
-- ---6 - ----		missiō	Entsendung; Entlassung, Beendigung
-- --56 - 8---		missilis / n Subst	werfbar, Wurf- / Wurfgeschoß
▶ • 7 8-01		āmittere	wegschicken; weglassen, verlieren
-2 ---- - ----		āmissiō	Verlust
▶ • 7 --01		admittere (equum// eōs in domum/eōs ad rem/scelus)	dahinschießen lassen // ein- / zu- / sich zu Schulden kommen lassen E admit
-- 3--- - ----		circummittere	herumschicken
▶ 12 345- ○		committere	(zusammen- --, zukommen lassen)
		~ pūgnam/scelus	d. Schlacht eröffnen / e. Verbrechen begehen
		~ ei rem	ihm e. Sache anvertrauen
-2 3456 - *		dēmittere	herabschicken; herabgehen --, herabfallen lassen
		~ animum	d. Mut sinken lassen
		sē ~ in vallem	(sich in d. T. hinablassen:) in d. Tal hinabsteigen
-2 3--- - 8---		dēmissus	herabhängend; niedrig; bescheiden
▶ • - 8-01		dīmittere	(auseinander- --, weggehen lassen)
		~ nūntiōs/senātum/praedam	Boten aussenden / d. Senat entlassen / d. Beute aus d. Hand geben
▶ 12 345- - 8-01		ēmittere	wegschicken, -lassen
		~ eum ex urbe/ē carcere	ihn aus d. Stadt wegschicken / aus d. Gefängnis freilassen

---

[1] Selten akt. [2] < ML *missa* < Schlußformel *Ite, missa est* (sc. *contio*?). An d. kirchl. Messe bes. Tage schloß sich oft e. Markt (Verkaufs‹messe›) an.

12 3-56 - 8--1	immittere	hineinschicken, loslassen gegen
	~ pīlum in hostēs	d. Wurfspeer gegen d. Feind schleudern
	~ equō frēna	d. Pferd d. Zügel schießen lassen [1]
	~ barbam	d. Bart ungehemmt wachsen lassen [2]
▶ -2 3-5- - ----	intermittere (spatium/iter)	dazwischentreten lassen / aussetzen, unterbrechen
-- 3--- - ----	intrōmittere	hineinschicken, -gehen lassen
▶ ● 7 --0-	ōmittere	fahren –, fallen lassen
	~ obsessiōnem/ vetera illa	d. Belagerung aufgeben / jene alten Dinge unerwähnt lassen
▶ ● ○	permittere	(hinkommen lassen)
	~ equum in eum	d. Pferd gegen ihn anrennen lassen
	~ saxum in eum	e. Stein auf ihn werfen
	~ ei imperium/ut	ihm d. Oberbefehl überlassen / ihm erlauben, daß
▶ -- 3456 - ----	praemittere	vorausschicken
▶ 12 3-5- - ----	praetermittere (tempus/verba)	vorübergehen lassen / aus-, weglassen
12 -456 ○	prōmittere (barbam/sē ventūrum esse)	wachsen lassen / versprechen
-2 -456 7 8-01	prōmissum	Versprechen
▶ ○ 7 8-01	remittere (obsidēs/sonum//frēna/animum/poenam)	zurückschicken, -geben / von sich geben // lockern / entspannen / erlassen
	dolor (sē) -it	d. Schmerz läßt nach
-2 345- - -9-1	remissus	locker, schlaff; nachlässig, sanft, heiter
-- 3-5- - 8--1	submittere (caput/sē fortūnae//vitulōs// ei mīlitēs)	herab-, sinken lassen / unterwerfen // empor- –, nachwachsen lassen // heimlich schicken
-- --56 - 8---	trānsmittere	hinüberschicken; vorbeilassen
	~ (equōs) Hibērum	(m. Pferden) d. Ebro überqueren
	~ (nāvēs) Dēlum	(m. Schiffen) nach Delos übersetzen
	~ rem servīs	e. Sache d. Sklaven überlassen
▶ ● ○	**mŏdus**	Maß; Art, Weise
		F mode *m;* **f D** Mode (F)
-- ---- - --0-	modulus	Maß **D** Model[3]; Modell (I)
-- ---- - 8---	modulārī	nach d. Takt abmessen; singen, spielen
▶ -2 -456 - -901	modicus	mäßig, bescheiden
-- ---- - ---1	immodicus	übermäßig, maßlos
-- -4-6 - --01	modestus [4]	maßvoll, bescheiden, zurückhaltend
		F modeste **E** modest
▶ -2 -4-6 - ----	modestia	Mäßigung; Bescheidenheit, Zurückhaltung, Unterordnung

---

[1] Wörtl. 'd. Zügel zum Pferd hin loslassen'. [2] Wörtl. 'd. B. schießen lassen' (vgl. vorige Wendung). [3] '(Back)form'. [4] Von d. Nbf. *modus, eris* n.

▶ -2 -4-6 - ---1	moderārī[1] (ei, eum)	lenken, leiten; beherrschen	
	~ īram/verba timōre	d. Zorn mäßigen / seine Worte an d. Furcht ausrichten	
▶ 12 -4-- - ---1	moderātus	maßvoll, besonnen; nicht übertrieben **E** moderate	
-2 ---- - ----	moderātor	Lenker, Leiter	
▶ -2 ---6 - ----	moderātiō	Lenkung; Mäßigung	
-2 -4-- - ----	immoderātus	unbegrenzt, maßlos	
1- ---- - ----	modius	Scheffel *(Hohlmaß m. 8,75 l)*	
▶ ● ○	modŏ *Adv*	eben erst, sogleich; nur	
	nōn ~ ... sed etiam	nicht nur ... sondern auch	
	~ adest, ~ abest	bald ist er da, bald ist er fort	
▶ -2 3-56 7 ----	admodum *Adv*	ganz und gar; höchstens	
▶ 12 3--- 7 -90-	commodus	angemessen, passend; bequem	
	~ homō	zugänglicher Mensch	
▶ 12 345- 7 --01	commodum	Vorteil, Vergünstigung	
-2 ---- - ----	commoditās	passende Form; Annehmlichkeit, Zugänglichkeit	
▶ -2 ---- - ----	accomodāre	anpassen, -fügen	
-- ---- 7 ----	incommodus	unpassend; unbequem, beschwerlich	
▶ 12 34-- 7 ----	incommodum	Unbequemlichkeit; Beeinträchtigung, Nachteil	
-- ---- 7 --0-	**moechus**	Ehebrecher	
▶ ● - *	**moenia,** ium *n Pl*	(Stadt-)Mauern; Umfassung, Stadt, Haus	
-- ---- - 8---	**mŏla** / *Pl*	‹Mühl›stein; Opferschrot[2] / ‹Mühle›	
▶ -2 --5- - -9--	immolāre	opfern[3]	
▶ -2 3-56 - 89-1	**mōlēs,** is *f*	gewaltige Masse; Last	
	~ lapidum	Steinwall, Damm **D** Mole[4]	
	-ēs exstruere	gewaltige Gebäude errichten	
	~ hostium	feindliche Heeresmacht	
▶ 12 --56 - 8-01	mōlīrī (nāvēs/mūrōs∥ -/hinc)	in Bewegung setzen / errichten ∥ sich abmühen / aufbrechen	
▶ 12 ---- 7 --0-	mŏlestus	beschwerlich, lästig	
12 ---- - ----	molestia	Beschwerlichkeit, Ärger	
▶ -2 -456 - *	**mollis**	weich, mild, zärtlich **F** mou, mol **D** Moll	
-- -4-- - ----	mollitia (-iēs)	Weichheit, Milde; Verweichlichung	
-2 ---6 - 89-1	mollīre	weich machen; mildern, besänftigen	
▶ ● ○	**mŏnēre,** uī, itum	erinnern, mahnen	
-- ---- - 8--1	monitum	Mahnung, Prophezeiung	
-- ---- - --0-	monitor	Mahner, Warner	

---

[1] Von der Nbf. *modus, eris* n. [2] Grob gemahlenes Korn, d. Opfertier zusammen m. Salz auf d. Stirn gestreut. [3] Urspr. 'm. Opferschrot bestreuen'. [4] 'Hafendamm' (I).

-- ----- - 8--1	monitus, ūs	Ermahnung
-- ----- - 8---	monimentum ⎱	Erinnerungszeichen: Denk-, Grabmal,
▶ 12 --56 - -9-1	monumentum ⎰	Urkunde
▶ ● - 8--1	admonēre	erinnern, -mahnen
-- ----- - ---1	admonitū *Abl*	auf Mahnung, – Warnung
▶ -2 3456 - *	mōns, montis *m*	Berg **F** mont (Mont Blanc) **E** mount (Mount Everest); a-mount[1]
-- ----- - ---1	montānus / *m Subst*	Berg-, gebirgig / Bergbewohner
-- --5- - -----	prōmontŭrĭum[2]	Bergvorsprung; Vorgebirge, Kap
-2 ----- 7 89-1	mōnstrum	Wunderzeichen, Ungeheuer
-2 ---6 - *	mōnstrāre	zeigen; anzeigen, festlegen, verordnen
▶ 12 3--6 - -----	dēmōnstrāre	bezeichnen; zeigen, beweisen **D** demonstrieren
▶ 1- 3456 7 89-1	mŏra	Aufenthalt, Verzögerung; Zeitdauer, Hindernis
▶ -- 34-6 ○	morārī (-/rem)	sich aufhalten, zögern / aufhalten, verzögern
-- 3--- - -----	commorārī	sich aufhalten; verzögern
-- ----- - 8---	dēmorārī	zögern; verzögern **F** demeurer
-- -4-- - -----	remorārī	sich aufhalten; aufhalten
▶ ● ○	morbus	Krankheit; Leidenschaft, Sucht
-- ----- - -901	mordēre, momordī, morsum	beißen **VL** -ĕre > **F** mordre
-2 ----- - 8--1	morsus, ūs	Beißen, Biß
-- ----- - -90-	mordāx, ācis	beißend, bissig
▶ ● ○	mŏri, ior, mortuus[3]	sterben; absterben, vergehen
12 -45- 7 -----	mortuus	tot **VL** *-tus >* **F** mort *Adj*
-- ----- - 8---	moribundus	sterbend; sterblich
▶ ● ○	mors, tis *f*	Tod **F** mort
▶ 12 -456 - *	mortālis	sterblich
▶ 12 345- 7 8---	immortālis	unsterblich
12 ----- - -----	immortālitās	Unsterblichkeit
-2 ----- - -----	mortĭfer, era, erum	todbringend, tödlich
-2 ----- 7 -----	ēmorī	(langsam) sterben, absterben
▶ ● ○	mōs, mōris *m* -em ei gerere -e maiōrum	Wille; Sitte, Brauch, Gewohnheit ihm seinen Willen tun, – willfahren nach Art d. Vorfahren
-2 ----- - -----	mōrātus	gesittet, -artet
▶ ● ○	mŏvēre, mōvī, mōtum ~ urnam/bellum ~ rem locō ~ castra/sīgna ~ vīnum (ē cellā)	bewegen d. Lostopf schütteln / e. Krieg erregen e. Sache von ihrem Platz entfernen aufbrechen / vorrücken d. Wein (aus d. Keller) herbeiholen **F** mouvoir **E** move

[1] < AF < *ad montem*; vgl. *a-gree* bei *grātus*.   [2] Nbf. *-mun-*.   [3] Aber *moritūrus*.

-2 ---- - ----	mōtiō	Bewegung E -ion
▶ • - *	mōtus, ūs	Bewegung
	~ Galliae	Aufstand d. Gallier
-- ---6 - 8--1	immōtus	unbewegt, -erschütterlich
▶ -2 3-56 - --0-	mōmentum	Bewegkraft, Bewegung
	magnum ~ habēre	große Auswirkung auf - - -, große
	ad salūtem	Bedeutung für d. Rettung besitzen
	-a leōnis/annōnae	Sprünge d. Löwen / Schwanken d. Kornpreises
	~ (temporis)	(Bewegung d. Zeit:) Augenblick F E moment D Moment (F)
-2 -4-- - -90-	mōbilis	beweglich; lenkbar, unbeständig F meuble < n Sg D Möbel (F); Mob (E[1])
-- -4-- - ----	mōbilitās	Beweglichkeit, Unbeständigkeit
-- ---- - 8---	immōbilis	unbeweglich F immobile
-- ---6 7 ----	āmovēre	wegschaffen, entfernen
▶ -2 --56 - 8-01	admovēre	heranbringen
	~ herbās	Kräuter auflegen, - anwenden
▶ 12 34-6 7 8-0-	commovēre	bewegen; erregen, veranlassen
-2 ---- - ----	commōtiō	Erregung
-- ---6 - -9--	dēmovēre	entfernen, verdrängen
-- ---- - 89--	dīmovēre	teilen; trennen, entfernen
-- ---- - --0-	ēmovēre	fortschaffen, vertreiben; emporheben, erschüttern
▶ -- 34-6 - ----	permovēre	bewegen, erregen
-- 3--- 7 -9--	prōmovēre	vorrücken, -schieben; fördern, befördern
▶ 12 34-6 - *	removēre	wegschaffen, entfernen
-2 ---- - ----	sēmovēre	absondern; ausschließen, entfernen
-- 3-5- - 89-1	submovēre	wegschaffen; entfernen, vertreiben
▶ -2 -456 ○	mox Adv (+ Futur / Vergangenheit)	bald / bald darauf, dann
-- ---- - 8---	mucrō, ōnis m	(Schwert-)Spitze; Schwert, Dolch
-- ---- - 89--	mūgire	dumpf brüllen; dröhnen, krachen
-- ---- - 8--1	mūgītus, ūs	dumpfes Brüllen; Dröhnen, Krachen
-- ---- - 89--	remūgīre (Dat)	dumpf zurückbrüllen (gegen); dröhnen
-- ---- - 8--1	mulcēre, sī, sum	streicheln; umschmeicheln
▶ • 7 -90-	mŭlĭer, eris f	Frau; Ehefrau
-2 -456 - -9--	muliebris	weiblich, -isch
12 --5- - ----	multa	(Geld-)Strafe, Buße
12 ---- - ----	multāre	bestrafen
▶ • ○	multus (plūs, plūris[2]; plūrimus)	viel, zahlreich (mehr, d. meiste)

---

[1] < mōb(ile vulgus).   [2] Sg. m, f fehlt, Pl. plūrēs, -ium.

		-ō diē/-ā nocte	spät am Tag / tief in d. Nacht
		-um morārī/rogāre	lange zögern / oft bitten
		-ō maior	weitaus größer
			F E plus
▶ ●	- ----	multitūdō	Vielzahl, Menge
-2 --5-	- ----	multĭplex, icis	vielfach, -fältig
▶ 12 ----	- --0-	permultus	sehr viel
▶ 12 3--- 7	----	complūrēs, a [1]	einige, mehrere
-- ----	- --0-	**mūlus**	‹Maul›tier, -esel [2]
-- ----	- --0-	mūla	(weibliches) Maultier
-- ----	- 8-0-	**mundus**	reinlich; schmuck, elegant
-- ----	- 8-01	immundus	unrein
▶ -2 ----	- -9-1	**mundus**	Welt, -all
1- ----	- ----	**mūnĭceps,** ipis *m*	Bürger e. Landstadt, Landbürger [3]
▶ 1- 34-6	- ----	mūnicipium	Landstadt (m. eigenen Magistraten, aber röm. Bürgerrecht)
▶ ●	- 890-	**mūnīre** [4]	befestigen, schützen
		~ viam	e. feste Straße bauen
		~ urbem	*auch:* e. Stadt erbauen
-- 3-5-	- ----	mūnītiō	Befestigung; (Wege-)Bau
▶ -- -456	- ----	mūnīmentum	Befestigung; Schutz
-- 3---	- ----	circummūnīre	ummauern, -geben
-- 3-5-	- ----	commūnīre	(stark) befestigen
▶ ●	O	**mūnus,** eris *n*	Leistung: Pflicht, Amt, Geschenk
		~ atque officium	jurist. u. moralische Pflicht
		~ consulis	Amt d. Konsuls
		ei mūnerī dare	ihm z. Geschenk machen
		~ gladiātōrium	Gladiatorenspiel [5]
-- ---6	- --0-	mūnia, ium *n Pl* [6]	Leistungen, Pflichten
-- -4-6	- ----	mūnificentia	Freigebigkeit
▶ ●	O	**commūnis**	gemeinsam, allgemein [7]
			F commun E common D Kommune (F [8])
-2 ----	- ----	commūnitās	Gemeinschaft, Gemein(schafts)sinn
▶ 12 3---	- ----	commūnicāre	(z. gemeinsamen Sache machen)
		~ rem	e. Sache austauschen, - - teilen
		~ cum amīcō	sich mit d. Freund besprechen
-- ----	- -9-1	immūnis	frei von Leistungen
		~ malī	frei - -, unberührt v. Übel
-- ----	- 890-	**mūrex,** icis *m*	Stachelschnecke; Purpurschnecke, Purpur

---

[1] Gen. *-ium*. [2] *-tier, -esel* verdeutlichend. [3] Urspr. 'Pflichten empfangend (wie d. Bürger Roms)' (*mūni-* wie in *mūnia, -ceps* zu *capere*). [4] Von *moenia* (vgl. *poena : pūnīre*). [5] 'Geschenk' d. Spielgebers an d. Volk. [6] Vgl. Stamm *mūni-* in d. Komposita. [7] Urspr. 'an d. Pflichten beteiligt'. [8] f Sg < n Pl Subst.

-- ---- - --0-	mūria	Salzlake, -tunke
-- ---- - 8--1	murmur, uris *n*	Murmeln; Summen, Brausen, Dröhnen
-- ---- - ---1	murra (myrrha)	‹Myrrhen›strauch, -saft
► -2 3456 - *	mūrus	‹Mauer›[1] F mur
-2 ---- - --0-	mūs, mūris *m*	Maus
-- 3--- - ----	mūsculus	Mäuschen; *(gl. Form:)* Schutzhütte *(bei Belagerungsarbeiten)* F E muscle D Muskel[2]
-- ---- - -901	**Mūsa**	‹Muse› *(verleiht Gesang u. Künste)*
-2 ---- 7 ----	mūsicus	‹musisch›: musikalisch, dichterisch
	-us *m Subst*	‹Musik›er
	-a (ars)	Musenkunst: ‹Musik›, Dichtkunst F musique E music
-- ---- - 8---	muscus	Moos
► • ○	mūtāre	ändern, wechseln; fortbringen
	~ sēdem	d. Wohnsitz ändern
	annōna -at	d. Kornpreis ändert sich
	~ praedam vīnō	d. Beute gegen Wein eintauschen
	~ eum cīvitāte	ihn aus d. Bürgerschaft entfernen
-2 ---6 - ----	mūtātiō	Änderung, Wechsel
-2 ---- - --0-	mūtābilis	veränderlich; lenkbar
-2 ---- - ----	immūtābilis	unveränderlich
-- ---6 - 89-1	mūtuus	wechselseitig; geborgt
-2 ---- - ----	mūtuārī	borgen, entlehnen
► 12 34-- - ----	commūtāre	(völlig) ändern; austauschen, wechseln
-2 3--- - ----	commūtātiō	Umschlag, Wechsel
-2 -4-- 7 ----	immūtāre	verändern
-- ---- - -9--	permūtāre	verändern; aus-, eintauschen
-2 ---- - --01	mūtus	stumm; lautlos
-- ---- - 8---	myrīca	Tamariske
-- ---- - 89-1	myrtus, ī *f*	‹Myrte› *(Baum, Holz, Kranz)*
-2 ---- - ----	mystēria, ōrum	Geheimlehren, -kult L -um > F mystère E mystery

N

-- ---- - 8---	nāiăs, ădis *f*	Wassernymphe, ‹Najade›
► • ○	năm	fürwahr; denn
► -2 3456 ○	namque	fürwahr; denn
► -2 3-5- 7 8-01	nancīscī, nactus[3]	(zufällig) erhalten, – antreffen
-- ---- - 8---	narcissus	‹Narzisse›

---

[1] f nach älterem *Wand.* (bes. bei Livius).   [2] Sieht zusammengezogen aus wie e. 'Mäuschen'.   [3] Nbf. *nānctus*

--	----	-	-9--	**nardus, ī** *f*	‹Narde›, ‹Narden›öl
--	---6	-	8--1	**nāre**	schwimmen
--	----	-	8---	innāre (marī, -e)	schwimmen in, – auf
--	----	-	8---	trānāre (flūmen)	hinüberschwimmen, durchschwimmen
--	----	-	-901	nătāre (-/mare)[1]	schwimmen; wogen, treiben / durchschwimmen
-2	----	-	*	**nāris, is** *f* / *Pl*	Nasenloch, Nüster / Nase
▶ -2	-4-6	○		**nārrāre** (ei rem/eum)	erzählen / reden von, nennen
▶ ●		○		**nāsci, nātus**	geboren werden, entstehen
				novem annōs nātus	neun Jahre alt
				nātus/nāta eius	sein Sohn / seine Tochter
					F naître, né
▶ 12	34-6	-	----	nātiō	Abstammung, Geburt; Volksstamm
					F E nation **D** Nation
-2	--5-	7	----	nātū *Abl*	von Geburt
				grandis (maior, maximus) ~	(groß v. Geburt:) alt (älter, ältester)
-2	---6	-	-901	nātālis / *m Subst*	mit d. Geburt verbunden, Geburts- / Geburtstag; Geburtsgenius
				-ēs, ium	Familienmitglieder, Familie
▶ ●		7	8-01	nātūra	Geburt; Wesen, Beschaffenheit, ‹Natur›
					F E nature
-2	----	-	----	nātūrālis	natürlich; d. Natur betreffend
--	-45-	7	8-01	cognātus[2]	verwandt
12	----	-	----	cognātiō	Verwandtschaft
--	----	-	--0-	prōgnātus (ā, ex, *Abl*)[2]	abstammend, geboren von
-2	----	-	--0-	innāscī (in; *Abl*)	geboren werden in, wachsen auf
				innātus (ei)	angeboren
--	----	-	-9--	renāscī	wieder geboren werden, nachwachsen
--	----	-	--0-	**nāsus**	Nase[3] **F** nez
1-	3---	-	*	**nauta, ae** *m*	Seemann; Schiffer, Schiffsbesitzer
--	----	-	8---	nauticus / *m Subst*	Schiffs-, See- / Seemann **D** nautisch
--	----	-	89-1	nāvita, ae *m*[4] =	nauta
▶ ●		○		**nāvis, is** *f*	Schiff
▶ --	3-5-	-	8---	nāvālis / *n Pl Subst*	Schiffs-, See- / Takelwerk; Dock
				pūgna -is	Seeschlacht
				in -ibus esse	sich in d. Docks befinden
▶ 12	3-5-	-	--0-	nāvĭgāre (-/aequor)	zur See fahren / befahren, durchsegeln
					F nager; naviguer
-2	3---	-	----	nāvigātiō	Schiffahrt
--	3---	-	----	nāvigium	Schiff, Fahrzeug

---

[1] Stammverwandt, aber nicht abgeleitet von *nāre*. [2] -g- erhalten aus AL *gnātus*. Vgl. d. Komposita von *nāvus* u. *nōscere*. [3] Urverwandt. [4] < *nauta* (< G) + L *nāvis*.

--	----	-	---1	naufrăgus¹	schiffbrüchig; Schiffe zerbrechend
-2	----	-	---1	naufrăgĭum / *Pl*	Schiffbruch / (umhertreibende) Trümmer
--	----	-	--0-	**nāvus**	tatkräftig, emsig
▸ -2	-456	7	8-01	īgnāvus²	kraftlos, träge, feig
-2	-4-6	-	----	īgnāvia	Kraftlosigkeit, Trägheit, Feigheit
-2	-4--	7	----	**nē** (ego hunc nōvī)!	wahrhaftig (ich kenne ich)!
▸ •		○		**nē** + *V Konj, Imp*	nicht; damit nicht *(vgl. Gramm.)*
				～ dīxeris (dīc³)	sag nicht!
				optō, ～ veniat	ich wünsche, er möge nicht kommen
				timeō, ～ veniat	ich fürchte, er kommt
▸ -2	3456	-	8-01	nēve, neu⁴ + *V Konj, Imp*	und nicht
				ut nēve ... nēve	daß weder ... noch
				ně- (nefās/nescīre)	un- / nicht
▸ •		○		něque, nec⁵	und ... nicht, auch ... nicht
				～ enim/vērō/tamen	denn ... nicht / aber ... nicht / doch ... nicht
				necdum	(und) ... noch nicht
				neque ... neque	weder ... noch
▸ •		○		**-ně** *FrW*	*(drückt Frage aus; vgl. Gramm.)*
				labōremne fugit?	scheut er d. Anstrengung?
				quaerō, labōremne fugiat	ich frage, ob er d. Anstrengung scheut
				itan/satīn/vidēn *usw.* =	ita-ne / satis-ne / vidēs-ne *usw.*
▸ 12	----	7	8-0-	nōnne	nicht, ob nicht
				～ venīs?	kommst du nicht?
				quaerō, ～ vēnerit	ich frage, ob er nicht gekommen ist
12	----	-	--0-	necne (utrum ... ～)	oder nicht
--	----	-	89-1	**něbŭla**	Dunst, Nebel⁶, Wolke
--	----	-	--0-	nebulō, ōnis *m*	Windbeutel, Taugenichts
▸ 12	345-	7	8-0-	**necesse** est	es ist unvermeidlich, – – notwendig
▸ 12	3-56	-	-9--	necessitās	Notwendigkeit, Not; enge Verbindung
					F nécessité **E** necessity
▸ 1-	34-6	-	----	necessitūdō	enge Verbindung; Not
▸ 12	345-	-	----	necessārius *(Adv* -ō)	notwendig; nahestehend, eng verbunden
				rēs ad vīvendum -ae/homō ～	zum Leben notwendige Dinge / nahestehender Mensch
					F nécessaire **E** necessary
--	----	-	89-1	**nectăr,** ăris *n*	‹Nektar› *(Göttertrank)*

---

¹ < *nāv(i)fragus* (vgl. *auceps* u.ä.). ² -g- erhalten aus AL *gnāvus.* Vgl. *nātus* : *co-gnātus*, *nōscere* : *a-gnōscere.* ³ AL u. dicht. ⁴ *neu* < *nēve* vor Kons. Vgl. *seu* : *sīve.* ⁵ *nec* < *neque* vor Kons. Vgl. *ac* : *atque.* ⁶ Urverwandt.

-2 ---- - *	**nectere**, xuī, xum[1]	binden, knüpfen; an-, verknüpfen
	~ flōrēs/bracchia	Blumen binden / d. Arme verschlingen
-- ---6 - ----	adnectere	an-, verbinden **D** annektieren
-2 ---6 - ----	conectere	verbinden, -knüpfen
	-nexus	*auch:* verschwägert
-- ---- - 8---	innectere	anknüpfen; umschlingen; verknüpfen
-- ---- - 8---	subnectere	(von unten) anbinden; (unten) zusammenfassen
▶ • ○	**nĕgāre** (ei nihil/id ita esse)	abschlagen / verneinen; behaupten, daß ... nicht
-- ---- - 8---	abnegāre	verweigern; sich weigern
-- ---- 7 ----	dēnegāre	abstreiten, verweigern
▶ • 7 8-01	**nēmō**[2]	niemand
	~ cīvis	kein Bürger
12 ---- 7 --01	**nempe**	also doch; doch wohl; wirklich
-- ---6 - *	**nĕmus**, oris *n*	(aufgelockerter) Wald, Hain
-- ---- - -9--	**nēnia**	Klagelied; Lied
-2 -4-6 - -901	**nĕpōs**, ōtis *m*	Enkel, Nachkomme; Verschwender
-- ---6 - ----	neptis, is *f*	Enkelin
1- ---- - -9--	**nēquam** *inv Adj*[3]	nichtsnutzig[4]
1- ---- - -901	nēquĭtĭa	Nichtsnutzigkeit, Liederlichkeit
▶ -2 ---- - *	**nervus**	Sehne, Muskel; *(dar. gem.:)* (Bogen-)Sehne, Saite, Fessel **D** Nerv[5]
▶ -2 345- ○	**neu** =	nēve
12 -4-6 - 89-1	**nĕx**, nĕcis *f*	Ermordung, Tod
▶ 12 34-6 - --01	necāre	töten, vernichten
-- ---- 7 ----	ēnicāre, uī, nectum	umbringen, (zu Tode) quälen
-- ---- - 8---	sēminex	halb tot
▶ -2 -456 ○	**ni**	nicht; wenn nicht
-- ---- - --0-	**nĭdor**	Duft, Dunst, Dampf (v. verbranntem Fett)
-- ---- - *	**nīdus**	Nest; *(Inhalt:)* junge Vögel
-- ---- - *	**nĭger**, gra, grum	schwarz, dunkel; unheilvoll; boshaft **F** noir **D** Neger (F < S)
-- ---- - 8---	nigrāns[6]	schwarz, dunkel
▶ • ○	**nĭhĭl** *Nom, Akk*	nichts
-- ---- - ---1	nīl =	nihil
▶ 12 345- 7 -901	nihilum *def*	Nichts
	-ī esse	nichts wert sein
	ad -um redigere	(zu e. Nichts machen:) vernichten
	ex -ō fierī	aus nichts entstehen

---

[1] Perf. im Simplex auch -*xī*. [2] Kl. Formen: *nēmō*, *nūllīus*, *nēminī*, *nēminem*, *nūllō*. [3] Gesteigert *nēquior*, *nēquissimus*; Adv. *nēquiter*. [4] Urspr. 'nicht irgendwie (zu gebrauchen)'. [5] Urspr. '(empfindende) Sehne'. [6] PPr. zu seltenem *nigrāre*.

		prō -ō habēre	für wertlos halten, geringschätzen
		-ō minus	um nichts weniger; trotzdem
-- ---- - 89-1		**nimbus**	Wolke; Platzregen, Regenschauer, Sturm **D** Nimbus[1]
▶ 12 -45- 7 -90-		**nĭmĭs** *Adv* (~ diū)	überaus; allzu
▶ 12 --56 ○		**nimius**	übermäßig; sehr –, zu groß
12 ---- ○		**nimium** *Adv*[2]	überaus, allzu
-- ---- - *		**nĭtēre, uī**	fett –, wohlgenährt sein; glänzen
-- ---- - *		**nitidus**	fett, wohlgenährt, glänzend **F** net **E** neat; net **D** nett (F); netto (I)
-- ----6 - -9-1		**nitor**	Wohlgenährtheit, Glanz
▶ ● - *		**niti, nīsus** (nīx-) (hastā/venīre)	sich stützen / sich anstrengen
		~ porrō/ad glōriam/prō vērō	vorwärtsdrängen / nach Ruhm trachten / sich für d. Wahrheit einsetzen
		salūs in tē -itur	d. Rettung beruht auf dir
-- ---- - 8---		**nīsus, ūs**	Anstrengung; Schwung, Emporsteigen, Gebären[3]
-- -45- - 8---		adnītī (hastae/ut)	sich stützen auf / sich anstrengen
-- ---- - 8---		conītī	sich anstemmen, sich anstrengen
-2 -456 - 89-1		ēnītī (in aperta/in alta/ut//fētūs/Alpēs)	sich hervor- / sich emporarbeiten / sich anstrengen // gebären[4] / ersteigen[5]
-- ---- - ---1		innītī (reī, rē)	sich stützen –, beruhen auf
-- ---- - 8---		obnītī (ei)	sich entgegenstemmen
-- ----6 - 8---		subnīsus (-nīx-)	gestützt auf
-2 3---- - *		**nĭx, nĭvis** *f* / *Pl*	Schnee / -massen
-- ---- - 89-1		**niveus**	Schnee-; schneebedeckt; schneeweiß
-- ---- - 890-		**nivālis**	Schnee-; schneebedeckt; schneeweiß
▶ 12 3---- - *		**nocēre, uī, itum**	schaden, hinderlich sein
1- ---6 - ----		**nocēns**	schädlich; schuldig, verbrecherisch
▶ 12 -4-6 - -9--		**innocēns**	unschädlich; unschuldig, rechtschaffen
1- -4-6 - ----		**innocentia**	Unschuld, Rechtschaffenheit
-- ---- - ---1		**innocuus**	1. unschädlich, -schuldig, rechtschaffen; 2. unbeschädigt
-- ---- - 890-		**nōdus**	Knoten; Verbindung, -pflichtung, -wicklung
-- ---- - --0-		**nōdōsus**	knotig
▶ ● ○		**nōmen, inis** *n*	Name
		~ imperātōris	Feldherrn-, Kaisertitel
		~ Fabium/Latīnum	fabisches Geschlecht / latin. Stamm
		~ exigere/solvere	e. Schuldposten eintreiben / einlösen[6] **F** nom

---

[1] 'Wolke (d. Göttl.)'. [2] < Akk. n. [3] Vgl. *ēnītī*. [4] Urspr. 'herausstemmen'. [5] Bed. 'sich emporarbeiten' in trans. Kstr. [6] 'Schuldposten' < 'Name (d. Schuldners)' im Rechnungsbuch'.

▶ 12 -456 7 ----	nōmināre	nennen, benennen
		F nommer E nominate[1] D nominieren
1- 3-5- - ----	nōminātim *Adv*	namentlich
12 --5- - 8-01	cognōmen[2]	Beiname; Name
-- ----6 - ----	cognōmentum =	cognōmen
▶ 12 3-56 - ----	īgnōminia[3]	(Fehlen d. guten Namens:) Schande
▶ • O	nōn	nicht F ne; non E non- (nonsense)
-2 ---- - ----	nōrma	rechter Winkel; Richtschnur, Regel
		D Norm
▶ • O	nōs (nostrī, nōbīs, nōs, ā nōbīs)	wir F nous
▶ • O	nŏster, tra, trum	unser F notre; nôtre
▶ • O	nōscere, nōvī, nōtum / *Perf*	kennenlernen / kennen, wissen
	~ sīgnum/ratiōnēs/	d. Zeichen wiedererkennen / d. Gründe
	causam eius	anerkennen / seinen Fall untersuchen
▶ • - *	nōtus	bekannt
-2 3--6 - ----	nōtitia	Bekanntschaft; Kenntnis, Begriff
		F E notice D Notiz[4]
▶ -2 ---- - ----	nōtiō	Untersuchung; Kenntnis, Begriff; tadelnde Bemerkung[5]
▶ 12 -456 - *	īgnōtus[6]	unbekannt
▶ • O	nōbilis	kenntlich, bekannt; berühmt, adlig, vornehm F E noble D nobel (F)
▶ • - ---1	nōbilitās	Berühmtheit; Adel; Vortrefflichkeit
-2 ---- - ----	nōbilitāre	bekannt –, berühmt machen
-- ---- - 8-0-	īgnōbilis[6]	(unbekannt:) ruhmlos, niedrig
▶ -2 ---6 - 8--1	agnōscere, ōvī, agnitum	erkennen; wieder-, anerkennen
▶ • 7 8--1	cognōscere	kennenlernen; untersuchen; erkennen VL conn- > F connaître
1- -4-- - ----	cognitor	(Untersucher:) Rechtsvertreter
-2 ---6 - ----	cognitiō (rērum/crīminis)	Kennenlernen, Erkenntnis / Untersuchung
-- 3--- - 8---	incognitus causā -ā	unbekannt; ununtersucht ohne gerichtliche Untersuchung F inconnu D inkognito (I)
-- ---- - --0-	dīgnōscere[7]	unterscheiden
▶ 1- 34-6 7 --01	īgnōscere, ōvī, ōtum	(Einsehen haben:) verzeihen
-2 ---- - ----	internōscere[7]	unterscheiden
-- ---- 7 ----	pernōscere[8]	gründlich kennenlernen

---

[1] Über -ate vgl. zu *estimate* bei *aestimare*. [2] -g- nach *cognōscere*, da man *nōmen* als 'Erkennungszeichen' zu *nōscere* stellte. [3] -g- nach *īgnōtus, īgnōbilis*. [4] Bed. beeinflußt von *notieren* < *notāre*. [5] Wohl nach *nota*. [6] -g- aus AL *gnō(-scere)* erhalten. Vgl. *nātus : cognātus, nāvus : ī-gnāvus*. [7] Ohne PPP. [8] PPP *-nōtus*.

125

▶ 12	---- - *	**nŏta**	Merkmal, Zeichen
		~ cēnsōria	zensorische Rüge[1]
			FE note **D** Note
▶ 12	---- - 8-01	**notāre**	bezeichnen; (m. Zeichen) darstellen
		~ locum/perfidiam	d. Ort bezeichnen / d. Untreue rügen
		~ verba/verba men-	Worte niederschreiben / sich d. Worte
		te/cantum	einprägen / d. Gesang bemerken
-- ---6	- ----	notābilis	bemerkenswert
-- ----	- 89-1	**nŏtus**	Südwind; Wind
-2 3-5-	- 89-1	**nŏvem**	neun
-- 3--6	- 8-01	nōnus	neunter **E** noon < nona (hora)
-- ----	- ---1	Nōnae, ārum	‹Nonen› *(9. Tag vor d. Iden, diese mit-gerechnet)*
-- ----	- ---1	nŏviē(n)s	neunmal
-- ----	- 8--1	**noverca**	Stiefmutter
▶ ●	○	**nŏvus**	neu; ungewöhnlich, -geübt
		homō ~	Emporkömmling
		rēs -ae	*oft:* neue politische Verhältnisse, Umsturz
		tabulae -ae	(neue Schuldbücher:) Schuldenerlaß
		novissimus	jüngst verflossen; letzter, äußerster
		~ veniō	ich komme als letzter
		-um agmen	Nachhut
		-a exspectāre	d. Schlimmste erwarten
			F neuf
-2 3---	- --01	novitās	Neuheit; Ungewöhnlichkeit; neu erworbene Stellung
-- --5-	- 8--1	novāre	*(Neues)* machen; erneuern, verändern
		~ arma/vulnus/	neue Waffen schmieden / d. Wunde
		fōrmam	wieder aufreißen / d. Gestalt verändern
12 345-	- ---1	renovāre	wiederherstellen, erneuern
▶ ●	○	**nox, noctis** *f*	Nacht; *(dicht.:)* Nachtruhe, Schlaf
			F nuit
▶ -2 34--	- ----	noctū *Adv*	bei Nacht, nachts
▶ ●	- *	nocturnus	nächtlich, Nacht-
-- --56	- ----	**noxa**	Schaden, Schuld; Bestrafung
-- -456	- ----	noxius	schädlich; schuldig, strafbar
-- ----	7 ----	noxia[2]	Schuld, Vergehen
-- -456	- 8---	innoxius	1. unschädlich, -schuldig; 2. unbeschädigt; unverschuldet
-- -456	- ----	obnoxius (fūrtī//ei/-/ frīgorī)	schuldig, strafbar // abhängig / unterwürfig / ausgesetzt
-2 --56	7 -901	**nūbere**, nūpsī, nŭptum (iuvenī)	heiraten *(v. d. Frau)*

---

[1] Urspr. 'Zeichen d. Zensors (beim Namen in d. Bürgerliste)'. [2] Sc. *causa.*

-2 ---6 7 -9--	nuptiae, ārum	Hochzeit, Vermählung
-- ---- - 8---	innupta *f*	unvermählt; Jungfrau
-- --5- - 8--1	cōnŭbium	(rechtsgültige) Eheschließung
-2 ---- - *	**nūbēs**, is *f*	Wolke
-- ---- - 89-1	nūbĭlus / *n Subst*	wolkig, umwölkt / Wolke
1- -456 - *	**nūdus**	nackt, bloß **F** nu
-- 3-56 - 8-0-	nūdāre	entblößen, berauben
-- ---- - ----	**nŭĕre**[1]	nicken
-2 3--- - --01	nūtus, ūs	Nicken: Wink, Befehl; Neigung *(d. Körpers)*
-- ---6 - ----	nūtāre	nicken, schwanken
▶ 12 ---6 - *	**nūmen**	(Wink:) Befehl, Walten; Gottheit
-- -4-6 - ----	abnuere, uī[2]	abwinken, -lehnen
-- ---6 - 8-01	adnuere	zunicken, -stimmen
-- ---- - --0-	renuere	abwinken, -lehnen
-- ---- - --0-	**nūgae**, ārum	Tändeleien, Possen; Possenreißer
-- ---- - --0-	nūgārī	tändeln, Possen treiben
▶ 12 -4-6 ○	**num** *FrW*	etwa? ob
	~ venīs?	kommst du etwa?
	quaerō, ~ vēnerit	ich frage, ob er gekommen ist
-- ---- 7 ----	numnam	etwa ... wirklich?[3]
▶ • - *	**nŭmĕrus**	Zahl, Anzahl; Takt, Rhythmus
	-ō obsidum habēre	als Geiseln betrachten
		F nombre **E** number **D** Nummer
▶ 12 ---- - 8-01	numerāre	zählen, rechnen
	~ summam/perīcula	e. Summe auszahlen / d. Gefahren aufzählen
12 ---- - ----	innumerābilis	unzählig
-2 ---- - ----	ēnumerāre	aufzählen, ausrechnen
-- ---- - ---1	innumerus	zahllos
▶ 12 ---6 - --0-	**nummus**	Münze; *(bes.)* Sesterz
▶ • ○	**nunc** *Adv*	jetzt
	~ autem *(Ggs.)*	so aber
	nunc ... nunc	bald ... bald
1- ---- 7 -90-	nunciam	jetzt gleich, schon
-2 ---- - ----	**nuncupāre**	feierlich erklären; nennen, benennen
▶ • - 89-1	**nūntius** / *m Subst*	mitteilend / 1. Bote; 2. Nachricht
▶ • 7 ----	nūntiāre	melden
12 3-5- - ----	dēnūntiāre	(förmlich) ankündigen; befehlen
-2 3--- - ----	ēnūntiāre	aussprechen, verraten
-2 ---- - ----	ēnūntiātiō	Aussage
▶ 12 345- - ----	prōnūntiāre	öffentlich bekanntmachen, verkünden

[1] Nur in Glossen. [2] Partizip Futur *-uitūrus*. [3] *-nam* verstärkend (vgl. *quis-nam?*).

1- 3-5- 7 ----	renūntiāre (id ita esse/amīcitiam)	melden, verkünden / aufkündigen
	~ eum cōnsulem	seine Wahl z. Konsul bekanntgeben
▶ 12 3-56 ○	nūper *Adv*	neulich; einst
-- ---6 - 8--1	nŭrŭs, ūs *f*	Schwiegertochter; junge Frau
-- ---- - -901	nūtrīre	nähren; aufziehen, pflegen
		F nourrir **E** nourish[1]
-2 ---- ○	nūtrīx, īcis *f*	Ernährerin, Amme
-- ---- - 8-0-	nŭx, nŭcis *f*	Frucht (m. harter Schale), Nuß[2]
-- ---- - 89-1	nympha	‹Nymphe›

O

▶ 12 ---- - *	ō (Dāve/rem mīram)!	o (Davus/Wunder)!
▶ ● 7 8-0-	ob + *Akk*	gegen... hin, vor; für, wegen[3]
	~ Rōmam dūcere	auf Rom zu führen
	~ oculōs versārī	vor Augen stehen
	~ eam rem	(wegen dieser Sache:) deswegen
-- ---- - 89-1	obliquus	schräg, schief; versteckt
▶ 12 --56 ○	oblīvīscī, lītus (eius, rem)	vergessen
	oblītus *PP*	*auch:* vergessen
-2 ---6 - -9--	oblīviō	Vergessen; Vergeßlichkeit, Vergessenheit
-- ---- - ---1	oblīvium	Vergessen, Vergeßlichkeit
▶ -2 -4-- - ----	oboedīre (eī)[4]	Gehör schenken, gehorchen
		F obéir **E** obey
-2 ---- - 8-01	obsc(a)enus	schmutzig; anstößig, unheilvoll
		D obszön
▶ 12 -456 - *	obscūrus	dunkel; unklar, versteckt, unbekannt
		F obscur **E** obscure **D** obskur
-2 ---- - ----	obscūritās	Dunkelheit; Unklarheit, -bekanntheit
-2 -4-- - --0-	obscūrāre	verdunkeln, -decken
▶ -- 3-56 - ----	obsĕs, ĭdis *m f*	Geisel
-- ---- - -9--	obsolētus[5]	abgenutzt; unscheinbar, alltäglich
-- ---- - --0-	obsōnium	Zukost (zum Brot): Fisch, Fleisch
-- ---- 7 ----	obstĕtrīx, īcis *f*	Hebamme
-- ---- - 8--1	occŭlĕre, uī, tum	verdecken, -bergen
▶ ● ○	occultus	verborgen, geheim
	homō ~	verschlossener Mensch

---

[1] Über -*ish* vgl. zu *finish* bei *finire*. [2] Urverwandt. [3] 'für' < 'als Gegenwert für', z. B. ir *ager ob decem minās pignorī oppositus*. [4] Zu *audīre* (-*oe*- unregelmäßig). [5] Herkunft un geklärt.

▶ 12 34-6 - ----	occultāre	verbergen, -stecken
-- ---- - 89--	ōcior, ius	schneller
-- ---- 7 890-	ōcius/ōcissimē *Adv*	schneller / am schnellsten
	ōcius	*auch:* schnell, sofort
-2 3-56 - ----	octō	acht **F** huit[1]
-- 3--6 - --0-	octāvus	achter
-- 3-5- - ----	octōgintā	achtzig
-- 3-5- - ----	octingentī, ae, a	achthundert
▶ • ○	ŏcŭlus	Auge; Perle, Knospe **F** œil
-- ---- - ---1	ocellus	Äugchen
▶ 12 -4-6 ○	ōdisse	hassen
-- ---- - 8---	exōsus (eum)	voll Haß (gegen ihn)
-- ---- - ---1	perōsus (eum)	voll Haß
▶ • 7 8-01	ŏdĭum	Haß; Abneigung, Widerwille
	tu eum -ō vincis	du übertriffst ihn an Gehässigkeit
-2 ---- 7 ----	odiōsus	verhaßt, widerwärtig
-2 ---- - *	ŏdor	Geruch, Witterung
	-ēs incendere	wohlriechende Substanzen –, Räucherwerk anzünden
		F odeur *f*
-- ---- - 89-1	odōrātus	wohlriechend, duftend
-- ---- - -9--	odōrārī (rem)	riechen (an); wittern, ermitteln
-- ---- - -9--	officina[2]	Werkstatt
▶ • 7 8-01	offĭcium[3]	Dienst, Pflicht; Dienstfertigkeit
		F E office
-- ---- - --01	officiōsus (homō/ labor)	dienstbereit, gefällig / aus Dienstbereitschaft übernommen, freiwillig
-- ---- 7 ----	ōh!	ach! oh!
-- ---- 7 --0-	ŏhē (iam satis est)!	halt (jetzt genügt's)!
-2 ---- - 8-0-	ŏlĕa	Olive; Ölbaum
-- ---- - 8-0-	oleum	(Oliven-)‹Öl›
		VL -ium > **F** huile[4] **E** oil **D** Öl
-- ---- - 8---	oleāster, trī	wilder Ölbaum
-- ---- - 890-	ŏlēre, uī (rem, rē)	riechen (nach), erkennen lassen
-2 -4-6 7 8---	ad-**olēscere**, ēvī	heranwachsen
-2 ---- - -9--	adultus[5]	herangewachsen, erstarkt
-- ---- - 89-1	prōlēs, is *f*	Sproß, Nachwuchs, junge Mannschaft
-- ---6 - 89--	subŏlēs, is *f*	Nachkommenschaft, Nachkomme
-2 -4-6 ○	ōlim *Adv* (fuit/est/erit)	einst / manchmal, meistens / dereinst
-- ---- - *	oliva[6]	‹Olive›, Ölbaum; Ölzweig; ‹Oliven›holz
-- ---- - 8-0-	olīvum	(Oliven-)Öl

---

[1] *h-* sekundär. [2] < *opificīna* (vgl. *opifex* bei *opus*). [3] < *opificium* (*opi-* zu *opus*).
[4] *h-* sekundär. [5] Akt. PP zu *adolēscere*. [6] < G; ~ *olea*.

129

--	----	-	-9--	**ŏlor**	Schwan
--	----	-	--0-	**omāsum**	Rindskaldaunen, -kutteln
12	--56	-	89-1	**ōmen**	Vorzeichen; (guter) Wunsch; feierliche Handlung[1]
▶ ●		○		**omnis**	ganz; jeder, alle **D** (Omni)bus[2]
▶ 12	34--	7	--0-	**omnīnō** *Adv*	überhaupt, völlig
--	----	-	8---	**omnĭpŏtēns**	allmächtig
▶ ●		7	8-01	**ŏnus, eris** *n*	Last
--	---6	-	--0-	onustus (praedā)	beladen, -packt
--	3-5-	-	----	onerārius nāvis -a	Last- Fracht-, Transportschiff
--	-456	7	8-01	onerāre (nāvēs com- meātū/vīnum cadīs)	beladen, -lasten / einladen, -füllen
				~ cūram	d. Sorge vergrößern
--	----	-	89-1	**opācus**	schattenspendend; beschattet, finster
▶ ●		7	--0-	**ŏpĕra** / *Pl*	Arbeit, Mühe / Arbeiter, Handlanger
				-am dare agrō/ut	seine Mühe d. Ackerbau widmen / sich darum bemühen, daß
				~ mihī̆ deest	ich habe keine Zeit und Lust **F** oeuvre **D** Oper (I)
-2	----	-	-9-1	operōsus (vir//ars/templum)	tätig // mühevoll / kunstreich
--	---6	-	8-01	**ŏpĕrire, uī, tum**	schließen, bedecken[3]
--	----	-	890-	**opimus**	fett; reich, stattlich
				spolia -a	Feldherrnbeute[4]
▶ 12	3---	7	--0-	**opināri**	meinen, vermuten
-2	----	-	----	opīnātiō	Vermutung, Einbildung
-2	----	-	----	inopīnātus	ahnungslos; unvermutet, überraschend
-2	----	-	----	necopīnātus	unvermutet, -erwartet
-2	----	-	----	opīnābilis	eingebildet
--	3---	-	----	inopīnāns	ahnungslos
▶ 12	345-	-	----	opīniō	Meinung, Vermutung; Ruf, Gerücht **F E** opinion
▶ ●		7	--01	**oportet, uit**	es gehört sich
				~ (tē) id facere	man muß (du mußt) dies tun
--	-456	7	----	**oppĕriri, tus**	warten; erwarten
--	----	7	----	**oppidō** (magnus)	ungemein –, überaus (groß)
▶ ●		-	*	**oppĭdum**	befestigter Platz; Stadt
--	345-	-	----	oppidānus / *m Subst*	(klein-)städtisch / Stadtbewohner, Städter
▶ ●		○		**ops, ŏpis** *f* / *Pl*	Kraft, Hilfe / Hilfsmittel, Macht

[1] Mit Vorzeichen verbunden. [2] F *voiture omnibus* 'Fahrzeug f. alle' > F *(auto)bus*, E *bus*, D *(Omni)bus*. [3] Vgl. *aperīre* 'öffnen'. *co-operīre* > F *couvrir*, E *cover*. [4] Rüstung, die d. Feldherr d. feindl. Feldherrn (nach e. Zweikampf) abreißt.

▶ -2 -45- - -9--	opulentus	reich; glänzend, mächtig
-- -4-- - ----	opulentia	Reichtum, Macht
-2 -4-6 ○	inops	hilflos; mittellos, arm
▶ • 7 ----	inopia	Mangel, Armut
	optimus → bonus	
-- ---- - ----	optiō	Wahl, -möglichkeit
▶ 12 345- ○	optāre (locum urbī/ ei mortem; ut)	wählen / wünschen D optieren (F)
-2 ---- - ----	optābilis	wünschenswert
-- -4-- 7 ----	exoptāre	herbeiwünschen, ersehnen
-- ---6 - ----	adoptiō	Annahme als Kind, ‹Adoption›
▶ • ○	ŏpus, eris n	Tätigkeit; (Ergebnis:) Werk
	opus est venīre/tē	es ist nötig, zu kommen; man muß k. /
	venīre	– – –, daß du k.; du mußt k.
	id/eā rē mihĭ opus est	dies / diese Sache brauche ich
-- ---- - --0-	opusculum	kleines Werk
-2 ---- - ----	opifex, icis m	Handwerker; Verfertiger
▶ 12 3-56 - *	ōra (silvae/Italiae/gelida)	Rand / Küste / Zone
▶ 12 3-56 ○	ōrāre	sprechen, vortragen; bitten, beten
▶ 12 --56 - 8---	ōrātor	Redner; Unterhändler, Gesandter
-2 ---- - ----	ōrātōrius	rednerisch
▶ • 7 ----	ōrātiō	Sprechen; (Ergebnis:) Äußerung, Rede
	-em habēre	e. Rede halten
	versūs et ∼	(Verse u. gewöhnl. Rede:) Dichtung u. Prosa
▶ -2 ---6 - 8--1	ōrāculum	‹Orakel›stätte, -spruch[1]
-- ---- - 8--1	adōrāre (deōs/pācem)	anflehen, verehren / erflehen
-- ---- 7 --01	exōrāre (eum/rem)	durch Bitten erweichen / – – erflehen
-2 ---- - ----	perōrāre (rem/–)	(in d. Rede) zu Ende behandeln / seine Rede beenden; d. Schlußrede halten
▶ • - *	orbis, is m	Kreis, Rundung
	∼ terrārum	Erdkreis
-2 ---- - ---1	orbus (eius, eō/–) fīlia -a	beraubt / eltern-, kinder-, gattenlos verwaiste Tochter
-- ---6 - ----	orbitās	Beraubtsein; Eltern-, Kinderlosigkeit
-2 ---- - ----	orbāre (eum fīliō)	berauben
▶ -2 --56 - 8---	ōrdīri, sus	anfangen, beginnen
-2 ---- - ----	exōrdīrī	anfangen
-2 ---- - 8---	exōrdium	Anfang
-- ---6 - ----	prīmōrdium	Ursprung, Anfang

[1] Urspr. 'Ort, wo man (d. Götter) bittet'.

▶	●	○	ōrdō, inis *m*	Reihe; Abteilung, Stand; Ordnung
			~ arborum/senātōrius/certus	e. Reihe v. Bäumen / d. Senatorenstand / feste Ordnung
				F ordre **E** order **D** Orden
--	----	- -9--	ōrdināre	in Reihen aufstellen; ‹ordnen›, regeln
--	----	- 8---	orgia, ōrum	(nächtliche Bacchus-)Feier
▶	●	○	ŏrirī, tus[1]	sich erheben, entstehen
			sōl/ventus -itur	d. Sonne geht auf / Wind kommt auf
			~/ortus esse ā (ex)	entstehen aus / abstammen von
▶ -2	-4--	- 89-1	ortus, ūs	Aufgang; Entstehung, Geburt
--	---6	- 8---	oriēns (sōl)	aufgehende Sonne, Osten **D** Orient
-2	--56	- 89-1	orīgō	Ursprung
				F origine **E** origin **D** Origin-al
▶ --	3-5-	7 ----	adorīrī[2] (hostem/ eum minīs//nefās)	(sich erheben gegen//zu:) angreifen / bedrängen // unternehmen
--	3-5-	- ----	coorīrī	sich erheben; losbrechen, entstehen
-2	--5-	- 8---	exorīrī	sich erheben, entstehen
--	----	- ---1	oborīrī (-/ei)	entstehen / sich zeigen
▶ 12	3-56	○	ōrnāre (nāvem armīs/ urbem sīgnīs)	ausrüsten / schmücken
12	---6	- ----	ōrnātus	ausgezeichnet, angesehen
-2	---6	7 ----	ōrnātus, ūs	Ausrüstung; Ausschmückung, Schmuck **D** Ornat
▶ 12	----	- ----	ōrnāmentum	Ausrüstung, Schmuck
-2	-4--	- ----	exōrnāre	ausrüsten, -schmücken
--	----	- 89--	ornus, ī *f*	Bergesche
▶	●	○	ōs, ōris *n*	Mund, Gesicht
			~ portūs/fluviī	Eingang z. Hafen / Mündung d. Flusses
--	---6	- 89-1	ōsculum	Mündchen; Kuß
-2	----	- *	ŏs, ossis *n* / *Pl*	Knochen / Gebeine **F** os
▶ -2	----	- ----	ostentum	Wunder, Ungeheuer[3]
-2	--5-	7 8-0-	ōstium / *Pl*	Tür; Eingang, Mündung / Behausung
--	----	- --0-	ostrĕa	‹Auster›
--	----	- 8-0-	ostrum	Purpur; Purpurdecke, -gewand
▶	●	○	ōtium	Muße, freie Zeit; Ruhe, Friede
-2	----	7 -9--	ōtiōsus	müßig, frei von Pflichten; ruhig
▶	●	7 -90-	negōtium	Tätigkeit: Geschäft, Aufgabe
--	3---	- ----	negōtiārī	Handel –, Geschäfte betreiben
1-	-4-6	- ----	negōtiātor	Großhändler, Geschäftsmann
--	--5-	- 8---	ŏvāre	jubeln, frohlocken
			cōnsul ovāns urbem init	d. Konsul zieht feierlich in d. Stadt ein *(Ersatz f. Triumph)*

---

[1] Im Präs.-stamm meist konjugiert wie *patī* : *orior, oreris* ...; Partizip Futur *oritūrus*. [2] Nach d. i-Konjugation. [3] Urspr. 'd. (von d. Göttern) Gezeigte' (zu *ostendere*).

--	----	-	*	ŏvis, is *f*	Schaf
--	----	-	89--	ovīle, is *n*	Schafstall, Pferch
-2	----	-	8-01	ōvum	Ei F oeuf D ov-al 'ei-förmig'

P

--	--56	-	89--	pacisci, pactus[1]	e. Vertrag schließen, vereinbaren
				~ vītam ab eō	sich d. Leben v. ihm zusichern lassen
				mercēs pacta	*pass.:* d. vereinbarte Lohn
▶ 12	----	7	--0-	pactum	Übereinkunft, Vertrag
				quō -ō?	auf welche Art u. Weise? wie?
					D Pacht[2]; Pakt
1-	-4--	-	----	pactiō	Vereinbarung; Versprechen
--	---6	-	-9-1	paelex, icis *f*	Nebenfrau, -buhlerin
▶ 12	3-5-	7	-901	paene *Adv*	beinahe, fast
				~ dīxī	beinahe hätte ich gesagt
▶ 12	-456	7	-901	paenitet, uit	beunruhigen, reuen
				~ mē id/eius reī/	dies / diese Sache / dabeizusein beun-
				adesse	ruhigt mich
--	---6	-	----	paenitēre, eō, uī	unzufrieden sein, bereuen
				(rem)	
--	---6	-	----	paenitentia	Reue
--	----	-	8---	pāgĭna	Blatt, Seite F E page
▶ --	3--6	-	-90-	pāgus	Gau; Dorf
▶ •		7	-901	pălăm *Adv / PräpAbl*	offen / in Gegenwart von
--	-456	-	8---	pālāri	sich zerstreuen, umherirren
-2	----	-	--01	palātum	Gaumen
-2	----	-	----	palātus, ūs =	palātum
--	----	-	8-01	palla	langer Umhang, Mantel *(d. Frauen)*
--	----	-	8-01	pallēre, uī	blaß -, fahl sein; sich ängstigen
--	----	-	8-01	pallidus	blaß, bleich F pâle E pale
--	----	-	*	pallor	Blässe, Angst
--	----	-	--0-	pallēscere, luī	erblassen, sich ängstigen
-2	----	-	*	palma	Handfläche; *(gl. Form:)* ‹Palm›blatt;
					(allg.) ‹Palme›, Dattel
--	----	-	8--1	palmes, itis *m*	Schößling; *(bes.)* Rebschößling
▶ --	3---	-	8--1	pălūs, ūdis *f*	Sumpf
--	----	-	--01	palūster, tris, tre	sumpfig, Sumpf-
--	----	-	-9--	pampĭnus	Weinranke, -laub
--	----	-	8---	pampineus	aus Weinlaub (bestehend)
--	3---	-	8-01	pandere, dī, passum	ausbreiten / öffnen
				(manūs/portās)	
				~ nōmen quaerentī	d. Namen d. Fragenden kundtun

[1] ~ *pangere*. [2] f Sg < n Pl.

▶ -- 3-5- - 8--1	passus, ūs	(Ausspreizen d. Beine:) Schritt; Doppelschritt *(= 1,5 m)* **F** pas
▶ -- --56 - 8-01	passim *Adv*	(ausgebreitet:) überall, -hin; alle durcheinander
-- ---- - ---1	**pandus**	gekrümmt
-- --56 - 8-01	**pangere,** pĕpĭgī, pāctum	(fest machen)
	~ clāvum/carmen	e. Nagel einschlagen / e. Gedicht verfassen
	-isse pācem	d. Frieden vereinbart haben
-- ---- - --0-	**pānis,** is *m*	Brot **F** pain
-- ---- - -90-	**pannus**	Stück Tuch, Lappen
-- ---- 7 ----	**papae!**	*(Bewunderung, Freude:)* Donnerwetter!
-- ---- - 8--1	**papāver,** eris *n*	Mohn
▶ ● ○	**pār,** păris ∥ *m* / *n*	gleich, entsprechend ∥ Gefährte / ‹Paar›
	~ ei/eius	ihm gleich / sein Gefährte
	~ nōbile frātrum	e. edles Brüder‹paar›
		F paire *f Sg* < *n Pl* **E** pair
-2 --56 7 8-01	părīter *Adv*	gleichermaßen, gleichzeitig
-2 ---6 - -901	dispār	ungleich, verschieden
-- -456 - *	impār	ungleich; ungerade *(Zahl)*
	~ Achillī	Achill nicht gewachsen
▶ 12 -456 7 --0-	comparāre	vergleichen
	~ prōvinciās	d. Amtsbereiche ausgleichen
	cōnsulēs inter sē -ant	d. Konsuln kommen zu e. Ausgleich, - - verständigen sich
-2 ---- - ----	comparātiō	Vergleich; Verständigung
▶ ● ○	**părāre** (iter/equōs∥proficīscī)	vorbereiten / beschaffen ∥ sich anschicken
	-ātus omnia patī	bereit, alles zu ertragen
-- ---6 - ----	parātus, ūs	Vorbereitung, Ausstattung
-- 3--- 7 ----	apparāre	vorbereiten; sich anschicken
▶ -2 3-56 - ----	apparātus, ūs	Zurüstung; Aufwand, Gerät **D** Apparat
▶ 12 345- 7 ----	comparāre	vorbereiten, beschaffen
-2 3-5- - ----	praeparāre	vorbereiten **F** préparer **E** prepare
-- ---- - -9--	reparāre	wiederherstellen; ersetzen, eintauschen **E** repair
-2 ---6 - ---1	sēparāre	absondern, trennen
		F séparer **E** separate *Adj;* *V*[1] **D** -at
-2 3--- - ----	sēparātim *Adv*	abgesondert, getrennt
-- ---- 7 ----	**parasitus**	ständiger Tischgast, ‹Parasit›[2]
▶ 12 345- ○	**parcere,** pepercī (ei reī)[3]	sparen, schonen; sich enthalten

[1] Vgl. zu *estimate* bei *aestimare*. [2] Als Spaßmacher od. f. kleine Gefälligkeiten von e. Gönner freigehalten. [3] Partizip Futur *parsūrus*; Perf. AL auch *parsī*.

-- ---6 - ----	parsimōnia	Sparsamkeit
-- ---- - *	parcus	sparsam, schonend; spärlich
▶ • 7 8-01	pārēre, uī, itūrus	sich zeigen; gehorchen
		VL -escere > **F** paraître
▶ 12 --5- ○	appārēre (stēlla/ līctor cōnsulī)	erscheinen, sich zeigen / aufwarten, dienen
	appāret + *AcI*	es zeigt sich, –; es ist offenkundig, daß
		E appear
▶ • ○	părĕre, iō, peperī, partum[1]	gebären; hervorbringen, sich verschaffen
-2 ---6 ○	partus, ūs	Geburt; Leibesfrucht, Kind, Junges
-- ---- - -9--	partŭrīre	gebären wollen; gebären
▶ • ○	parēns *m* / *f* / *mPl*[2]	Vater / Mutter / Eltern **F E** parents
12 ---- - 890-	părĭēs, ĕtis *m*	Wand
-- ---- - 8---	**parma**	(leichter) Rundschild; Schild
-- ---- - --0-	părŏchus	Gastwirt; Wirt, Hausherr
1- -4-- - ----	parricida, ae *m*	(Verwandten-)Mörder, Hochverräter
1- ---- - ----	parricīdium	Mord – –, Verbrechen (an Verwandten)
▶ • ○	pars, tis *f*	Teil; Seite, Richtung
	-ēs Sullānae	d. sullanische Partei
	prīmās -ēs agere	d. Hauptrolle spielen
	in utramque -em magnam partem[3]	nach beiden Seiten großenteils
		F part; parti *m* **E** part
-2 ---- - -9--	partĭcula	Teilchen
▶ -- 345- 7 8--1	partim *Adv*[4]	teilweise, zum Teil
	~ ... ~	teils ... teils
-2 3--- - 8-0-	partīrī	teilen
	-ītus *PP*	*auch:* geteilt
		F partir[5]
-2 ---- - ----	partītiō	Teilung
-2 -4-- - ----	dispertīre (-rī)	aufteilen; zuteilen
-2 ---- - ----	impertīre	zuteilen, bedenken mit
-- 3--- - ----	trĭpertītus / *Adv* -ō	dreigeteilt / in drei Abteilungen
▶ 12 -4-- - ----	partĭceps, ipis (labōrum) / *m*	beteiligt / Teilnehmer, -haber
▶ -2 --56 - -9-1	expers, tis (perīculī)	unbeteiligt; frei, ledig
▶ • ○	părum *Adv*	zu wenig, nicht genug
▶ • ○	parvus (mĭnor, mĭnĭmus)	klein, gering (kleinerer, kleinster)
	minor (nātū)	jünger
	minus/minimē *Adv*	weniger / am wenigsten; keineswegs
		F moindre; moins **E** minor

---

[1] Aber *paritūrus*. [2] Gen. Pl. oft -*um*. [3] Adv. Akk. [4] < adv. Akk. [5] 'abreisen' < 'sich trennen von'.

-- 3--- 7 8-0-		parvulus	sehr klein, – jung
-2 ---- - *		pāscere, pāvī, pāstum (ovēs/agrōs/flammam)	weiden, – lassen / abweiden / nähren
-2 3-5- - 89-1		pāstor	Hirte D Pastor
-2 ---- - 8---		pāstus, ūs	Fütterung; Futter, Weide
-- ---- - 89--		pāscuum	Weideland
-- 34-- - 8--1		pābulum	Futter; Nahrung
-- 3--- - ----		pābulārī	Futter holen
-- 3--- - ----		pābulātor	Futterholer
-- 3--- - ----		pābulātiō	Futterholer
-- ---- - 8---		dēpāscere / -scī	abweiden lassen / abfressen
▶ ● ○		**păter**, tris *m* -ēs cōnscrīptī!	Vater Senatoren![1]

F père D Pate < pater (spiritualis)

1- ---56 - *		paternus	väterlich; heimatlich, heimisch
12 -456 ○		patrius	väterlich; heimatlich, heimisch
▶ 12 -456 ○		patria[2]	Vaterstadt, -land F patrie
▶ 1- -45- - ----		patrĭcĭus	altadelig, ‹patrizisch›; ‹Patrizier›
▶ 12 ---6 - --0-		patrōnus	Schutzherr, Vertreter (vor Gericht) F patron D Patron
-2 -4-- - ----		patrōcĭnĭum	Schutzherrschaft, Vertretung
1- ---6 7 --01		patruus	Vatersbruder, Oheim
12 ---- - --0-		patrimōnium	Erbgut, Vermögen
-- ---- - 89--		**pătĕra**	(flache) Schale
▶ ● - *		**pătēre**, uī patet + *AcI*	offen stehen; sich erstrecken es ist klar, –; es ist offenbar, daß D Patent < patentes (litterae)[3]
-- ---- - 8-01		patulus	ausgebreitet; offen, zugänglich
12 -456 - ----		patefacere	öffnen; zugänglich machen; aufdecken
▶ ● ○		**păti**, ior, passus (famem/id fierī)	ertragen / zulassen
-2 --56 - 8--1		patiēns (labōrum/–)	fähig zu ertragen / geduldig FE patient D Patient
-2 3--6 - ---1		patientia	Ertragen; Ausdauer, Geduld, Unterwürfigkeit
-- ---6 - ---1		impatiēns	unfähig – –, unwillig zu ertragen
12 34-6 7 ----		perpetī, ior, pessus	erleiden; dulden, über sich bringen
-- ---- - --0-		**pătīna**	Schüssel, Kasserolle, Pfanne
▶ -- -4-6 - ----		**pătrāre**	zustande bringen; ausführen, vollenden
▶ ● 7 -9--		impetrāre	erreichen, -wirken
-- ---6 - ----		perpetrāre	durchsetzen; vollziehen
▶ ● ○		**pauci**, ae, a	wenige L -um > F peu

---

[1] < 'Patrizier (u.) Eingetragene' = 'geborene u. berufene Senatoren'. [2] Sc. *urbs, terra*.
[3] 'offener (Schutz)brief (d. Landesherrn)' f. Kaufleute usw.

-- 3-5-	-	----	paucitās	geringe Zahl
-2 3---	-	----	perpaucī	sehr wenige
▶ ●		○	paul(l)us [1]	klein, gering
			-um commorārī	ein wenig verweilen
			-ō maior	etwas größer
-2 -4--	7	----	paul(l)ulus [1]	gering, wenig, winzig
▶ -- 34-6	7	8-01	paul(l)ātim *Adv*	allmählich
-- 345-	-	----	paul(l)isper *Adv*	(für) kurze Zeit, ein Weilchen
▶ -2 ----		○	pauper, eris (argentī)	arm; bescheiden, -schränkt **F** pauvre **E** poor
-- ----	-	-90-	pauperiēs	Armut, bescheidener Besitz
▶ -2 ---6	-	--0-	paupertās	Armut, bescheidener Besitz
-- --5-	-	-9-1	păvēre, pāvī	zittern, sich ängstigen
-- --56	-	89-1	pavidus	zitternd, angstvoll; angsterregend
-- ----	-	-9--	impavidus	unerschrocken
▶ -- --56	-	8-0-	pavor	Zittern, Angst, Beklemmung **F** peur *f*
-- ----	-	--0-	pāvō, ōnis *f*	‹Pfau›
▶ ●		○	pāx, pācis *f*	Friede
			-e deae/tuā	m. d. Beistand d. Göttin / m. deiner Erlaubnis **F** paix **E** peace
▶ -- 3-5-	-	----	pācāre	befrieden, unterwerfen **VL** 'befriedigen' > **F** payer **E** pay
1- 3-5-	-	---1	pācātus	befriedet; friedlich, ruhig
▶ 12 ---6	7	-901	peccāre	e. Fehler machen, sich vergehen
▶ 12 ----	7	--01	peccātum	Fehler, Vergehen
-- ----	-	8---	pecten, inis *m*	Kamm; *(gl. Form:)* Weberkamm, Rechen **L** pectine(m) > **F** peigne
▶ -2 -456	-	*	pectus, oris *n*	Brust; *(bildl.)* Seele, Gesinnung
▶ ●	7	-90-	pecūnia	(verfügbares) Vermögen, Geld
▶ -- 345-	-	*	pĕcus, oris *n*	Vieh, Kleinvieh *(Schafe u.ä.)*
▶ -2 ----	-	8--1	pecus, ŭdis *f*	Stück Vieh, Haustier; *(bes.)* Schaf
-- ----	-	8--1	pĕlăgus, i *n*	Meer
▶ ●	7	--01	ap-pellāre	anrufen, nennen **F** appeler **D** -ieren
-- 3---	-	890-	compellāre	anreden, -rufen; schelten, anklagen
-- 3---	-	--0-	interpellāre (dīcentem/eum in rē)	ins Wort fallen, unterbrechen / stören, hindern
▶ ●		○	pellere, pĕpŭlī, pulsum	stoßen, schlagen, antreiben
			~ eum patriā	ihn aus d. Vaterstadt vertreiben, – verbannen
			~ hostēs	d. Feind vertreiben, – – zurückschlagen

---

[1] Meist n als Subst. oder Akk. Sg. n als Adv.

-2 ---- - 8---	pulsus, ūs	Stoßen, Schlagen; Anstoß, -regung **D** Puls[1]
-- ---- - *	pulsāre	stoßen, schlagen; an-, vertreiben **F** pousser **E** push
-- 3-56 - 8---	appellere, pulī, pulsum	hinzutreiben; landen lassen, landen
-- --5- - 8---	compellere	zusammen-, hinein-, antreiben
▶ 12 3--6 - 8-0-	dēpellere	hinabstoßen; wegtreiben, verdrängen
▶ • - 8-01	expellere	hinaus-, wegstoßen; vertreiben
▶ 12 -456 ○	impellere	anstoßen, -treiben; veranlassen zu
-2 ---- - ----	impulsus, ūs	Stoß; Anstoß, -trieb
-- --56 - ----	perpellere	bewegen zu; durchsetzen
-- 3--6 - ----	prōpellere (nāvem/hostēs)	vorwärtsstoßen, antreiben / fortstoßen, vertreiben
12 ---- - ----	prōpulsāre (hostēs)	zurückschlagen, abwehren
▶ 12 345- - 8--1	repellere[2]	zurück-, wegstoßen
	~ hostēs/petentem	d. Feind zurückschlagen / d. Bittenden abweisen
-2 ---- - ---1	repulsa	Zurück-, Abweisung
-- 3---- - *	**pellis**, is *f*	Haut, Fell; Leder **F** peau **D** Pelle
-- --56 - *	**penātēs**, ium *m*	Hausgötter
▶ -2 ---- ○	**pendēre**, pependī (ab, ex)	herabhängen; hängen
	~ in aere	in d. Luft schweben
	fortūna -et	d. Schicksal ist ungewiß
▶ 12 -4-- - ----	impendēre (saxum/bellum -et)	(drohend) darüberhängen / drohen, bevorstehen
▶ -- 3456 7 ---1	**pendĕre**, pependī, pēnsum	(an d. Waage hängen:) abwägen; beurteilen, zahlen
	~ vectīgal/poenās	d. Steuer bezahlen / Strafe erleiden **F** pendre
-- ---- - 8---	pēnsum	(z. Verspinnen zugewogene) Wolle; Tagewerk, Aufgabe **D** Pensum
-2 ---- - ----	compēnsāre	abwägen; aufwägen, ersetzen
1- ---- - 8---	expendere, pendī, pēnsum	abwägen; bezahlen **E** spend **D** spenden[3]
-- ---- - 8---	impendere (pecūniam in eam rem)	aufwenden
-- --5- - ----	impēnsa	Aufwand, Kosten
-2 ---- - ----	prōpēnsus	sich zuneigend
-- ---6 - *	suspendere	aufhängen, emporheben **D** suspendieren[4]
-- --56 - ----	suspēnsus	schwebend, unentschieden

---

[1] Wörtl. 'Schlag (d. Adern)'.   [2] Perf. *reppulī* (-*pp*- < **repepulī*).   [3] Vgl. noch *expēnsa* f Sg > E *expense*; D *Spesen* (I).   [4] 'vorläufig d. Amtes entheben' < 'in d. Schwebezustand versetzen'.

▶ -- -456 - --0-	pěněs + *Akk* (rēgem)	in der Hand –, im Besitz von
▶ 12 ---6 - 890-	pěnĭtus *Adv*	innen, von innen, hinein; gründlich, völlig
-2 ---6 - 8--1	penetrāre (in urbem, urbem)[1]	ein-, durchdringen
-- ----- - 89-1	penetrālis	im Innern befindlich[2]
	-ia *n Pl*	*oft:* innere Gemächer; (Haus-)Heiligtum
-- ----- - -901	penna	(Flug-)Feder, Flügel E pen
-- -4-- - ----	pēnūria	Mangel
▶ • ○	per + *Akk*	durch ... hindurch
	~ Italiam fugere	durch ganz Italien fliehen
	~ ōram maritimam	d. Meeresküste entlang
	~ manūs trādere	v. Hand z. Hand weitergeben
	~ multōs annōs	viele Jahre lang
	~ lūdōs	während – –, zur Zeit d. Spiele
	~ amīcōs nūntiāre	durch Freunde mitteilen lassen
	~ dolum/vim	durch List / mit Gewalt, gewaltsam
	~ īram/somnum	im Zorn / im Schlaf
	~ tūtēlam fallere	unter Ausnutzung d. Vormundschaft täuschen
	~ mē licet	von mir aus ist es erlaubt
	~ deōs tē ōrō	bei d. Göttern bitte ich dich F par
▶ -- 3456 - ----	percellere, percŭlī, perculsum[3]	stoßen; niederschmettern, erschüttern
	percūnctārī =	percontārī (→ contus)
▶ 12 3-56 - --0-	perītus (bellī)[4]	kundig, erfahren
-- ---6 - ----	perītia	Kenntnis, Erfahrung
▶ 12 3--6 - ----	imperītus (rērum)	unkundig, -erfahren
-- -4-- - ----	imperītia	Unerfahrenheit
▶ • ○	perīculum	Versuch; Gefahr; Anklage, Prozeß
12 34-6 - ----	perīculōsus	gefährlich
-- 3--6 - ----	perīclitārī (fortūnam/ fāmā)	versuchen, aufs Spiel setzen / Gefahr laufen, gefährdet sein
▶ • ○	experīrī, pertus	versuchen, erproben; erfahren, kennenlernen
	-tus *PP*	*auch:* erprobt, geprüft E expert D Experte
-- ----- - --0-	inexpertus	unerfahren; unerprobt
-- ---6 - ----	experīmentum	Versuch, Probe; Beweis D Experiment
-- ---6 - ----	experientia	Versuch, Probe; Erfahrung F expérience E experience
-- ----- - --0-	perna	Schinken

---

[1] Nach *intus* : *intrāre*. [2] Bed. nach *penitus*. [3] ~ *pro-cell-a*. [4] < PP zu AL *perīrī* 'versuchen'.

139

-- ---- - 8---	pernix, īcis	ausdauernd; behend, hurtig	
▶ • - -90-	perniciēs [1]	Verderben	
▶ 12 -4-- - ----	perniciōsus	verderblich	
▶ 12 3-5- 7 89-1	perpĕtŭus *(Adv* -ō*)*	ununterbrochen, fortdauernd	
-2 ---- - ----	perpetuitās	ununterbrochener Zusammenhang, Fortdauer	
▶ 12 ---- - --0-	persōna	Maske, Rolle; Persönlichkeit **F** personne **E** person **D** Person	
▶ • ○	pēs, pĕdis *m*	Fuß	
	-em referre	sich zurückziehen	
	-ibus in sententiam eius īre	seiner Meinung beitreten *(im Senat)* [2]	
	~ vēlī	Tau (v. Segel z. Schiff), Schote **F** pied **D** Ped-al	
▶ -- 3456 - 8-0-	pedes, itis *m*	Fußgänger, -soldat; einfacher Bürger [3]	
-- 3--- - ----	peditātus, ūs	Fußvolk	
-- 3-5- - --0-	pedester, tris, tre	(z. Fußsoldaten gehörig:) Fuß-, zu Fuß; (zu Fuß gehend:) einfach	
-- ---- - -9--	compēs, ĕdis *f*	Fußfessel; *(allg.)* Fessel	
▶ • 7 89-1	expedīre	(aus d. Fesselung befreien)	
	~ eum cūrā/sibĭ locum/negōtia	ihn v. Sorge befreien / sich Platz schaffen / Geschäfte erledigen	
	~ arma/iter	d. Waffen bereit machen / d. Weg ausfindig machen	
	-it ei	es nützt ihm	
-- 3456 - ----	expedītus	ungehindert, -behindert; kampfbereit	
-- 3456 - ----	expedītiō	Feldzug **D** Straf-expedition	
▶ • - 8-01	impedīre	umschlingen, fesseln; hindern, hemmen	
	~ caput myrtō	d. Haupt m. Myrte umwinden	
	~ eum fugā/fugam	ihn an d. Flucht hindern / d. Flucht behindern	
-- 345- - ----	impedītus (hostis/rīpa/tempus)	behindert / unzugänglich / mißlich, schwierig	
▶ -- 3456 - ----	impedīmentum / *Pl*	Hindernis / Gepäck, Troß	
-- ---- - 8---	quadrŭpēs, edis	vierfüßig; Vierfüßler, Pferd	
12 -4-- - 8---	pestis, is *f*	Seuche; Unheil, Verderben **D** Pest	
-2 ---- - ----	pestilēns	ungesund, verderblich	
-2 ---- - ----	pestifer, era, erum	unheilbringend, verderblich	
▶ • ○	pĕtĕre, īvī, ītum	zu erreichen suchen, erstreben	
	~ Rōmam/hostēs	nach Rom eilen / d. Feind angreifen	
	~ pācem ab eō	ihn um Frieden bitten	
	~ cōnsulātum/herēditātem	sich um d. Konsulat bewerben / d. Erbschaft verlangen, - - einklagen	

---

[1] -nic- ~ nec-āre.   [2] Man stellte sich zu d. Sprecher, dessen Meinung man unterstützte.
[3] < 'wer nur als Fußsoldat dient'.

1- 34-- - ----	petītiō	Angriff; Bitte, Bewerbung, Anspruch
▶ • ---- - ----	appetere	streben nach; herannahen
-2 ---- - ----	appetītiō	Verlangen, Trieb
-2 ---- - ----	appetītus, ūs	Verlangen, Trieb D Appetit (F)
▶ 12 ---6 7 ----	expetere	aufsuchen, verlangen
-2 ---- - 8---	oppetere (malum)	entgegengehen, erleiden
	∼ (mortem)	d. Tod erleiden, sterben
▶ • ○	repetere (urbem// obsidēs//relicta/studia/praecepta//rem ā capite)	wieder aufsuchen // zurückfordern // zurückholen / erneuern / wiederholen[1] // herleiten F répéter E repeat D -ieren
-2 34-- - ----	suppetere	vorhanden sein; ausreichen
-- ---- - --0-	petorritum	(offener vierrädriger) Wagen
-- --5- - 8---	phălanx, gis *f*	Schlachtreihe, -haufen
-- ---- - 89-1	phărĕtra	Köcher
▶ -2 ---- - ----	philŏsŏphus	‹Philosoph›
▶ -2 ---- - ----	philosophia	‹Philosophie›
-2 ---- - ----	philosophārī	‹philosophieren›
▶ -2 ---- - ----	phy̆sĭcus	naturkundlich, -philosophisch; Naturforscher, -philosoph
	-a, ae (-a, ōrum)	Naturkunde, -philosophie
-- ---- - -901	pĭger, gra, grum	widerwillig, langsam, träge
-- -45- - -90-	impiger	unverdrossen, -ermüdlich
-- -4-- 7 8--1	pĭget, uit (mē factī, mē id facere)	verdrießen, Widerwillen empfinden
-- --56 - ---1	pignus, oris (eris) *n*	Pfand, Unterpfand
-- ---- - 8-0-	pĭla	Ball; Ballspiel
▶ -- 3-56 - ----	pilum	Wurfspieß *(d. röm. Legionäre)*
-- 3--- - ----	pīlus[2]	Triariermanipel
-2 ---- - 8-01	pingere, pīnxī, pictum	malen, bemalen; ausmalen, schildern
	∼ togam palmīs	d. Toga m. Palmen besticken F peindre E paint[3]
-2 ---- - ----	pictor	Maler F peintre[4] E painter[4]
-2 ---- - ----	pictūra	Malerei; Gemälde, Stickerei F peinture[5] E picture
-- ---- - *	pinguis (agnus//ager/ somnus//mēns/ōrātiō)	fett // fruchtbar / behaglich // schwerfällig / schwülstig
-2 ---- - 8---	pinna[6]	Schwungfeder, Fittich; *(gl. Form:)* (Mauer-)Zinne; Flosse
-- ---- - 89-1	pinus, ī (-us, ūs) *f*	Fichte, Pinie; *(dar. gem.:)* Schiff
-- ---- - 8---	pīneus	Fichten- L -a > D Pinie

---

[1] Urspr. '(aus d. Gedächtnis) wieder hervorholen'.   [2] Entstanden aus Verbindungen wie *centuriō prīmī pīlī*.   [3] Über AF < VL PPP *pinctus*.   [4] < VL *pinctor*.   [5] < VL *pinctūra*.
[6] Urspr. Nbf. zu *penna*.

-- ---- - --0-	pĭpĕr, ĕris *n*	‹Pfeffer›
1- ---- - ----	pirāta, ae *m*	Seeräuber D Pirat
-- ---- - 8---	pĭrus, ī *f*	Birnbaum¹
▶ -2 ---- - *	piscis, is *m*	Fisch
-- ---- 7 ----	pistrinum	(Stampf-)Mühle
-- ---- - --0-	pituita	Schleim; Schnupfen
▶ -2 ---- - *	pĭus	pflichtgetreu *(gegen Götter, Angehörige, Wohltäter):* fromm, liebevoll, anhänglich, mild
	dolor ~	gerecht(fertigt)er Schmerz
▶ 12 ---6 ○	pietās	Pflichtgefühl; Frömmigkeit, (Kindes-)Liebe, Anhänglichkeit, Milde
-- ---- - 8--1	piāre (nefās/deōs)	sühnen / versöhnen
-- --5- - ----	piāculum	Sühnopfer, Sühne; *(Anlaß:)* Vergehen, -brechen
-2 --5- - -9--	expiāre (scelus/forum ∥ mānēs)	sühnen / entsühnen ∥ versöhnen
▶ 12 -4-- - 89-1	impius	gott-, ruchlos
-- 3--- - 8---	pĭx, pĭcis *f*	‹Pech›
-- ---- - 8---	piceus	aus Pech (bestehend); pechschwarz
-- ---- - 8---	picea	Pechföhre, Kiefer
12 --56 ○	plācāre	glätten, besänftigen
-- ---- - --0-	placenta	Kuchen
▶ ● ○	plăcēre, uī²	gefallen
	-et senātuī	d. Senat beschließt F plaire; plaisir³ E please; pleasure³
-- ---- - 8---	placitus (amor)	(was gefallen hat:) angenehm
-2 ---6 - ----	displicēre	mißfallen
-2 -4-- - 89-1	placidus	ruhig, sanft⁴
-2 ---- - 8--1	plāga	Schlag, Hieb, Stich D Plage
-- ---- - 8--1	plăga	Gegend, Zone
-- ---- - -901	plăga	(Jagd-)Netz, Garn
-- ---- - ---1	plangere, plānxī, plānctum	schlagen; (sich gegen d. Brust schlagen:) wehklagen, trauern
-- ---- - 8--1	plangor	Schlagen, Klatschen; Wehklage, Trauer
-- ---- - 8---	planta	Setzling; Fußsohle F plante E plant D Pflanze
▶ 1- -456 7 --01	plānus	flach, eben; deutlich, klar F E plain
12 ---6 7 ----	plānē *Adv*	deutlich; ganz, völlig
-- 34-- - ----	plānitiēs	Ebene
-2 ---- - ----	explānāre	erklären E explain
-- ---- - 89--	plătănus, ī *f*	‹Platane›

---

¹ L *-um* ‹Birne›. ² Perf. auch *placitus sum*. ³ < Inf. ⁴ Bed. nach *plācāre*.

142

-- ---- 7 ----	**plătĕa**	(Haupt-)Weg, -straße[1]
		F E place D Platz (AF)
-- ---- 7 8-01	**plaudere,** sī, sum	(geräuschvoll) schlagen; Beifall klatschen
	~ ālīs/rōstrō	mit d. Flügeln schlagen / mit d. Schnabel klappern
	~ chorēās pedibus	Reigen stampfen
	~ ei	ihm Beifall klatschen
-- ---- - --0-	plausor	Beifallklatscher
12 ---- - 8-0-	plausus, ūs	Klatschen; Beifallklatschen
-- ---- - 8-01	plaustrum	(Last-)Wagen[2]
-2 ---- - ----	explōdere, sī, sum	auszischen, zurückweisen
▶ • - -901	**plēbs,** bis *f*	1. ‹Plebs› *(alle Nichtpatrizier)*; 2. gemeines Volk, Menge
▶ -- --5- - ----	plēbēius	1. nichtpatrizisch; 2. gemein, niedrig
-- ---- - --0-	**plectere,** x(u)ī, xum	flechten
-2 --56 - 8-01	amplectī, xus	umfassen, -armen; ins Herz schließen
-- ---- - 8--1	amplexus, ūs	Umfassung, -armung
-2 ---- - ----	amplexārī	umarmen, ins Herz schließen
▶ 12 3--6 - 8--1	complectī	umarmen, -fassen
-2 ---6 - 8--1	complexus, ūs	Umarmung, -fassung D Komplex
-- ---- - -9--	**plēctrum**	Schlagstäbchen *(z. Anschlagen d. Zithersaiten); (bildl.)* Zither, Ton
▶ • O	**plēnus** (speī, spē)	voll F plein
▶ -2 34-6 - 8-01	com-**plēre,** ēvī, ētum	füllen; reichlich versehen; erfüllen
		F complet E complete D komplett (F)
▶ • 7 89--	explēre	ausfüllen; erfüllen, vollenden
-- --56 - 8-01	implēre	vollmachen, erfüllen
-- --5- - 8--1	replēre	wiederauffüllen; ersetzen; anfüllen
-- ---6 - ----	supplēre	nach-, wiederauffüllen, ergänzen
-- 3-5- - ----	supplēmentum	Ergänzung
▶ • 7 --0-	**plērique,** aeque, áque	sehr viele, die meisten
▶ -2 3456 - -90-	plērumque *Adv*	meistens
-- ---- - ----	**plicāre,** uī, ātum	falten, wickeln
-2 ---- 7 -90-	applicāre, āvī, ātum (uī, itum)	andrücken, -fügen, -lehnen
		F appliquer E apply
▶ -2 3--- - -90-	explicāre	(auseinander-, herauswickeln)
	~ aciem/causam	d. Schlachtreihe entfalten / d. Grund darlegen
	~ sē/fugam	sich befreien / d. Flucht bewerkstelligen
12 ---- - ----	explicātiō	Darlegung, Erklärung

---

[1] Urspr. 'breiter Weg' < G πλατεῖα (ὁδός); Ggs. *angiportum*. [2] Urspr. 'Rumpler'.

-2 ----- - 8--1	implicāre	(ein-, herumwickeln)
	~ tempora rāmō/	d. Schläfen mit e. Zweig umwinden /
	eum bellō	ihn in e. Krieg verwickeln
	~ aciem	d. Schlachtreihe verwirren
	~ bracchia ei	d. Arme um ihn legen
		F employer E employ D implizieren[1]
-- ----- - -901	plōrāre	weinen, klagen; beweinen, -klagen
		F pleurer
-2 ----- - ----	dēplōrāre	klagen, beklagen
12 345- - 8-0-	implōrāre	anrufen; erflehen
-- --5- - ----	plŭĭt, plŭit (plūvit)	es regnet F il pleut
-- ----- - -9--	plŭvĭus	regenbringend, Regen-
-- ----- - 8---	pluvia	Regen F pluie
-- ----- - *	plūma	(«Flaum»-)Feder, ‹Flaum› F plume
	plūs, plūris → multus	
-- 3--- - ----	plŭtĕus	Schutzwand (bei Schanzarbeiten),
		Brustwehr (an Türmen)
▶ ● - 8--1	poena	Bußgeld; Strafe, Rache
		F peine E pain D Pein; ver-pön-t[2]
-2 ---6 - ----	pūnīre	strafen, bestrafen; rächen
12 -4-6 ○	impūne Adv	ungestraft, straflos
-2 -4-6 - ----	impūnitās	Straflosigkeit; Zügellosigkeit
▶ 12 ---6 ○	pŏĕta, ae m	Dichter F poète E poet
-2 ----- - --0-	poēma, ătis n	Gedicht F poème E poem
-- ---- 7 --0-	pŏl!	beim Pollux! wahrhaftig!
-2 ----- - ----	pŏlire	glätten, verfeinern
	homō -ītus	gebildeter Mensch
		F poli E polite D polieren (F?)
-- -4-6 - ----	pollēre	mächtig sein, vermögen
-- ----- - -9-1	pollex, icis m	Daumen
▶ ● 7 -9-1	pollĭcēri, itus	versprechen
-- 3--- - ----	pollicitātiō	Versprechen
1- -4-6 - ----	pollŭĕre, uī, ūtum	beflecken, -sudeln
	-ūtus prīnceps	lasterhafter Prinzeps
-- ----- - 89-1	pŏlus	‹Pol›; (allg.) Himmel
-- ----- - ---1	pompa	Auf-, Umzug; ‹Pomp›, Gepränge
-- ----- - 8-01	pōmum / Pl	(Baum-)Frucht / Obst
		F pomme f Sg < n Pl
-- ----- - -9--	pōmĭfer, era, erum	obsttragend
▶ 12 3-56 - *	pondus, eris n	Gewicht
-2 ----- - ----	ponderāre	wägen; abwägen, beurteilen
▶ -- --5- - ----	pondō inv	‹Pfund›
-- ----- - 8---	pōne Adv / PräpAkk	hinten / hinter

---

[1] 'einschließen'.   [2] Urspr. 'm. Strafe belegt'.

			pōnere, pŏsŭī, pŏsĭ-tum[1]	setzen, stellen, legen
			~ in terrā	auf d. Erde legen
			~ castra/arma	e. Lager errichten / d. Waffen niederlegen
			~ spem in virtūte	d. Hoffnung auf d. Tapferkeit setzen
			~ mortem in malīs	d. Tod zu d. Übeln rechnen
				I posto[2] F poste *m* E post D Posten
				I posta[3] F poste *f* E post D Post
-2 ---6 7 -901			appōnere	beigeben, hinzufügen; *(Essen)* vorsetzen
▶ 12 ---6 - ----			antepōnere	voranstellen, vorziehen
▶ 12 -456 ○			compōnere	zusammenstellen, -fügen; ordnen
			~ dicta cum factīs	d. Worte mit d. Taten vergleichen
			~ ōrātiōnem	e. Rede verfassen
			~ togam/bellum	d. Toga ordnen / d. Krieg beilegen
				D komponieren[4]
-2 3--- - ----			compositiō	Zusammensetzung; Anordnung; Beilegung F E -ion D Komposition
▶ 12 3-5- - *			dēpōnere	niederlegen; weglegen, aufgeben
			~ rem apud amīcum	d. Freund e. Sache z. Aufbewahrung übergeben
▶ -- 3-56 - ---1			dispōnere (vigiliās in mūrō/argūmenta)	(an verschiedenen Punkten aufstellen:) verteilen / ordnen
▶ 12 3-56 7 8-01			expōnere	aussetzen; ausstellen, darlegen
▶ ● - *			impōnere (in nāvem, nāvī)	hinein-, auf-, anlegen
12 345- - ----			interpōnere	dazwischenstellen, einschieben
			sē ~ (reī, in rem)	sich einschalten: 1. sich einmischen, 2. vermitteln
			~ causam/fidem	e. Grund vorschützen / Bürgschaft leisten
▶ 12 3-56 - 8--1			oppōnere	entgegenstellen, -setzen, -halten
			~ rem pignorī	e. Sache verpfänden
-- ---- - --0-			postpōnere (eum ei)	zurücksetzen, -stellen
▶ 12 3-56 - --01			praepōnere (eum ei)	an d. Spitze stellen; vorziehen
▶ 12 3-5- - *			prōpōnere (id ei)	hinstellen vor, vor Augen stellen
			~ ei praemium/rēs gestās/id animō	ihm e. Belohnung versprechen / d. Ereignisse darlegen / sich dies vornehmen
-2 3--- - ---1			prōpositum	Vorhaben, Plan; Thema
-2 --56 - 890-			repōnere	zurücklegen: 1. beiseite legen; 2. zurückgeben, ersetzen
			~ frūgēs in cellā/ in hiemem	Früchte in d. Vorratskammer legen / für d. Winter zurücklegen

---

[1] Perf. AL auch *pŏsīvī*. [2] < *positus (locus)*. [3] < *posita (mānsiō)* 'festgesetzte Station (für d. Pferdewechsel)'. [4] F *composer* < *poser* + *composition* (*poser* < L *pausare* 'ausruhen, sich hinlegen'). Entsprechend E *compose*.

			~ spem in armīs	d. Hoffnung auf d. Waffen setzen
			~ eum in deōs	ihn zu d. Göttern rechnen
			~ haec ei/pontēs	ihm dies zurückgeben / Brücken erneuern
--	---6	- --0-	sēpōnere	beiseite legen; trennen, entfernen
--	----	- 8-01	suppōnere	darunterlegen; unterschieben
▶ --	3-56	- 8-0-	pōns, pontis *m*	Brücke, Steg F pont
▶ 12	--56	- -9--	pontĭfex, icis *m*	Priester *(z. Überwachung d. Staatskultes)* [1]
-2	----	- ----	pontificius	priesterlich, Priester-
--	----	- 89-1	pontus	d. hohe Meer
--	----	- --0-	popina	Garküche, Kneipe
--	----	- 8---	poples, itis *m*	Kniekehle; Knie
▶ --	3-56	- ----	pŏpŭlāri	verheeren, -wüsten; berauben [1]
--	----	- 8---	populāre =	-ārī
--	--5-	- ----	populātiō	Verwüstung, Plünderung
--	3-5-	- ----	dēpopulārī	verheeren, -wüsten
--	----	- 89--	pōpulus, ī *f*	‹Pappel›
--	----	- 8---	pōpuleus	Pappel-
▶ •		○	pŏpŭlus	(Staats-)Volk; Menge
			~ Rōmānus	d. röm. Volk (= d. röm. Staat) F peuple E people D Pöbel (AF)
▶ 12	-456	- -9--	populāris	(z. Volk gehörig:) 1. volkstümlich, -freundlich; 2. einheimisch
			lēgēs -ēs	volksfreundliche Gesetze
			optimātēs/-ēs	Senats- / Volkspartei
			~ meus/sceleris	mein Landsmann / Teilnehmer an d. Verbrechen F populaire E popular
--	----	- --0-	porcus	Schwein
▶ 12	-4-6	- --0-	porrō *Adv*	weiter, weithin; ferner
--	----	- --0-	porrum (-us, ī *m*)	Schnittlauch
▶ •		- *	porta	Tor; Aus-, Zugang F porte D Pforte
▶ --	345-	○	portāre	tragen, bringen F porter
--	----	7 ----	apportāre	hin-, herbeitragen; –, -bringen
--	3---	- --0-	comportāre	zusammentragen, (herbei-)schaffen
1-	--5-	- ----	dēportāre	herab-, weg-, (hin-)bringen; –, –, -schaffen
-2	3---	- ----	importāre (vīnum/ fraudem)	einführen / herbeiführen, verursachen E import D importieren
--	----	- 89--	reportāre	zurücktragen, -bringen; berichten D Report-er (E)
--	3---	- ----	supportāre	herbeitragen
--	3---	- ----	trānsportāre	hinüberbringen

---

[1] Urspr. 'Brückenbauer' (als Erbauer d. Pfahlbrücke über d. Tiber)? [2] < 'm. (Kriegs)volk überziehen'?

146

▶ 12 ---- - --0-	portentum	Wunderzeichen; Mißgeburt, Ungeheuer[1]
-2 ---6 - 8-01	portĭcus, ūs f	offene Halle, Säulengang
▶ -- 3456 7 ----	op-portūnus	günstig[2]
	~ ei/ad omnia	für ihn günstig / zu allem geeignet
	~ perīculō	d. Gefahr ausgesetzt
-2 34-- - ----	opportūnitās	günstige Lage, – Gelegenheit
		F opportunité E opportunity
1- -4-- - -90-	importūnus (locus/ fātum/hostis)	(ungünstig:) unzugänglich / beschwerlich / rücksichtslos
▶ 12 3-56 7 89-1	portus, ūs	Hafen F E port
▶ • ○	poscere, poposcī	verlangen, fordern; auffordern
	~ nūmina	d. Götter anrufen
	~ cūr veniat	wissen wollen, warum er kommt
1- 3--- - ----	dēposcere, poposcī	dringend verlangen
	~ eum	seine Auslieferung verlangen
-- ---6 - 8---	exposcere	verlangen; erbitten
-- ---- - 8---	reposcere	zurückfordern, (als Recht) verlangen
▶ • ○	post Adv / PräpAkk	hinten; danach / hinter; nach
	paulō ~	bald darauf
	~ montem/fugam	hinter d. Berg / nach d. Flucht
	maximus ~ Hannibalem dux	d. größte Feldherr seit Hannibal
▶ -2 3456 ○	postquam (vīdī/vidēbam, videō)	nachdem / seit
▶ • ○	postĕrus (diēs)	nachfolgend, kommend
	posterior	später; geringer, schlechter
	postrēmus	letzter, äußerster; schlechtester
	-um/-ō Adv	zum letztenmal / endlich, zuletzt
12 ---- - ----	posteritās	Zukunft, Nachwelt
-- ---- - *	postis, is m / Pl	(Tür-)‹Pfosten› / Tür
12 3--- - ----	postridiē Adv[3]	am folgenden Tag, tags darauf
	~ Īdūs/eius diēī	am Tag nach d. Iden / am Tag danach
▶ • 7 --0-	postŭlāre	fordern, verlangen
	~ eum maiestātis	ihn wegen Hoheitsverletzung anklagen
-- 3--- - ----	postulātum	Forderung
-- ---6 - ----	expostulāre	verlangen; Abhilfe verlangen
▶ -- ---- 7 8---	pŏtis (pŏte) esse[4]	können, vermögen
	-is (-e) est	auch: es ist möglich
-2 -456 - -90-	potior / potissimus	wichtiger, besser / wichtigster
▶ • ○	potius / potissimum Adv	eher, lieber / hauptsächlich, gerade

---

[1] < '(auffallende) Ankündigung (d. Götter)'; zu portendere. Vgl. ostentum. [2] Wohl < 'z. Hafen hin(treibend)'. [3] < Lokativ *posterī diē. [4] esse oft weggelassen. pote urspr. nur abgeschwächte Form, später als n aufgefaßt. – posse → esse.

147

▶ ●	7 8-0-	potestās	(Amts-)Gewalt, Befugnis; Möglichkeit
▶ -2 3456	7 8--1	potīrī (urbe, urbis)	sich bemächtigen; in Besitz haben, beherrschen
-2 ----	- ----	compŏs, ŏtis (mentis, mente)	mächtig, teilhaftig
▶ ●	○	potēns[1]	mächtig, beherrschend, stark
▶ 12 34-6	- 8--1	potentia	Macht, Stärke
-- --5-	- -9--	impotēns	machtlos, ohne Gewalt
		~ (suī)	unbeherrscht, maßlos
-2 ----	- ----	praepotēns	(besonders) mächtig
-- ----	- --0-	pōtor	Trinker, Zecher
-2 ----	- ----	pōtiō	Trinken, Trank F E poison[2]
-2 ----	- *	pōculum	Becher
-- ----	○	pōtāre	trinken
		pōtus PP[3]	(pass./akt.:) ge- / betrunken
▶ 12 --5-	7 ----	prae Adv / PräpAbl	voraus / vor ... her
		ī ~	geh voraus!
		~ sē ferre	vor sich hertragen
		~ nōbīs beātus	im Vergleich mit uns glücklich
		~ īrā loquī nōn posse	vor Zorn nicht reden können
1- --5-	- --0-	praecō, ōnis m	Ausrufer, Herold
-- ----	- ---1	praecōnium	Dienst d. Ausrufers; Bekanntmachung, Lobpreis
▶ ●	- *	praeda	Beute; Vorteil, Gewinn
▶ 12 3---	- 8---	praedō, ōnis m	(Beutemacher:) Räuber
1- 3-5-	- ----	praedārī	Beute machen; rauben, berauben
▶ 12 ----	- ----	praeditus (sēnsū)	ausgestattet; begabt, behaftet
▶ 1- ----	- --0-	praedium	Grundstück, Landgut
▶ ●	- *	praemium	Belohnung; Vergünstigung D Prämie[4]
-- ----	- 8---	praesēpe, is n	(Futter-)Krippe, Stall
▶ 12 34--	7 --0-	praesertim Adv	zumal, besonders
12 ----	7 ----	praestō Adv[5]	zugegen, zur Hand, förderlich
▶ ●	○	praeter + Akk	an ... vorbei, außer
		~ urbem/spem/modum/mē	an d. Stadt vorbei / wider Erwarten / über d. Maß hinaus / außer mir
▶ -- --5-	7 ----	praeterquam quod	abgesehen davon, daß
▶ ●	- --0-	praetor (urbānus/Bīthȳniae/Achaeōrum)	‹Prätor› (höchster Beamter nach Konsul; Richter) / Statthalter / Feldherr, Stratege[6]
▶ 1- 34-6	- ----	praetūra	Amt d. Prätors; Statthalterschaft

---

[1] < PPr. zu *potēre. Vgl. Perf. potuī zu posse. [2] 'Gift' < '(Arznei)trank'. [3] Ausgangsverbum untergegangen; danach an d. urspr. Weiterbildung pōtāre angegliedert. [4] f Sg < n Pl. [5] Meist in d. Verbindung praestō esse. [6] praetor urspr. 'Anführer' (< *praeitor 'der vorausgeht').

12 3-56 - ----	praetōrius	prätorisch; ehemaliger Prätor
	cohors -a	Gefolge d. Statthalters; Leibwache d. Feldherrn[1]
	-um *n Subst*	Statthaltersitz; Feldherrnzelt, Kriegsrat, (kaiserl.) Leibwache
-- ---6 - ----	praetōriānus	z. kaiserlichen Leibwache gehörig
-- --5- - ----	prōpraetor	stellvertretender Prätor, Statthalter
-- ---- - --0-	**prandēre**, dī, prānsum	d. (Mittags-)Imbiß einnehmen *(kalte Mahlzeit gegen 12 Uhr)*
-- ---- - --0-	imprānsus	ohne (Mittags-)Imbiß, nüchtern
-- ---- - *	**prātum**	Wiese
▶ -2 -456 7 -90-	**prāvus**	krumm, verwachsen; verkehrt, schlecht
-2 ---6 - ----	prāvitās	Krümmung; Verkehrtheit, Schlechtigkeit
-2 ---- - ----	dēprāvāre	entstellen, verderben
▶ 1- 3-56 ○	**prĕcēs**, um *f Pl*	Bitten; Gebete, Flüche
▶ -2 --56 - *	precārī	bitten; beten, (an-)wünschen
▶ ● - ----	dēprecārī (eum/vītam⫽mortem)	an- / erflehen ⫽ durch Bitten abzuwenden suchen
▶ -- 3--- 7 8--1	**prehendere**, dī, prehēnsum[2]	fassen, ergreifen, nehmen F *prendre*
-- ---6 - 8---	prēnsāre	anfassen, ergreifen
▶ 12 3-5- - 8---	comprehendere	zusammenfassen; ergreifen, -fassen
	~ rem (mente)	e. Sache begreifen
-2 ---- - ----	comprehēnsiō	Zusammenfassung; Ergreifen, Begriff
1- 3456 - 8-01	dēprehendere	ertappen, -greifen
▶ 12 34-- 7 --0-	reprehendere	wiederaufgreifen; zurück-, festhalten; tadeln
-2 ---- - ----	reprehēnsiō	Tadel
▶ ● - *	**prĕmĕre**, pressī, pressum	drücken, pressen[3]; zusammen-, hinein-, unterdrücken
12 ---6 7 8---	comprimere	zusammenpressen; unterdrücken
	~ mulierem	sich e. Frau gefügig machen
-2 3--- - ----	dēprimere	hinabdrücken; unterdrücken
	~ nāvem/fossam	e. Schiff versenken / e. Graben tief einsenken
▶ 12 ---6 - --0-	exprimere	herauspressen, -treiben
	~ nummōs ab eō/ vultūs eōrum	ihm Geld abnötigen / ihre Gesichtszüge plastisch herausarbeiten
-2 ---- - 8---	imprimere (sīgnum/cēram)	hineindrücken, einprägen / *(mit hineingedrückten Zeichen)* versehen
▶ ● 7 --01	opprimere	unter-, bedrücken
	~ hostēs incautōs	d. unvorsichtigen Feinde überraschen

[1] Vgl. S. 148 Anm. 6.   [2] Auch kontrahiert zu *prendere, dī, prēnsum*.   [3] Über *Presse* < ML *pressa* ~ PPP *pressus*.

12 3--6 7 8---	reprimere (Mithridātem/cōnātūs)	zurückdrängen, abwehren / einschränken, unterdrücken
-- ---- - ---1	supprimere	hinabdrücken; unterdrücken, hemmen
▶ 12 -456 ○	**prĕtium**	Wert; ‹Preis›, Lohn, Geld
		F prix **E** price; prize **D** Preis (AF)
-- ---- - ---1	pretiōsus	wertvoll, kostbar
		F précieux **E** precious
12 ---6 7 8-0-	**pridem** *Adv*[1]	vor langer Zeit, längst
-- 3-5- - ----	**pridiē** *Adv* / *Präp*[1]	tags zuvor / am Tag vor
	~ Īdūs/eius diēī	am Tag vor d. Iden / am Tag zuvor
	primus → prior	
▶ ● - *	**princeps,** ipis	erster, vornehmster[2]
	~ reī pūblicae	d. erste Mann im Staat; *(später =)* Kaiser **FE** prince **D** Prinz (AF)
	centuriō ~	Zenturio d. zweiten Gliedes
	hastātī et -ēs	d. erste u. zweite Glied
▶ -2 3--6 - ----	**prīncipātus,** ūs	erste Stelle; Vorrang; Kaiserwürde
▶ 12 -456 7 8-01	**prīncipium**	Anfang; Grundlage, Element
	-a legiōnum/castrōrum	d. vordersten Reihen d. Legionen / d. Hauptplatz d. Lagers
		F principe **E** principle[3] **D** Prinzip
▶ ● ○	**prĭor** / **prīmus**	vorderer; früher, vornehmer / vorderster; erster, vornehmster
	prior/prīmus vēnit	er kam zuerst *(von zweien / von mehreren)*
	prius *Adv*	früher, eher
	prīmum/-ō *Adv*	zum erstenmal / anfangs, zuerst
		D prima (Qualität); Prima-donna[4]
▶ 12 345- 7 8--1	priusquam (prius ... quam)	ehe, bevor *(vgl. Gramm.)*
1- ---- - ----	prīmārius	hervorragend, vornehm **F** premier
-- --56 - ----	prīmōris[5]	vorderster, vornehmster
12 34-- - 8-0-	imprīmīs (in prīmīs) *Adv*	besonders
-2 ---6 - *	**priscus**[6]	früher; alt, altertümlich, altehrwürdig
12 345- - ----	**pristīnus**[6]	ehemalig, früher; vorübergehend
-- ---6 - ----	**privignus**	Stiefsohn[7]
-- ---- - --0-	**privus**	einzeln; eigen, eigentümlich
12 -4-- - ----	prīvāre (eum rē)	berauben, -freien
▶ ● - -90-	**prīvātus**	persönlich, ‹privat›; ‹Privat›mann
		F privé **E** private
▶ ● - ----	prīvātim *Adv*	als Privatmann, für sich

---

[1] *prī-* < **prīz-* 'vor(ig)'. [2] Urspr. '(bei d. Beuteverteilung) zuerst nehmend' (*prīmus* + **caps* ~ *capere*). [3] *-le* nach *example* u. ä. [4] < I 'erste Dame (d. Oper)'. [5] Nom. Sg. nicht belegt. [6] *prīs-* < **prīz-* (vgl. zu *prīdem*) [7] Urspr. 'getrennt geboren' (*prīvus* + *gn-* ~ *gi-gn-ere*).

▶ •	○	prō + *Abl*	vor, für
		~ mūrō/salūte/malīs/numerō	vor d. Mauer / für d. Rettung / anstelle d. Übel / entsprechend d. Zahl
			F pour
1- ---- 7-----		prō (deum fidem)!	o (Treue d. Götter)!
12 -4-6 - ----		prŏbrum	Schmähung; Schande, Schandtat, Ehebruch
-- ---6 - ----		probrōsus	entehrend; schändlich, entehrt
-- ---6 - ----		exprobrāre (fugam)	vorwerfen
-- ---- - -90-		opprobrium	Beschimpfung; Vorwurf, Schande
▶ -2 -4-- 7 -90-		prŏbus	brauchbar, tüchtig; rechtschaffen
-2 -4-- - ---1		probitās	Rechtschaffenheit
▶ • - *		probāre (rem/ei rem)	untersuchen, billigen / annehmbar machen, beweisen F prouver E prove D prüfen (AF); probieren
-2 ---- - ----		probātus	erprobt; anerkannt, geachtet
▶ -2 ---- - ----		probābilis	annehmbar: tauglich, wahrscheinlich
-2 -4-6 - ----		approbāre	billigen, beweisen
-2 ---- - ----		approbātiō	Billigung, Zustimmung
▶ 12 ---- - ----		comprobāre	(vollständig) billigen, bestätigen
▶ 12 ---- - *		improbus	ruchlos, verworfen; frech, ausgreifend
12 ---- - ----		improbitās	Ruchlosigkeit
12 ---- - ----		improbāre	mißbilligen, verwerfen
-- ---6 - ----		prŏcāx, ācis[1]	zudringlich, frech; ausgelassen
		~ ōtiī	nach Ruhe begierig
-- ---- - 89-1		prŏcella	Sturm
-- ---6 - 8--1		prŏcĕrēs, um *m Pl*	Vornehmste, Aristokraten
-- ---- - -90-		prŏcērus	hochgewachsen, schlank
▶ -2 3456 ○		prŏcŭl *Adv*	fern, weit; aus d. Ferne, in die F.
-- ---- - --01		prŏcus[1]	Freier
▶ 1- --56 - 8---		prōdĭgĭum	(beunruhigendes) Vorzeichen; Ungeheuer
-- ---- - -90-		prōdĭgus	verschwenderisch; dahingebend, reich
▶ • - *		proelium	Gefecht, Kampf
-- 3--- - ----		proeliārī	kämpfen, streiten
-- ---- 7 ----		prōlŏgus[2]	Vorrede, ‹Prolog›
1- 3-5- - ----		prōmulgāre (lēgem)	(e. Gesetzesantrag) veröffentlichen
-- -4-- - *		prōnus	nach vorn geneigt; abschüssig, zugeneigt
-- ---- - 8---		prŏpāgō	Ableger, Setzreis; Geschlecht
▶ • ○		prŏpĕ (propius, proximē) *Adv* / *Präp Akk*	nahe (näher, am nächsten) / - (-, -) bei
		~ esse/tumulum	nahe sein / nahe am Hügel
		~ cōnfectus	beinahe vollendet

[1] *proc-āx* ~ *proc-us* ~ *prec-ārī*.   [2] < G πρόλογος + L *prōloquī*.

151

▶ •	○	propior / proximus	näher; -stehend, -liegend / nächster
		proximī eōrum	ihre Angehörigen, – Verwandten
▶ •	– *	propinquus	nahe; nahestehend, verwandt
–– 3–––	– ––––	propinquitās	Nähe; Verwandtschaft
–– –––6	– 8–––	propinquāre (amnī, -em)	sich nähern
▶ –2 3–5–	– ––––	appropinquāre (ei)	sich nähern
–– ––––	7 ––––	propĕmŏdum *Adv*	beinahe, fast
▶ –– –456	7 ––––	**prŏpĕrus**	eilig
–– 34–6	○	properāre	eilen; beschleunigen
▶ 12 3–56	– *	**prŏprĭus** (eius, ei)	eigen, -tümlich; beständig F propre E proper
▶ •	7 8–01	**propter** + *Akk* [1]	nahe bei; wegen
		~ urbem/frīgus	nahe bei d. Stadt / wegen d. Kälte
▶ –2 –4–6	7 ––––	**prōrsus (-um)** *Adv* [2] (~ ita, ~ omnēs)	(geradewegs:) geradezu, durchaus; kurz gesagt
▶ –2 –456	– –9–1	**prospĕr(us)**	günstig, glücklich
–– ––––	– –901	**prŏtervus**	ungestüm; frech, dreist
–– 3–5–	– 8–01	**prŏtĭnus** *Adv* (~ īre Rōmam)	vorwärts, weiter; ohne Unterbrechung, unverzüglich, beständig
▶ •	– ––––	**prōvincia**	Amtsbereich; ‹Provinz› F Provence F E province
–– –––6	– ––––	prōvinciālis / *mPl*	Provinz- / Provinzbewohner *Pl*
▶ 12 –––6	– –901	**prūdēns**	absichtlich; erfahren, klug [3]
12 –––6	– ––––	prūdentia	Vorherwissen; Kenntnis, Klugheit
–2 3–––	7 ––––	imprūdēns	unabsichtlich; unkundig
–– 34––	– ––––	imprūdentia	Absichtslosigkeit; Unkenntnis
–– ––––	– 8–––	**pruīna**	(Rauh-)Reif; Schnee
–– ––––	7 ––––	**psaltria**	Zitherspielerin
–– –4––	– ––––	**pūber,** eris	mannbar, erwachsen; kräftig
–– ––––	– 89––	pūbēs, is *f*	(Jugendkraft:) Scham, Schoß; junge Mannschaft; *(allg.)* Volk
–2 ––––	– ––––	pūbēscere	mannbar werden, heranwachsen
–– ––––	– –9––	impūbis	noch nicht mannbar; unberührt
▶ •	– –901	**pūblicus** [4]	öffentlich: staatlich; allgemein
		rēs -a	Gemeinwesen, Staat D Republik (F)
		in -um emere/ prōdīre	für d. Staat kaufen / an d. Öffentlichkeit treten
			F E public D Publikum (L + F)
▶ •	– ––––	pūblicē *Adv*	von Staats wegen; allgemein
–– –––6	– ––––	pūblicāre	(für d. Staat) einziehen, beschlagnahmen; für d. Allgemeinheit freigeben, bekanntmachen

---

[1] < *prop-iter (zu prope). [2] < AL prōvorsus = -versus. [3] Urspr. 'voraussehend' (< *prōvidēns). [4] < AL poplicus (zu populus) + pūbēs.

► 1- ---- - ----	pūblicānus	Steuerpächter
-2 -4-- o	pŭdet, uit (eum factī)	sich schämen
1- ---- - --0-	pudēns	ehrbar, bescheiden
► 12 ---- 7 -9--	impudēns	schamlos; unverschämt
1- ---- - ----	impudentia	Schamlosigkeit; Unverschämtheit
-- ---- - ---1	pudendus	schimpflich, schändlich
-- ----. - -901	pudīcus	sittsam, keusch
1- -4-- - ----	pudīcitia	Sittsamkeit, Keuschheit
-- ---6 - ----	impudīcitia	Unkeuschheit, -zucht
► ● o	pudor	Ehrgefühl; Scham, Schande
► 12 ---- - ----	repudiāre	zurückweisen, ablehnen
► ● o	pŭĕr, ĕrī	Kind, Junge; Diener
-- ---- o	puella [1]	Mädchen; *(dicht.)* Geliebte
-2 -4-6 - ----	pueritia	Kindheit, Jugendzeit *(bis z. 17. J.)*
-2 ---- - ---1	puerīlis	kindlich; kindisch, läppisch
-- ---- - -9--	puerpĕra	Gebärende
--. ---- - -90-	pŭgil, is *m*	Faustkämpfer, Boxer
-- ---- - -90-	pūgnus [2]	Faust F poing
► ● - *	pūgnāre	kämpfen, streiten
	id sēcum -at	das widerspricht sich
► ● - *	pūgna	Kampf, Schlacht; Schlachtreihe
-- ---- - -9--	pūgnāx, ācis	kampflustig, streitbar
-2 ---- - ----	dēpūgnāre	um d. Entscheidung kämpfen
► -- 3-56 - --0-	expūgnāre (urbem/ eum aciē/coepta)	erobern / besiegen / erzwingen
-- 3--- - ----	impūgnāre	angreifen, bekämpfen
► 1- 345- - ----	oppūgnāre (urbem)	bestürmen; angreifen
-- 3-56 - ----	oppūgnātiō	Bestürmung; Angriff
-- 3--- - ----	prōpūgnāre (hinc)	zum Kampf hervorbrechen; sich verteidigen, kämpfen
► 12 3--- - ---1	repūgnāre	Widerstand leisten; widerstreben
	ea inter sē -ant	diese Dinge widersprechen sich
► 12 -4-6 o	pulcher, chra, chrum	schön
-2 ---- - ----	pulchritūdō	Schönheit
-2 ---- - --0-	pullus	Junges; *(bes.)* Küken F poule *f*
-- ---- - -9--	pullus / *n Subst*	dunkel, schwärzlich / dunkle Farbe
-- ---- - --0-	pulmentum	Fleischspeise, -stück
-2 ---- - ----	pulmō, ōnis *m*	Lunge
-- ---- - --0-	pulpītum	Brettergerüst; Bühne, Katheder F pupitre E pulpit D Pult
-- ---- 7 ----	pultāre (forēs)	(an d. Tür) klopfen
-2 3--- - *	pulvis, eris *m*	Staub; *(bildl.)* Kampfplatz, Rennbahn F poudre E powder D Pulver; Puder (F)
-- ---- - 8---	pulverulentus	staubig

[1] Fem. z. Deminutiv *puellus*.   [2] Zu *pug-il* : *pūgnus* vgl. *mag-is* : *magnus*.

-- ---- - 8---	pūmex, icis *m*	‹Bims›stein *(z. Glätten benützt); (allg.)* löchriges Gestein, Geklüft
-2 ---- - ----	pungere, pŭpŭgī, pūnctum	stechen
-2 ---- - --0-	pūnctum ~ temporis omnia -a ferre	Stich, ‹Punkt›; kurzer Abschnitt Augenblick alle Stimmen erhalten[1] **F E** point
-- ---6 - ----	pūgiō, ōnis *m*	(Stecher:) Dolch
-- ---- - 8---	pūnĭcĕus	(phönizisch:) 1. punisch; 2. purpurn
1- ---- - --0-	pūpillus	Mündel, Waise **E** pupil
-- ---- - 89-1	puppis, is *f*	Heck; *(allg.)* Schiff
-- ---- - 89-1	purpŭra	‹Purpur›; *(dar. gem.:)* ‹Purpur›kleid
-- ---- - *	purpureus	purpurfarben; in Purpur gekleidet; strahlend, glänzend
▶ -2 ---- - *	pūrus	rein: hell, unbefleckt, schmucklos **F** pur **E** pure **D** pur
-- 3-5- 7 -901	pūrgāre[2]	reinigen; sühnen, rechtfertigen
-- ---- 7 ----	expūrgāre	reinigen, rechtfertigen
12 ---- 7 ----	impūrus	(unrein:) schmutzig; schändlich
-- ---- - --0-	pusillus	winzig; kleinlich
▶ • 7 8-01	pŭtāre (vītēs//id parvī/id ita esse/id vērum)	ausputzen, beschneiden // veranschlagen / meinen, glauben / halten für
-2 ---- - ----	amputāre (rāmōs/ vītem)	(ringsum) ab- / beschneiden **D** -ieren
-- ---- 7 ----	dēputāre (id tāle)	halten für
▶ 12 ---- - ----	disputāre	erörtern, untersuchen
-2 ---- - ----	disputātiō	Erörterung, Untersuchung
-- ---6 - ----	imputāre	anrechnen
▶ -- -4-6 - ----	reputāre	berechnen, erwägen
-- ---- - --0-	pūtēre, uī	faulig -, ranzig riechen
-- ---- - --0-	pūtidus	faulig, ranzig; widerlich
-- ---- - 89--	pŭter, tris, tre	morsch, faul; locker *(Erde);* welk, matt
-- ---- - --0-	pŭtĕus	Grube; Brunnen **F** puits **D** Pfütze
-- ---- - --0-	puteăl, ālis *n*	*(brunnenartig eingefaßtes)* Blitzmal
-- ---- - 8---	pўra	Scheiterhaufen

Q

▶ -2 3456 - *	quā *Adv*[3]	wo? wie? wo, insofern
-- --5- - ----	haudquāquam	keineswegs, durchaus nicht
-2 --56 - --0-	nēquāquam	keineswegs, durchaus nicht

---

[1] Bei d. Auszählung wurden d. erzielten Stimmen als Punkte markiert.   [2] < AL *pūrigāre* (nach *iūr(i)gāre* u.ä., wo *-ig-* ~ *agere*).   [3] < *quā (viā, parte)*.

12 ---- 7 ----	quā-propter[1]	weshalb? deshalb[2]
-2 ---- - --0-	quātenus *rel*	wieweit; insofern als
-- ---- - 8---	quadrigae, ārum[3]	Viergespann
▶ ● ○	quaerere, sīvī, sītum	suchen; zu erfahren –, zu erwerben
	~ viam ab (ex) eō	suchen
	~ dē morte eius	ihn nach d. Weg fragen
		über sein. Tod e. Untersuchung anstellen
▶ ● - ----	quaestiō	Suche; Untersuchung, Frage
		F E question
▶ 12 -4-6 7 --0-	quaestus, ūs	Erwerb
▶ ● - ----	quaestor	Untersuchungsrichter; Kassenverwalter, ‹Quästor›
1- ---- - ----	quaestūra	Amt d. Quästors, ‹Quästur›
-- ---- 7 ----	quaeritāre	(eifrig) suchen
-2 ---- - ----	acquīrere, sīvī, sītum	erwerben, hinzuerwerben
		F acquérir E acquire
-2 ---- - ----	anquīrere	aufspüren, untersuchen
-2 3-56 - ----	conquīrere	zusammensuchen, sammeln
		F conquérir E conquer
▶ -2 -4-6 - 8---	exquīrere	erforschen, -bitten
-- --5- - --0-	inquīrere (vitia)	forschen nach; untersuchen
▶ 12 ---6 - 8--1	requīrere (rem)	suchen –, fragen nach; vermissen
▶ 12 -4-- 7 ---1	quaesō / quaesumus	ich bitte / wir -en
▶ 12 -456 ○	quālis	wie (beschaffen)?
	-ī animō est?	was für eine Einstellung hat er?
	tālis est ~ tū	er ist so wie du
		F quel
-2 ---- - ----	quālitās	Beschaffenheit, Eigenschaft
		F qualité E quality D Qualität
-2 ---- - ---1	quāliscumque	wie (beschaffen) auch immer
▶ ● ○	quam *Adv*	wie (sehr)?
	~ diū affuit?	wie lange war er da?
	tam diū ~ licuit	so lange (wie) es erlaubt war
	nōn tam fortis ~	(nicht so tapfer wie verwegen:) eher verwegen als tapfer
	audāx	
	maior ~	größer als
	~ maximus	möglichst groß
-- ---- - ---1	quamlibet	wie (sehr) auch
▶ 12 -4-6 - *	quamvīs	wie (sehr) auch; obgleich, -wohl
▶ ● ○	quamquam	obgleich, -wohl[4]; trotzdem, dennoch
▶ 12 -456 7 890-	quandō	wann? als
	~ vult, maneō	nachdem (da) er es will, bleibe ich
		F quand

---

[1] *quā* Abl. Sg. f; vgl. *proptereā*. [2] Als rel. Anschluß. [3] < *quadri-iugae (equae)*. Vgl. *bīgae*.
[4] < 'wie sehr auch immer' (Verdoppelung verallgemeinernd wie bei *quisquis*).

--	----	- --0-	quandōcumque	wann auch immer; irgendeinmal
--	----	- -9--	quandōque	wenn einmal, so oft
-2	----	7 8---	quandōquidem	nachdem einmal, da ja
▶ •		○	quantus / *n*	wie groß? / wieviel?
			tantus ... ∼	so groß ... wie
			-um armōrum?	wieviel an Waffen? wie viele W.?
			-um possum	soweit ich kann
			-ō ... tantō	je ... desto
				D Quantum
--	---6	- *	quătĕre, iō, -, quassum	schütteln, erschüttern; stoßen, schlagen, beschädigen
--	----	- 8---	quassāre	schütteln, erschüttern; beschädigen **F** casser
--	----	- 8-01	concutere, iō, cussi, cussum (terram/ tēla)	(heftig) erschüttern / schwingen, schütteln
--	----	- 8---	dēcutere	herunterschlagen
-2	----	- 8-0-	excutere (eum currū∥ comās/bracchia/locum)	heraus-, wegstoßen ∥ (hin u. her) schütteln / ausbreiten / untersuchen
--	----	- --0-	incutere ∼ ei metum	hinein-, dagegenstoßen ihm Furcht einflößen
12	--5-	- - *	percutere	heftig erschüttern; treffen, durchbohren, niederstoßen
--	---6	- ----	percussor	Mörder
▶ •		- 8-01	quattŭor	vier **F** quatre
▶ 12	3-56	- 8-01	quārtus	vierter **F** quart $m < n$ Subst
--	----	- 8-01	quăter	viermal
▶	-- 3456	- ----	quădrāgintā	vierzig **VL** quaranta > **F** quarante
-2	3-5-	- ----	quadringentī, ae, a	vierhundert
--	----	- --0-	quadrāre (*tr*/*intr*)	viereckig machen; abschließen / viereckig sein, passen **D** Quadrat[1]
--	----	- --0-	quadrāns	Viertelas (= *3 von 12 Unzen*)
▶ •		○	-que	und; und zwar
			-que ... -que[2]	sowohl ... als auch, teils ... teils
--	----	- 89-1	quercus, ūs *f*	(Sommer-)Eiche **D** Kork (S)
▶ •		- *	quĕri, questus	klagen, beklagen; sich beschweren
--	---6	- 8---	questus, ūs	(Weh-)Klage
12	----	- *	querēla	(Weh-)Klage, Beschwerde **F** querelle[3] **E** quarrel
1-	----	- 9---	querimōnia	(Weh-)Klage, Beschwerde
--	----	- ---1	querulus	klagend
--	---6	- ----	conquerī	(laut) klagen; sich beschweren
▶ 12	-45-	7 --0-	qui *Adv*[1]	wie? wodurch?

[1] < PPP.   [2] Dicht.   [3] < Nbf. -*ella*.

▶	-- -45- -- *	nēquīquam	umsonst: grund-, erfolglos
▶	12 -456 7 890-	quiă	weil F que
▶	• 7 8-01	quĭdem *nachgest.*	wenigstens, freilich, wirklich
		multī ~ sunt, sed imperītī	sie sind zwar zahlreich, aber unerfahren
		nē is ~	nicht einmal er
▶	12 -45- 7 8-01	ĕquĭdem[2]	allerdings, freilich
▶	-2 -456 - 89-1	quiēs, ētis *f*	Ruhe: Schlaf, Schweigen, Friede
	12 -456 7 8-01	quiēscere, ēvī	ruhen
▶	-2 3456 - 89--	quiētus	ruhig E quiet
	-- ---- - -9--	inquiētus	unruhig F inquiet
	-2 ---- - ----	acquiēscere	ausruhen, sich beruhigen
	-- 3--- - ----	conquiēscere	zur Ruhe kommen
	-2 ---- - 8--1	requiēs	Ruhe D Requiem[3]
	-2 -4-- - 8--1	requiēscere	zur Ruhe kommen, ruhen
▶	• ○	quin[4]	warum nicht? *(vgl. Gramm.)*
		~ venīs/venī	warum kommst du nicht? / so komm doch!
		~ etiam	ja sogar
		nōn dubitāre ~	nicht zögern, zu; – zweifeln, daß
		nēmō est ~ sciat	es gibt niemand, der nicht wüßte
▶	• - 8-01	quinque	fünf VL cin- > F cinq
▶	-2 -456 - ---1	quīntus	fünfter
	-- 3--- - ----	quīnī, ae, a	je fünf
▶	-- 3-5- - ----	quīndecim	fünfzehn F quinze
▶	12 3-56 - 8---	quīnquāgintā	fünfzig VL cinquanta > F cinquante
▶	-- 3-5- - ----	quīngentī, ae, a	fünfhundert
▶	-2 -456 - 8---	quippe	allerdings, freilich; denn
		~ quī/cum + *V Konj*	der ja, da er ja / da ja
▶	-- -4-6 7 --01	quire, queō, quīvī, quĭtum[5]	können
▶	-2 -456 7 8-01	nĕquīre	nicht können
▶	-- --5- - -9-1	Quĭris, ītis *m*	(vollberechtigter röm.) Bürger, ‹Quirite›
▶	• ○	quis / quĭd?	wer / was? *(fragend)*
		quī, quae, quod?	welcher?
		quis cīvis/quī locus[6]?	welcher Bürger / welcher Ort?
		sī quis/quae (qua) rēs[7]	wenn jemand / (irgend-)eine Sache *(indefinit)*

---

[1] < Abl. Sg. n nach d. i-Deklination. [2] Volksetymologisch = ego quidem, da meist mit d. 1. Person Sg. verbunden. [3] 'Totenamt' (nach d. Anfangsworten *Requiem aeternam dona eis, Domine*). [4] < *quī-ne (z. Adv. *quī*). [5] Konjugiert wie *īre*. (Aus *nequīre*; dieses < *nequ--it* 'es geht nicht'). [6] Männl. Person/Sache. [7] Tonloses *quis/quī*, bes. nach *sī, nisi, nē, num,* Frage- u. Rel.-Pron. Betont *aliquis* (s. dort).

157

		Scīpiō, quī is, quī Caesar obsidēs imperāvit. Quī adductī sunt. quid? *adv Akk*	Scipio, der *(relativ)* derjenige, welcher; wer Caesar befahl, Geiseln zu stellen. Diese wurden (auch) gebracht. *(rel. Satzanschluß)* wie? wozu? **F** qui, que; quoi *fr*, **rel**
▶ 12 -456	7 8-0-	quōmŏdŏ (quō modō)	auf welche Weise? wie? **F** comme[1]
▶ 12 34--	- 8-01	quārē (quā rē)	wodurch? warum? dadurch, -her[2] **F** car
▶ 1- 3-5-	- ----	quemadmŏdum (quem ad modum)	wie?
▶ •	7 --0-	quisnam	wer denn?
-- ----	7 ----	quidnī	warum nicht?
12 ----	7 8-01	ecquis (adest)?	(ist) etwa jemand (da)?
▶ 12 ----	7 ----	quispiam	(irgend-)jemand
▶ •	O	quisquam[3] neque ~	(irgend-)jemand und niemand
▶ •	O	quisque sē ~ tuētur quid ~ vult? optimus ~ nōnō quōque diē ūnusquisque	jeder (einzelne) jeder schützt sich (selbst) was will jeder einzelne? gerade d. Besten jeden neunten Tag, alle acht T. jeder (einzelne)
▶ •	O	quisquis	wer auch immer
▶ •	- *	quīcumque	welcher - --, wer auch immer
-2 ----	- -901	quīlibet	jeder beliebige
▶ 12 34--	7 --0-	quīvīs	jeder beliebige
▶ •	7 --01	quīdam / *Pl*	ein gewisser / einige
▶		**quō** *Abl Sg n* ~ maior, eō peior ~ facilius sit	wodurch? je größer, desto schlechter damit es um so leichter ist
▶ 12 34-6	- ----	quōminus + *V Konj* impedīre ~	(damit desto weniger) hindern, daß
▶ •	- *	**quō** *Adv*	wohin? wozu?
-- 3----	-----	quōqueversus (quōquō-)	überall hin, nach allen Seiten
-2 -4--	- 890-	quōcumque	wohin auch (immer)
▶ 12 345-	- ----	quŏad + *V Ind/Konj*	wieweit; solange (als) / (solange) bis
▶ -2 ----	- --0-	**quōcircā** *Adv*[4]	daher, deshalb
▶ •	O	**quŏd** *Konjunktion*[5]	daß; weil *(vgl. Gramm.)*
-2 -4--	7 8---	**quŏm** *AL* =	cum

---

[1] < *quōmodo et.* [2] Als rel. Anschluß. [3] Nur subst. in Frage u. Verneinung. [4] Bildung unklar. Vgl. *idcircō.* [5] < Akk. Sg. n d. Rel.-Pron.

▶ 12 --56 - 8-01	quondam	einst; manchmal; später einmal
▶ • O	quoniam	da ja, nachdem nun
▶ 12 3-56 O	quŏquĕ *nachgest.*	auch, sogar
-- ---- 7 ----	quōr *AL* =	cūr
-2 ---- - --0-	quōrsum (-us) *Adv*[1]	wohin? wozu?
12 --5- 7 8-01	quŏt *inv*	wie viele?
	tot ... quot	so viele ... wie
1- ---6 - *	quotiē(n)s	wie oft?
-2 ---- - --01	quotus	der wievielte? welcher?
		D Quote < quota (pars)

R

-- ---- - *	răbiēs	Tollwut, Raserei; Begeisterung
-- ---- - 8---	rabidus	toll, rasend; begeistert
-- ---- - 8---	racēmus	Weinbeere, Traube
		F E raisin D Rosine (NdD < AF)
-- ---- - 8-0-	rādere, sī, sum	kratzen; (ab-, entlang-)schaben
		D radieren
-- ---- - 8---	rāstrum (-ter, trī *m*)	(mehrzinkige) Hacke, Karst
-2 ---- - 8--1	răd ĭus	Stab; *(gl. Form:)* Radspeiche, Weberschiffchen, Strahl F radio[2] E radio[3]
		D Radius; Radio (E); Radium[4]
-- ---- - ---1	radiāre	strahlen
-2 3--- - 8-01	rādix, īcis *f*	Wurzel D Rettich; Radies-chen[5]
-- ---- - --0-	raeda	Reisewagen
-- 3--- - *	rāmus	Ast, Zweig
-- ---- - --0-	rāna	Frosch, Kröte
▶ 12 -456 O	răpĕre, iō, uī, tum	an sich –, fort-, wegreißen
	~ pecus/puellam	Vieh rauben / e. Mädchen entführen
	~ viam/colōrem	d. Weg eilig zurücklegen / d. Farbe gierig aufsaugen
	~ urbēs	Städte (aus-)plündern
-- ---- - 8---	raptum	Raub, Beute
-- ---- - -9-1	raptor	Räuber, Entführer
-- ---6 - ----	raptus, ūs	Raub, Entführung
-- ---56 - ----	raptim *Adv*	hastig, eilig
-- ---- - 8---	raptāre	an sich –, fortreißen; rauben, plündern
▶ 1- -4-- - ---1	rapīna	Raub
-- ---- - -901	rapāx, ācis	unwiderstehlich; räuberisch
-- ---- - 89-1	rapidus	reißend: schnell, raubgierig
		F rapide E rapid D rapid (F)

---

[1] < quōvorsus = quō versus. [2] Für *radiodiffusion, -graphie* u. ä. (f). [3] Für *radiotelegraphy* usw. [4] 'strahlendes (Element)' [5] < Ndl < F.

-- ---6 7 ----	abripere, iō, uī, reptum	weg-, mit sich reißen
▶ -2 --5- 7 8-0-	arripere	an sich reißen, – – raffen
-- ---6 - 8--1	corripere	zusammenraffen: packen, verkürzen
	~ hastam	d. Lanze packen, – – ergreifen
	~ eum dictīs	(ihn m. Worten packen:) ihn schelten
	~ gradum/campum	d. Schritt beschleunigen / d. Feld durcheilen
-- ---- - 89--	dēripere	herab-, weg-, entreißen
▶ 1- 3456 - 89-1	dīripere	auseinander-, wegreißen
	~ domum/urbem	d. Haus zerstören / d. Stadt plündern
▶ • ○	ēripere	heraus-, ent-, wegreißen
-- ---- - --0-	surripere	heimlich wegnehmen, entziehen
-- ---- - --0-	**rāpulum**	kleine Rübe
-2 3-56 - *	**rārus**	auseinandergezogen, locker; vereinzelt, selten F E rare D rar (F)
-2 ---6 - --0-	rārō *Adv*	selten
-- 3--- - 89-1	**rătĭs**, is *f*	Floß; *(allg.)* Schiff
-- ---- - 8-01	**raucus**	rauh, heiser, dumpf
-- 3--- - -9--	**rāvus**	graugelb
▶ 12 3-56 - *	**rĕcēns**	frisch, neu
	~ (ā) victōriā	unmittelbar nach d. Sieg F récent E recent
-- ---- - 8--1	**redĭmire**	umwinden, bekränzen
▶ -2 -456 - *	**rĕgĕre**, rēxī, rēctum	lenken, leiten; ‹regieren›
▶ -2 3-56 ○	rēctus	gerade; richtig, rechtlich
▶ 12 --56 7 -90-	rēctē *Adv*	geradeaus; richtig, zu Recht, sicher, gut
-2 ---6 - 8--1	rēctor	Lenker, Leiter D Rektor
▶ • - 8-01	regiō	Richtung; Grenzlinie; Gegend
	ē -e	in gerader Linie; gerade gegenüber F région D Region
-- ---6 - ----	regimen	Lenkung, Leitung; Lenker F régime D Regime (F)
-- 4--- - 8---	arrigere, rēxī, rēctum	aufrichten; in Erwartung versetzen, gespannt machen
-2 -4-- 7 --01	corrigere	berichtigen, zurechtweisen F corriger E correct[1] D korrigieren
-2 ---- - ----	corrēctiō	Verbesserung, Zurechtweisung
-2 3--- - 8--1	dīrigere	gerade machen; ausrichten (an)
-2 3--- - ----	dīrēctus	geradlinig *(waag- od. senkrecht)* F droit F E direct D direkt
▶ 12 --56 - 8-01	ērigere	aufrichten
	~ turrim/agmen in montem	e. Turm errichten / d. Heereszug auf e. Berg emporrücken lassen

---

[1] Nach PPP; vgl. zu *estimate* bei *aestimare*.

-2 ---- - *	porrigere (manum/ aciem/pōculum)	(vorstrecken:) ausstrecken / ausdehnen / darreichen
▶ -2 -456 7 8-0-	pergere, perrēxī, rēctum (iter/id agere/Rōmam)	fortsetzen / -fahren ∥ aufbrechen
-2 -4-- - ----	expergīscī, perrēctus	erwachen
-2 ---- - *	surgere, surrēxī, rēctum	aufstehen, sich erheben
-- ---- - 8---	assurgere	aufstehen, sich erheben
-- 3--- - 8--1	cōnsurgere	aufstehen, sich erheben
-- ---6 - ----	exsurgere	sich aufrichten, sich erheben
-- ---- - 8---	īnsurgere	sich aufrichten, sich erheben
-- ---- - -9-1	resurgere	wieder aufstehen, sich aufs neue erheben
▶ ● - *	rēx, rēgis *m*	König; Tyrann; Herrscher, Leiter; reicher Mann F roi
-- -45- - ----	rēgulus	1. Fürst, Häuptling; 2. Prinz
-- ---- - 89-1	rēgīna	Königin
▶ ● - *	rēgius	königlich
-- ---56 - 89-1	rēgia (domus)	Königssitz, Hof; Königsfamilie, Hofstaat
-2 ---- - -901	rēgālis	königlich
▶ ● - *	rēgnum	Königtum, -reich; *(allg.)* Herrschaft
12 --56 - *	rēgnāre -ārī	König sein, herrschen beherrscht werden
-- ---- - 8---	rēgnātor	Herrscher
-- --5- - ----	interrēx	Zwischenkönig[1]
-- --5- - ----	interrēgnum	Zwischenregierung
-2 ---- - ----	rēgula	Lineal; Maßstab, ‹Regel›
▶ 12 3-56 - 8---	**religiō**[2]	heilige Scheu, Bedenken
	~ Numae	d. Gottesfurcht Numas
	~ deōrum	d. Verehrung d. Götter
	~ templī	d. Bedenklichkeit gegenüber d. T.
	-em templī violāre/ expiāre	d. Heiligkeit d. T. verletzen / d. Befleckung d. T. sühnen
	rēs mihĭ -ī est	d. Sache bereitet mir Bedenken F E religion D Religion
12 ---- - ----	religiōsus	gewissenhaft, fromm; heilig; bedenklich F -eux E -ous D -ös (F)
-- ---- - -9-1	**rēmus**	Ruder D Riemen 'Ruder'
-- 3-56 - -9--	rēmex, igis *m*	Ruderer
-- ---6 - 8---	rēmigium	Rudern; Ruderwerk; Rudermannschaft

---

[1] Führt nach d. Tod d. Königs, später nach Tod od. Rücktritt d. Konsuln bis z. Neuwahl (jedoch höchstens 5 Tage) d. Regierung. [2] Ableitung ungeklärt.

--	3--6	-	----	trirēmis (nāvis)	Schiff m. drei Reihen v. Ruderbänken (übereinander), Dreidecker
--	--5-	-	----	quinquerēmis (nāvis)	Schiff m. fünf Reihen v. Ruderbänken (übereinander), Fünfdecker
--	----	-	--0-	rēnēs, (i)um *m*	Nieren
--	----	-	-9--	renidēre	zurückstrahlen; glänzen, lächeln
▶ •		7	8---	repente *Adv*	plötzlich
▶ •		-	----	repentīnus	unvermutet, plötzlich
				~ exercitus	hastig aufgestelltes Heer
--	----	-	--0-	rēpere, rēpsī, tum	kriechen
--	----	-	--0-	prōrēpere	hervorkriechen
▶ 12	34-6	7	8-01	repĕrire, repperī, repertum[1]	wiederfinden; (auf-)-, erfinden
▶ -2	-456	-	8-01	rēri, rătus	rechnen, meinen
				ratus + *AcI*	in d. Annahme, daß
▶ 12	--5-	-	----	ratus	berechnet; gültig
				prō ratā (parte)	anteil-, verhältnismäßig
					L -a (pars) > **E** rate **D** Rate
--	--56	-	8--1	irritus	ungültig; erfolglos
▶ •		7	8-01	ratiō	Überlegung; Plan, Berechnung
				mēns atque ~	Verstand u. Vernunft
				~ Stōicōrum	d. System – –, d. Lehre d. Stoiker
				~ bellī gerendī	d. Art u. Weise, Krieg zu führen
				~ aurī cōnstat	d. Abrechnung über d. Gold stimmt
				-em afferre	e. (logischen) Grund anführen
					F raison **E** reason **D** Ration[2]
▶ •			○	rēs, rĕī *f*	Sache, Ding
				~ familiāris	Vermögen
				~ pūblica	Gemeinwesen, Staat **D** Republik (F)
				~ mīlitāris	Kriegswesen
				rēs gestae	Ereignisse; Taten, Leistungen
-2	----	-	----	reāpse *Adv*[3]	in d. Tat, wirklich
▶ 1-	--56	-	-901	reus (factī)	angeklagt, schuldig, verantwortlich
				-um facere	anklagen
-2	--56	-	89-1	rĕtrō *Adv*	zurück, rückwärts
--	----	-	-90-	retrōrsum *Adv*[4]	zurück, rückwärts
--	----	-	8--1	rēte, is *n*	Netz
-2	---6	-	--0-	rhētor, ŏris *m*	Redelehrer
-2	----	-	----	rhētŏrĭcus	redetheoretisch, rednerisch
--	----	-	--0-	rhombus	Plattfisch, Butt
--	----	-	---1	rictus, ūs (-um, ī *n*)	offener Mund, Rachen
▶ -2	----		○	ridēre, sī, sum	lachen; zu-, belachen **F** rire
-2	----	-	-90-	rīsus, ūs	Lachen

---

[1] Zu *parēre* (*repperī* < **repeperī*). [2] < F 'berechneter (Anteil)'. [3] < *rē eāpse; ea-pse = ips-a*. [4] < *retrōvorsum = -versum*.

1- ---- 7 --0-	rīdĭcŭlus	lächerlich; spaßhaft, witzig **F** ridicule **E** ridicul-ous
-2 ---- - --0-	arrīdēre	zulächeln, gefallen
-2 ---- 7 --0-	dērīdēre	auslachen, verspotten
-- ---- - --0-	dērīsor	Spötter
▶ -2 ---6 7 8---	īrrīdēre (-/eum)	dabei lachen / verlachen, -spotten
-- ---- - 8---	subrīdēre (-/ei)	lächeln / anlächeln
-- ---- - 8---	rĭgāre (aquam/lūcum)	leiten / bewässern
-- ---- - 8---	irrigāre	hineinleiten / bewässern
-- ---- - --0-	irriguus	wasserspendend; bewässert
-- ---- - 89-1	rĭgēre, uī	steif –, starr sein; starr emporragen
-- ---- - *	rigidus	steif, starr; emporragend; hart, rauh
-- ---- - ---1	rima	Spalt, Ritze
-- ---- - 8---	rīmārī	zerspalten; durchwühlen, -forschen
▶ -2 3-56 - *	ripa	(Fluß-, Meeres-)Ufer
-2 --56 - *	ritus, ūs	heiliger Brauch; *(allg.)* Brauch, Sitte
-- --5- - 89-1	rītĕ *Adv*	dem Brauch gemäß: nach Herkommen, auf rechte Weise
-- 3---- - *	rivus	Bach; Bewässerungsgraben
-- ---- - ---1	rīvālis	(d. gleichen Bach nutzend:) Nebenbuhler, ‹Rivale›
-- ---- - -9--	rixa	Zank, Streit
▶ -2 --56 - 89-1	rōbur, oris *n*	Eichen-, Kernholz; Kernpunkt, -truppen; Stärke, Kraft
-2 ---- - -9--	rōbustus	eichen; stark, kräftig **D** robust
-- ---- - --0-	rōdere, sī, sum	benagen, verzehren; herabsetzen
12 3-56 - 8--1	rōstrum / *Pl*	Schnabel, Schiffsschnabel / Rednerbühne (auf d. Forum)[1]
▶ ● ○	rŏgāre	fragen, bitten
	～ populum	(d. V. fragen:) beim Volk beantragen
	～ eum, ut veniat	ihn bitten, zu kommen
	～ auxilium/lēgem	um Hilfe bitten / e. Gesetz beantragen
▶ 12 -45- - ----	rogātiō	Bitte, Antrag
-- ---6 7 8---	rogitāre	(immer wieder) fragen
-2 ---- - ----	abrogāre (lēgem/ei imperium)	(durch Volksbeschluß) aufheben / (– –) entziehen
-- ---6 - -90-	arrogāre sibī ～	(durch Volksbeschluß) zuweisen sich anmaßen
-2 ---- - ----	arrogāns	anmaßend **D** arrogant
-2 3--6 - ----	arrogantia	Anmaßung
12 -456 - ----	interrogāre	fragen, befragen
	～ eum ambitūs	ihn wegen Amtserschleichung anklagen
-2 ---- - ----	interrogātiō	Befragung, Verhör; Frage

---

[1] Mit Schiffsschnäbeln verziert.

--	--5-	-	--0-	prōrogāre (imperium)	verlängern
-2	----	-	8---	rŏgus	Scheiterhaufen
--	----	-	8--1	rōs, rōris *m*	Tau; Feuchtigkeit, Naß
--	----	-	8---	rōscidus	tauend, tauartig; betaut
--	----	-	8--1	rōrāre	tauen, betauen; feucht sein, tropfen
--	----	-	89-1	rŏsa	‹Rose›, ‹Rosen›strauch **FE** rose
--	----	-	8---	roseus	aus Rosen (bestehend); rosig
--	----	-	*	rŏta	Rad, Scheibe; *(allg.)* Wagen **F** roue
--	----	-	8---	rotāre	(im Kreis) herumdrehen, schwingen
-2	----	-	-90-	rotundus	‹rund›; abgerundet, vollkommen **F** rond **E** round
--	----	-	890-	rŭber, bra, brum	rot
--	----	-	*	rubēre, uī	rot sein; prangen
--	---6	-	8--1	rubor	Röte; Scham(-röte), Schande
--	----	-	8---	rubēscere, buī	rot werden
--	----	-	---1	ērubēscere	erröten, sich schämen
--	----	-	8---	rŭdēns, tis *m*	Seil; *(bes.)* Schiffstau
--	----	-	8---	rŭdĕre, īvī	brüllen
-2	---6	-	-901	rŭdis	unbearbeitet, kunstlos; unerfahren **FE** rude **D** rüde (F)
▶ 12	----	-	----	ērudīre	ausbilden, unterrichten
-2	----	-	----	ērudītiō	Unterricht; Bildung
-2	--56	-	*	rŭĕre, ruī, rutum[1] (–/mōlem/spūmam)	stürzen // (ein-)-, wegreißen / aufwühlen[2]
-2	--56	-	89-1	ruīna / *Pl*	Sturz, Einsturz / Trümmer
-2	----	-	----	corruere	ein-, umstürzen *(intr)*
--	---5-	-	-9--	dīruere (domum)	auseinanderreißen, zerstören
--	----	-	8-01	ēruere	aus-, umgraben; zerstören
--	----	-	8---	irruere	hineinstürzen, eindringen
▶ -2	--56	-	89-1	obruere (eum tēlīs)	überschütten, bedecken
--	---6	-	-9--	prōruere (–/domum)	einstürzen / – lassen
--	----	-	-9-1	rūga	Runzel, Falte **F** rue[3]
1-	3456	7	8-01	rūmor	(Volks-)Gemurmel; Gerücht, -rede; Ruf
▶ --	--56	-	*	rumpere, rūpī, ruptum (vincula//viam/vōcem)	zerbrechen // (auf-)brechen / hervorbrechen lassen
--	---5-	-	*	rūpēs, is *f*	Fels(-abhang), Schlucht; Klippe
--	---6	-	8--1	abrumpere	abbrechen (von); zerbrechen
▶ ●		7	8-01	corrumpere	verderben
				~ iūdicēs	d. Richter bestechen **D** korrupt
-2	----	-	----	corruptēla	Verderbnis; Verführung, Bestechung
-2	-4-6	-	----	incorruptus	unverdorben, -sehrt

---

[1] Aber *ruitūrus*. [2] Urspr. vielleicht selbständiges Verbum. [3] '(Orts-)straße' < 'Rinne (zwischen Häusern)'.

▶ 1- 3456 - 8---	ērumpere (tr/intr)	hervorbrechen lassen / hervor-, ausbrechen
	sē ~ portīs	aus d. Toren hervorbrechen
-- 3-5- - ----	ēruptiō	Ausbruch, -fall
-- 3456 - 8---	irrumpere (oppidum, in oppidum)	einbrechen, -dringen
-- 3--6 - ----	interrumpere	unter-, abbrechen
-2 3-56 - -9--	perrumpere (aciem/ per aciem)	durchbréchen / dúrchbrechen
	~ perīculum	d. Gefahr überwinden
-- 3--- - ----	praeruptus (locus)	abschüssig, steil
-- ---6 - 8---	prōrumpere (tr/intr)	hervorbrechen lassen / hervorbrechen
▶ • ○	rūrsus (-um) Adv[1]	rückwärts; wiederum; andererseits
-- ---- ○	rūs, rūris n	Landgut, Land
	rūs/rūre/rūrī[2]	aufs Land / vom Land / auf dem L.
12 ---- - *	rūsticus	ländlich, bäuerlich; einfach, plump
	-us m Subst	Bauer
-- ---- - ---1	rūrĭcŏla, ae m f	(Landbebauer, -in:) ländlich
	~ (bōs)	Ackerstier
-- ---- - 8--1	**rŭtĭlus**	rötlich

S

-- ---- - --0-	saccus	‹Sack› F sac E sack
▶ 12 -456 - *	săcer, cra, crum (Iovis, Iovī) -um	(e. Gott gehörig:) heilig, verfallen, -flucht Heiligtum; heilige Handlung, Opfer
1- ---- - ----	sacrārium	Heiligtum
-- --56 - 8--1	sacrāre	heiligen, weihen; widmen; verewigen F sacrer
-- 3-56 - ----	sacrāmentum	1. Prozeßsumme, Einsatz[3]; 2. Eid, Fahneneid D Sakrament[4]
▶ 12 ---- - ----	cōnsecrāre	(für heilig erklären:) weihen, verfluchen; vergöttlichen, -ewigen F consacrer
12 34-- 7 --0-	obsecrāre (eum)	anflehen, beschwören
12 3-5- - ----	sacrĭfĭcĭum	Opfer F E sacrifice
-- --56 - ----	sacrĭfĭcāre	opfern
	~ caprīs (Abl)	e. Opfer aus Ziegen darbringen
-- ---- 7 ----	sacrĭlĕgus	tempelräuberisch; gottlos, verrucht
	-us m Subst	Tempelräuber
12 --56 - 89-1	sacerdōs, ōtis m / f	Priester / -in

[1] < *ró- < *ré-vorsos. [2] Auch rure (bei Horaz u.a.). [3] Vor Prozeßbeginn in e. Tempel hinterlegt. [4] 'Heiligungsmittel'.

1- ---6 - ----		sacerdōtium	Priesteramt
▶ -2 ---6 - 89-1		saeculum	Menschenalter; Zeitalter; Jahrhundert F siècle
▶ •	○	saepĕ *Adv*	oft
-- 3--- - ----		saepenumerō *Adv*	oft, häufig
-2 ----- - --0-		persaepe *Adv*	sehr oft
-2 --56 - 8---		saepire, saepsī, tum	einzäunen, umhegen
-- ----- - 8---		saepēs, is *f*	Zaun, Gehege
-- ----- - 8--1		saeta	Borste
▶ -- -4-6 - *		saevus	wütend, grimmig
-- -4-6 - ----		saevitia	Wut
-- --56 - *		saevīre	wüten, rasen
-- ----- - -9--		săgāx, ācis	scharf witternd; scharfsinnig
-2 3--6 - 89-1		sagitta	Pfeil
-- 34-- - ----		sagittārius	Bogenschütze
-2 ----- - 8-01		sāl, sălis *m*	Salz; Meer; Geschmack, Witz F sel
-- ----- - 8-0-		salsus	salzig, gesalzen; scharf; witzig
-- ----- - *		sălire, uī	springen, hüpfen
-- ----- - 8--1		saltus, ūs	Sprung D Salto (I)
-- ----- - --01		saltāre	tanzen; tänzerisch darstellen F sauter
-2 ----- - 8--1		exsultāre	aufspringen; frohlocken, prahlen
-- ---6 - 8---		īnsultāre (flōribus/ei, eum)	herumspringen in, tanzen auf / (anspringen gegen:) höhnen, verhöhnen
-- ----- - 8---		resultāre	zurückspringen, abprallen; widerhallen
-- 3--- - -901		dēsilīre	herab-, (hinein-)springen
-- ----- - --0-		dissilīre	zerspringen
-- ----- - ---1		exsilīre	heraus-, emporspringen
-- ----- - --01		prōsilīre	hervorspringen, -stürzen
-- ----- - -9--		trānsilīre	hinüberspringen; überspringen
-- ----- - 8---		sălĭx, ĭcis *f*	Weide *(Baum)*
-2 ----- 7 8--1		saltem *Adv*	wenigstens
▶ -- 3-56 - 89-1		saltus, ūs	Schlucht, Waldtal, Paß; Waldgebirge
▶ •	7 8--1	sălūs, ūtis *f*	Gesundheit; Heil, Wohlfahrt; Rettung, Leben
		-em dīcere	grüßen D Salut (F)
-2 ----- - ----		salūtāris	heilsam; nützlich, rettend
-2 --56 7 --01		salūtāre	grüßen, begrüßen; seine Aufwartung machen F saluer D salutieren
-2 --56 - -90-		salūber, bris, bre	gesund: heilsam, kräftig
▶ •	7 --01	salvus	wohlbehalten, unversehrt F sauf E safe
-- ---- 7 8-0-		salvēre -ē!	sich wohlbefinden sei gegrüßt!
▶ 12 3-56 - -90-		sancire, sānxī, sānctum	(durch Weihe unverletzlich machen:) bekräftigen, festsetzen, bestrafen

166

► • 7 8--1	sānctus	(geweiht:) heilig, unverletzlich; rechtschaffen F E saint
-2 ---- - ----	sānctitās	Heiligkeit: Unverletzlichkeit, Rechtschaffenheit
► 12 -456 - *	sanguis, ĭnis m	Blut F sang
-- ---- - 8--1	sanguineus	blutig: aus Blut (bestehend), rot, blutdürstig
-- 3--- - 8---	cōnsanguineus	blutsverwandt; Bruder
-- ---- - ---1	sanguinulentus	blutbefleckt
-- -4-- - 8--1	exsanguis	blutleer; tot, entkräftet
-- ---- - 8---	sănĭēs	Wundwasser, Eiter; Geifer, Gift
► -2 ---- 7 --01	sānus	gesund; besonnen, vernünftig
► 12 -456 7 --0-	sānē Adv	wirklich *(beteuernd; verstärkend)*
-2 ---- - ----	sānitās	Gesundheit; Besonnenheit F santé
-2 3--- - ----	sānāre	heilen; zur Vernunft bringen D sanieren; Sana-torium[1]
► -2 ---- ○	īnsānus	wahnsinnig, rasend, verrückt
-2 ---- - 8-0-	īnsānia	Wahnsinn, Verrücktheit
-2 ---- 7 -90-	īnsānīre	wahnsinnig –, verrückt sein
-2 ---- 7 --01	săpĕre, iō, iī	schmecken; Verstand haben
	~ rēcta	Sinn für d. Richtige haben VL -ére > F savoir
► 12 -4-6 7 -901	sapiēns	verständig, einsichtsvoll, weise; Weiser, Philosoph
► 12 -4-6 7 -90-	sapientia	Einsicht; Weisheit, Philosophie
► -2 ---- - ----	īnsipiens	unverständig, töricht
-2 ---- - 8-0-	sapor	Geschmack; Wohlgeschmack
-2 ---- - --0-	dēsipere	unsinnig sein
-- 3--- - ----	sarcīre, sī, sartum	ausbessern; wiedergutmachen
-- 3456 - ---1	sarcĭna / Pl	Last, Bündel / Marschgepäck
-2 ---- 7 8---	săt Adv =	satis
► • ○	sătis Adv	genug
	satius est	es ist besser F assez[2]
-2 ---- - ----	satietās	Genüge; Überdruß
-2 ---6 - ---1	satiāre	sättigen; übersättigen
12 3--- - ----	satisfacere (lēgī/ei dē hāc rē)	Genüge tun / Ersatz leisten F satisfaire E satisfy
-- ---- - 8-0-	satur, ura, urum	satt; voll, reich
-- ---- - --0-	satura	‹Satire›[3]
-- ---- - 8---	saturāre	sättigen D saturiert
-- -4-6 - -9--	satelles, itis m	Leibwächter, Begleiter; Spießgeselle D Satellit

---

[1] Neubildung. [2] < *ad satis. [3] satura (sc. ōlla o. ä.) urspr. 'voller Topf (v. Gedichten)', dann d. darin vorherrschende 'Spottgedicht'.

-- ---- - --01	săty̆rus	‹Satyr›[1]
-2 3-56 - 89-1	saucius	verwundet
-- -4-- - ----	sauciāre	verwunden
▶ -2 3456 - *	saxum	Fels, Steinblock, Stein
-- ---- - --0-	scăbiēs	Rauheit; Räude; Jucken
-2 ---6 - --01	scaena	Bühne, Schauplatz
		F scène E scene D Szene (F)
-- -456 - 8---	scālae, ārum	Leiter, Treppe F échelle E scale D Skala
-- ---- - --0-	scalpere, scalpsī, tum	kratzen, scharren; (flach) eingravieren
-- ---- - -9--	scandere, dī, scānsum	steigen, besteigen
-2 34-- - 8---	ascendere, dī, scēnsum	emporsteigen; erklimmen
-- 3--- - ----	ascēnsus, ūs	Emporsteigen, Aufstieg
-- 3-5- - 8---	cōnscendere	besteigen
	~ (nāvem)	d. Schiff besteigen, sich einschiffen
▶ 12 345- - *	dēscendere	herab-, hinabsteigen
	~ (in forum)	(z. polit. Tätigkeit) auf d. Forum hinabsteigen[2]
-- -45- - ----	ēscendere	hinaufsteigen; besteigen
-- 3-5- - ----	trānscendere	hinübersteigen; übersteigen, -schreiten
-- 3--- - ----	scăpha	Kahn, Boot
▶ • ○	scĕlus, eris n	Frevel, Verbrechen; Verbrecher
-- -4-- 7 -9--	scelestus	frevelhaft, verrucht
▶ 12 -4-- - 8-01	scelerātus	befleckt, entweiht; verbrecherisch
-2 ---- - ----	schŏla	Lehrvortrag; ‹Schule› F école E school
-- ---- - 8--1	scēptrum	‹Zepter›; Herrschaft, Reich
▶ 12 -4-6 ○	scilicet Adv[3]	offenbar, natürlich (oft ironisch)
-- ---- - 89-1	scindere, scĭdī, scissum	spalten, zerreißen
	~ terram ferrō	d. Erde mit d. Pflug spalten
	~ agmen/viam	d. Heer durchbrechen / e. Weg bahnen
-- ---- - -9--	abscindere	abspalten, trennen; zerspalten
-- ---6 - 8---	exscindere (urbem)	ausrotten, zerstören
1- 3--- - 8---	rescindere	wieder ein-, wieder aufreißen; ungültig machen, aufheben
▶ • ○	scire	wissen; kennen, verstehen
-2 ---- 7 -9--	sciēns	wissentlich, bewußt; kundig, erfahren
▶ 12 3--6 - ----	scientia	Wissen, Kenntnis F E science
-- ---- 7 ----	īnsciēns	unwissend; unabsichtlich
-2 3--- - ----	īnscientia	Unwissenheit, -kenntnis
-- ---- - ----	scīscere, scīvī, scītum (quid fīat/lēgem)	erfahren / beschließen
-2 ---- 7 ----	scītus	kundig, klug; fein, nett[4]

[1] Begleiter d. Bacchus, bei d. Römern bocksfüßig wie Pan. [2] Vom Palatin, d. Wohngebiet d. vornehmen Familien. [3] < scīre licet. [4] PP zu scīscere akt.

-2	----	-	----	īnscītus	unverständig, -geschickt
-2	---6	-	----	īnscītia	Unwissenheit, -kenntnis;Unüberlegtheit
-2	----	-	----	scītum	Beschluß[1]
►-2	---6	-	----	ascīscere	an-, aufnehmen; zuordnen
-2	--56	-	----	dēscīscere[2]	abfallen, sich abwenden
--	----	7	----	rescīscere	erfahren
--	----	-	8---	ascīre	an-, aufnehmen
►12	---6	○		nĕscīre	nicht wissen
►12	-4-6	-	----	cōnscientia	Mitwisserschaft; Bewußtsein, Gewissen F E conscience
1-	-4-6	7	8-01	cōnscius (factī)	eingeweiht; Mitwisser
				~ sibĭ culpae	sich e. Schuld bewußt E conscious[3]
--	----	-	89-1	īnscius	unwissend, -kundig
--	---6	-	89-1	nĕscius	unwissend, -fähig; unbekannt
--	----	-	89-1	**scŏpŭlus**	Fels, Klippe
--	-4--	-	----	**scortum**	Dirne, Prostituierte
►●		7	-901	scrībere, scrīpsī, scrīptum	‹schreiben›[4]; *(auch:)* zeichnen
				~ bellum/mīlitēs	e. Krieg beschreiben / Soldaten ausheben F écrire
-2	----	-	---1	scrīptum	Schrift, Buch; Linie (auf d. Spielbrett)
-2	---6	-	--0-	scrīptor	Schreiber; Schriftsteller
--	----	7	----	scrīptūra	Schreiben, Schreibweise; Schriftstück
1-	----	-	--0-	scrība, ae *m*	Schreiber
1-	----	-	----	ascrībere	hinzuschreiben, eintragen
►●		-	----	cōnscrībere (cīvēs/ librum)	(in e. Liste) eintragen / abfassen
				~ mīlitēs patrēs cōnscrīptī!	(S. eintragen:) Soldaten ausheben Senatoren![5]
►12	----	-	8-0-	dēscrībere (verba/ fōrmās)	ab-, (hin-)schreiben / ab-, (hin-)-zeichnen
				~ pūgnam	e. Schlacht beschreiben
				~ partēs	d. Anteile feststellen
				~ iīs mūnera	ihnen Pflichten zuweisen
►-2	----	-	----	dīscrībere[6]	ein-, zuteilen
-2	----	-	----	discrīptiō	Ein-, Verteilung
-2	----	-	---1	īnscrībere (nōmen/ āram)	hinein-, daraufschreiben / mit e. Aufschrift versehen
				~ librum Laelium	einem Buch d. Titel „Laelius" geben
12	3---	-	----	perscrībere (rem/ei pecūniam)	(vollständig) niederschreiben / *(Geld)* anweisen

---

[1] PP zu *scīscere* pass. (n Subst.).   [2] Perf. meist *-scĭī*.   [3] Über *-ous* vgl. zu *anxious* bei *anxius*.
[4] Verdrängte älteres *reißen, ritzen* (vgl. E *write*, D *Reiß-brett, Grund-riß*).   [5] Vgl. zu *pater*.
[6] Oft m. *dēscribere* vermengt.

-2 3--6 - -90-	praescrībere (nōmen reī/id ei)	schriftlich voranstellen / vorschreiben, verordnen
1- -4-- - ----	prōscrībere (lēgem/ agrum/eum)	(öffentlich) anschlagen / ausschreiben / ächten[1]
1- ---- - ----	prōscrīptiō	Ausschreibung; Ächtung
-- ---6 - --01	rescrībere	zurückschreiben; neu –, umschreiben
-- ---- - --0-	**scrinĭum**	Kapsel **D** Schrein
-- ---- - 8---	**scrŏbis**, ĭs *m f*	Grube
-- ---- 7 ----	**scrūpŭlus**	(spitzes) Steinchen; Besorgnis **D** Skrupel
-- ---6 - --0-	**scrūtāri**	durchsuchen; erforschen, forschen nach
-- ---- - --0-	**scurra**, ae *m*	Spaßmacher, Schmeichler
-- ---- - --0-	**scurrārī** (ei)	Spaßmacher sein
-- 3-56 - 8--1	**scūtum**	Langschild; *(allg.)* Schild
-- ---- - -9--	**scȳphus**	Becher, Pokal
-2 ---- - *	**sĕcāre**, uī, tum ~ pontum/viam	ab-, aus-; durch-, zerschneiden d. Meer durchschneiden / e. Weg bahnen **D** sezieren
-- ---- - --0-	exsecāre	herausschneiden
-- ---- - ---1	resecāre	weg-, beschneiden
-- ---6 - -90-	**sectāri** (eum)[2]	nachlaufen, -jagen
-2 3--6 - ----	cōnsectārī	verfolgen
-2 ---6 - --0-	īnsectārī	verfolgen, bedrängen
1- --56 - *	**secūris**, is *f*	Beil
▶ ● ○	**secundus**[3] -ō flūmine rēs -ae	(folgend:) 1. zweiter; 2. günstig mit d. Strom, flußabwärts günstige Umstände, Glück **F** second; seconde **E** second **D** Sekunde[4]
-2 3-56 - ----	secundum + *Akk* ~ hunc diem/deōs ~ mare/lēgēs ~ eum dēcernere	unmittelbar nach; entlang, gemäß nach diesem Tag / nächst d. Göttern am Meer entlang / gemäß d. Gesetz zu seinen Gunsten entscheiden
▶ -2 -45- - 89--	**sĕcus** *Adv* ~ atque ~ cēdere	anders anders als (anders =) schlecht ausgehen
▶ ● ○	**sed**	aber, sondern
-- -45- - ----	**sēdāre**	z. Ruhe bringen[5]
-2 ---- - ----	sēdātiō	Beruhigung
▶ 12 --5- ○	**sĕdēre**, sēdī, sessum	sitzen *(Ggs. 1. stehen; 2. sich bewegen)*
-- ---- - 8---	sedīle, is *n*	Sitzgelegenheit: Stuhl, Sessel, Bank

---

[1] Sulla schlug d. Namen d. polit. Gegner, die umgebracht werden sollten, öffentlich an.
[2] Als Intensivum zu *sequī* empfunden. [3] ~ *sequī*. [4] Vgl. zu *Minute* bei *minuere*. [5] Urspr. 'z. Sitzen bringen' (~ *sedēre*).

-- -4-6 - 890-	assidēre, sēdī, sessum (ei)	sitzen bei, beistehen
	~ urbī/urbem	bei d. Stadt lagern / d. Stadt belagern VL *-sĕd- > F asseoir[1]
12 3-56 7 8--1	assiduus (cīvis/labor)	ansässig / beständig
-- --56 - ----	circumsedēre	belagern, -drängen
1- ---- - 8---	consessus, ūs	Zusammensitzen; Versammlung
-- ---- - ----	dēsidēre	herumsitzen, müßig sein
-- -4-- - ----	dēsidia	Untätigkeit, Müßiggang
-2 ---- - -9--	dissidēre (ab eō, cum eō, ei)	nicht übereinstimmen, abweichen, uneins sein
▶ • - 8-01	īnsidiae, ārum	Hinterhalt, Falle; heimliche Anschläge[2]
▶ 1- 3456 - 8--1	obsidēre (viam)	belagern, blockieren
	-ētur locus rēbus	d. Ort ist v. Gegenständen erfüllt
-- 3--- - ----	obsessiō	Belagerung, Einschließung
-- 3-56 - 8---	obsidiō	Belagerung, Einschließung
-- ---6 - ----	obsidium	Belagerung, Einschließung
▶ 12 -45- 7 ---1	possidēre[3]	besitzen F posséder E possess
▶ 12 --56 - ----	possessiō	Besitz F E possession
-- ---6 - 8---	praesidēre (urbī, urbem)	(sitzen vor:) beschützen; leiten, befehligen
▶ • 7 -90-	praesidium	Schutz, Hilfe; Besatzung
-- ---- - 8---	residēre	sitzen -, zurückbleiben
▶ 1- 3456 - ----	subsidium	Hintertreffen, Reserve; Unterstützung
▶ • - 89-1	sēdēs, is f	Sitz: Stuhl, Wohnsitz, Stätte
-- ---- 7 --01	sēdulus	eifrig, emsig[4]
	-ō Adv	1. eifrig, 2. vorsätzlich
-- ---- - --0-	sēdulitās	Emsigkeit
▶ 12 -456 - -9--	sēditiō	Zwist, Aufruhr[5]
12 -4-6 - ----	sēditiōsus	aufrührerisch
-2 ---- - *	sĕgĕs, ĕtis f	Saatfeld, Saat; dichte Menge
▶ -- --56 - *	sĕgnis	langsam; schlaff, träge
-- ---6 - ----	sēgnitia	Schlaff-, Trägheit
-- --5- - ----	sella[6]	Stuhl, Sessel
1- ---- - ----	subsellium	Bank; (bes.) Gerichtsbank
▶ 12 --56 - *	sĕmĕl Adv	einmal
-- ---- - 8---	sēmĭta	Fußsteig, Seitenpfad
▶ • O	semper Adv	immer
▶ 12 ---- - ----	sempiternus	ewig

---

[1] 'setzen' < 'lagern (tr)' < 'lagern (intr)'. [2] *insidia urspr. '(Im-Versteck-)Sitzen', 'Auflauern', Pl. 'Mittel - -, Versuche z. A.'. [3] Nach pos-sum gebildet. [4] sēdulus < *sē dolō 'ohne Arg' (sēdulō facere 'sich eifrig bemühen' < 'sich redlich bemühen'). [5] Urspr. 'd. Beiseitegehen' (zu īre). [6] < *sed-la ~ sed-ēre.

► 12	--56	○	sĕnex, senis senior[1]	alt; Greis älter F sire; seigneur E sir; senior D Senior
► 12	-4-6	○	senectūs, ūtis f [2]	hohes Alter, Greisenalter
--	---6 - 89-1		senecta	hohes Alter, Greisenalter
► ●	- ----		senātus, ūs[1]	(Körperschaft d. Alten:) Staatsrat, ‹Senat›; ‹Senats›versammlung
► ●	- --01		senātor	Ratsherr; Senatsmitglied, ‹Senator›
1- 34-6	- ----		senātōrius	‹senatorisch›
-- ----	- ---1		senīlis	greisenhaft, d. Greises
-2 -4--	- --0-		senēscere, nuī	alt werden; verkümmern, -welken
► 12 3-56		○	sentīre, sēnsī, sum	empfinden: fühlen, wahrnehmen, meinen F sentir
► 12 ---6	- 8-01		sēnsus, ūs	Empfinden, Gefühl; Sinn, Verstand F sens E sense
-2 ----	- ----		sēnsim Adv	(wahrnehmbar:) allmählich
► ●		○	sententia[3]	Meinung; Ausspruch, Satz E sentence D Sentenz
► 12 --5-	7 ----		assentīrī	bei-, zustimmen
-2 ----	- ----		assēnsiō	Zustimmung
-2 --56	- ----		assēnsus, ūs	Zustimmung
-2 ----	- ----		assentārī	eifrig zustimmen, schmeicheln
-2 ----	- ----		assentātor	Ja-Sager, Schmeichler
-2 ----	- ----		assentātiō	Ja-Sagerei, Schmeichelei
► 12 3--6	- ----		cōnsentīre	übereinstimmen
► 12 3-56	- ----		cōnsēnsus, ūs	Übereinstimmung
► -2 ----	- ----		cōnsentāneus (temporī)	übereinstimmend, vereinbar
► 12 ----	- --0-		dissentīre (ab eō, cum eō)	verschiedener Meinung sein: nicht übereinstimmen, uneins sein
► 12 34--	- ----		dissēnsiō	Meinungsverschiedenheit, Uneinigkeit, Widerspruch
-2 ----	- ----		praesentīre	vorher empfinden, ahnen
-2 ----	- ----		praesēnsiō	Ahnung
-- ----	- 8---		sentis, is m	Dornenstrauch
-2 --5-	- 8--1		sepĕlīre, īvī, sepultum	bestatten: begraben, verbrennen
-2 ---6	- ----		sepultūra	Bestattung: Begräbnis, Verbrennung
► 12 ----	- *		sepulcrum	Grab
► -2 3-56	- *		septem	sieben F sept
► -2 3--6	- 8--1		septĭmus	siebter
-- ----	- 8---		septēnī, ae, a	je sieben
-- 3-5-	- ----		septuāgintā	siebzig
-- --5-	- ----		septingentī, ae, a	siebenhundert

---

[1] Vom Stamm sen- (vgl. Gen. sen-is usw.). [2] Vom Stamm senec- (vgl. Nom. senex = *senec-s). [3] Zu unregelmäßigem PPr. *sentēns; vgl. parēns (Subst.) : parĕre.

-- 3--- - ----	septentriōnēs, um *m*	Siebengestirn, Großer Bär; *(allg.)* Norden[1]
▶ • ○	sĕqui, secūtus (eum)	folgen, verfolgen **VL** *-ere > **F** suivre
-- ---- - 8---	sequāx, ācis	schnell folgend
▶ 12 -456 - ----	assequī	erreichen, -langen, -fassen
▶ 12 3--6 7 8--1	cōnsequī	einholen, erreichen; nachfolgen
-2 -456 - 8---	exsequī (iūs armīs/ iussa)	verfolgen / ausführen, vollziehen
	~ singula verbīs	Einzelheiten schildern
-- ---- - ---1	exsequiae, ārum	(Hinausbegleiten:) Leichenbegängnis
▶ -2 345- - 8--1	īnsequī (eum)	auf d. Fuße folgen; verfolgen, bedrängen
-2 ---- 7 ----	obsequī (ei/rei)	willfahren, gehorchen / sich hingeben
-- ---6 - --01	obsequium	Willfährigkeit, Gehorsam
▶ 12 345- 7 89-1	persequī	verfolgen; einholen
	~ rem versibus	e. Ereignis in Versen darstellen
12 3-56 - 8--1	prōsequi	geleiten, verfolgen
	~ cēdentem dōnīs	d. Abreisenden beschenken
	~ rem verbīs	d. Sache weiter ausführen
▶ -2 3--- - ----	subsequī	unmittelbar folgen
-- ---- - ---1	sĕra	Querbalken, Riegel
-- ---- - 8--1	reserāre	entriegeln, öffnen
-- ---- - 89-1	serēnus	heiter
-- ---- - ----	sĕrĕre, uī, tum	aneinanderreihen, knüpfen
-- ---- - 8--1	serta, ōrum	Kranz, Girlande
-2 ---- - ---1	seriēs	Reihe **F** série **E** series **D** Serie
-- -45- - 8---	cōnserere	aneinanderreihen, knüpfen
	~ manūs/pūgnam	handgemein werden / e. Schlacht beginnen
▶ • ○	dēserere	verlassen, im Stich lassen
-- ---- - 8--1	dēsertus	verlassen; einsam, öde **L** -um > **F** désert *m* **E** desert *Subst*
-- ---6 - ----	dēsertor	Fahnenflüchtiger; Flüchtling, Verräter
▶ -2 -456 - ---1	disserere	auseinandersetzen, erörtern
-- ---6 - -9-1	īnserere	einreihen; einfügen, hineinstecken
-2 ---- - 89-1	sĕrĕre, sēvī, sătum	säen, pflanzen; besäen, -pflanzen
	satus Anchīsā	v. Anchises gezeugt, Sproß d. A.
-- ---- - 8---	sata, ōrum	Saaten, Pflanzungen; Gewächse
-2 ---- - ----	satus, ūs	Säen, Pflanzen; Saat, Same
-- ---- - 8---	cōnserere, sēvī, situm	anpflanzen; bepflanzen
-2 --56 - 89--	īnserere (rāmōs pirō/ pirum)	einpflanzen, aufpfropfen / pfropfen, veredeln

---

[1] Urspr. 'd. sieben Dreschochsen' (*-triō* ~ *terere*).

▶ -2 ---6 - 8--1	sēmen	Same, Setzling; Stamm, Sproß, Keim
-- ---- 7 --0-	sērius *(Adv* -ō*)*	ernsthaft, ernst
		SpL -osus > **F** sérieux **E** serious
▶ • ○	sermō, ōnis *m*	Gespräch; Sprechweise, Sprache; Gerede
-2 ---- - 8--1	serpere, serpsī, tum	kriechen; um sich greifen *(Übel)*
-2 ---- - *	serpēns *m f*	Schlange **F** serpent *m*
-2 --56 - *	sērus *(Adv* -ō*)*	spät, zu spät **F** soir < -o *Adv*
▶ 12 3-56 ○	servāre	acht geben; beobachten, erhalten
	∼ frūctūs/domum/	d. Früchte bewachen / d. Haus hüten,
	lēgem	zu Hause bleiben / d. Gesetz beachten
	sē ∼ ad maiōra	sich f. größere Aufgaben erhalten
▶ 12 3--- - ----	cōnservāre	erhalten; beachten
		F conserver **D** -ieren
1- ---- - ----	cōnservātor	Erhalter
-2 ---- - ----	cōnservātiō	Aufbewahrung, Erhaltung
▶ 12 34-6 7 8---	observāre (caelum/	beobachten / beachten / ehren
	lēgēs/patrem)	
-2 ---- - ----	observātiō	Beobachtung
1- 3--6 - 8---	reservāre	aufbewahren, erhalten (für)
▶ • 7 --01	servus	dienstbar; Sklave
-- ---- - -9--	serva	Sklavin
-- ---- 7 ----	servulus	junger Sklave
▶ • - ----	servitūs, ūtis *f*	Dienstbarkeit, Sklaverei
▶ -- -456 - 8---	servĭtĭum / *Pl*	Sklavendienst; -volk / Sklaven
		F E service
-- -4-6 - --0-	servīlis	sklavenmäßig, Sklaven-
▶ 12 34-6 7 -901	servīre	Sklave sein, dienen
	praedium -it	d. Grundstück ist belastet
		F servir **E** serve **D** servieren
-- ---- - --0-	cōnservus	Mitsklave
▶ 1- 3--6 - --0-	sēstertius	‹Sesterz› *(Münze; klass.* = *4 As*[1]*)*
	duo -a/bis -um[2]	2000 / 200000 Sesterzen
-- 3--- - 8---	sētius *Adv*	anders; weniger, schlechter
	nihilō ∼	nichtsdestoweniger, trotzdem
▶ -- 3456 - *	seu =	sīve
▶ 12 ---6 - *	sevērus	ernst, streng **F** sévère **E** severe
12 ---6 - ----	sevēritās	Ernst, Strenge
-- ---6 - ----	assevērāre (in eā rē/	(bis z. Ernst treiben:) ernstlich verfahren /
	id ita esse)	behaupten
-- 3-5- - ----	persevērāre	fortfahren; beharren (auf)

---

[1] Urspr. = 2^1/$_2$ As (*sēstertius* < **sēmis-tertius* 'd. dritte halb').   [2] < *duo mīlia sēstertium/bis centēna mīlia sēstertium.* Nach Auslassung d. selbstverständlich gewordenen Begriffe '1000' und '100000' empfand man *sēstertium* als n Sg und sagte deshalb *duo sēstertia,* aber auch *in bis sēstertiō* 'bei 200000 S.'.

▶ 12 3-56 7 8--1	sex	sechs F six
-2 --56 - ---1	sextus	sechster D Siesta (S < sexta hora)
-- ---- - --0-	Sextīlis (mēnsis)	(Monat) August [1]
-- ---- - 8-0-	sēnī, ae, a	je sechs
-- 3--6 - ----	sēdĕcim	sechzehn F seize
▶ -- 3-56 - ----	sexāgintā	sechzig VL sexanta > F soixante
1- 3-5- - ----	sescentī, ae, a	sechshundert
-- ---6 - ----	**sexus, ūs**	Geschlecht D Sex (E)
▶ ● ○	si	wenn
	cōnārī, ~	versuchen, ob
		F si 'wenn; ob'
▶ -2 ---- 7 ----	sīquĭdem	wenn wirklich; wenn nun einmal
▶ 12 34-6 7 8---	sīn (sī ...; sīn ...)	wenn aber (wenn ...; wenn aber ...)
▶ 12 3-56 7 8---	etsī	wenn auch; jedoch [2]
▶ 12 --56 - ----	etiamsī	wenn auch
▶ 1- 34-- - ----	tametsī	obgleich; jedoch [2]
▶ ● ○	nĭsĭ	wenn ... nicht
	nōn ... nisi	nur
▶ 12 -4-6 7 ---1	quăsī [3]	wie wenn; gleichsam; ungefähr
▶ 12 -4-- - 890-	quodsī	wenn also, – aber [4]
▶ ● ○	sic	so
	~ loquar, ut audiās	ich werde so reden, daß du es hörst
		F si 'so; doch'
▶ ● - --01	sīcut(ī)	(so) wie; gleichsam; wie wenn
1- ---- - ----	sica	Dolch; Meuchelmord
1- ---- - ----	sīcārius	Meuchelmörder
-- ---- - *	**siccus**	trocken; durstig, nüchtern
		F sec D Sekt [5]
-- ---- - 89-1	siccāre	austrocknen; austrinken
-- ---- - 8---	**sīdĕre**, sēdī, sessum	sich setzen, sich senken [6]
▶ -2 3456 - 8--1	cōnsīdere, sēdī, sessum	sich hinsetzen, sich niederlassen
	montēs -unt	d. Berge sinken in sich zusammen
-- --56 - 8---	īnsīdere (viae, viam, in via)	sich setzen auf; sich niederlassen, sich festsetzen
-- ---- - 8---	obsīdere (locum)	besetzen
-- ---- - 89-1	resīdere	sich setzen
-- ---- - 8--1	subsīdere	sich niedersetzen, sich senken
	~ ei, eum	ihm auflauern
▶ -2 ---6 - 89-1	**sidus, eris** *n*	Stern, Gestirn *(auch von d. Sonne)*
-- ---- - ---1	sīdereus	gestirnt; Sternen-, d. Sterne

---

[1] D. 'sechste (Monat)', weil d. röm. Jahr urspr. mit d. März begann. 8 v. Chr. in *(mēnsis) Augustus* umbenannt. [2] Im Hauptsatz. [3] < *quam-sī*. [4] Urspr. 'wenn in Beziehung darauf' (*quod* als rel. Anschluß + *sī*). [5] < F *(vin) sec*. [6] Kausativ zu *sedēre* (*sīdere* < *si-sd-ere*; vgl. *stāre* : *si-st-ere*).

▶	●	○		**signum**	Zeichen; Bild, Statue
				-a legiōnum	d. Feldzeichen d. Legionen
				-a convertere	schwenken, kehrt machen
				-a īnferre Gallīs	gegen d. Gallier vorstoßen, d. G. angreifen
				-a cōnferre eō/cum hoste	d. Truppen dort vereinigen / mit d. Feind zusammenstoßen, – – – kämpfen **F** signe **E** sign
––	––––	–	––0–	sīgillum[1]	Bildchen: Statuette, ‹Siegel›
–2	––––	–	8–01	sīgnāre	bezeichnen
				~ epistulam/pecūniam∥nōmen aere	e. Brief siegeln / Geld prägen ∥ d. Namen auf Erz festhalten **F** signer **E** sign **D** segnen; signieren
––	––56	–	––––	assīgnāre	zuweisen
–2	––––	–	––––	cōnsīgnāre	kennzeichnen; siegeln, bekräftigen
1–	–4––	–	––––	dēsīgnāre	bezeichnen
				cōnsul -ātus	gewählter K. *(aber noch nicht amtierend)*
1–	––––	–	––––	obsīgnāre	be-, versiegeln
––	––––	–	––0–	resīgnāre	(entsiegeln:) öffnen; ungültig machen
–2	––––	–	––––	sīgnĭfer, era, erum	zeichentragend; Feldzeichenträger
				~ (orbis)	Tierkreis[2]
▶	12	3–––	– ––––	sīgnĭfĭcāre	bezeichnen; andeuten; bedeuten
–2	3–––	–	––––	sīgnificātiō	Anzeichen; Bedeutung
––	3–––	–	––––	antesīgnānus / *Pl*	Elitesoldat / -korps[3]
▶	12	––56	– *	īnsīgnis	kenntlich; auffallend, ausgezeichnet
12	3–56	–	8–0–	īnsīgne, is *n*	Kenn-, Ehrenzeichen
12	–––6	–	89–1	**silēre**, uī (–/rem)	still sein, schweigen / verschweigen
▶	●		7 89–1	silentium	Stille, Schweigen **F E** silence
––	––––	–	8––1	**silex**, icis *m*	Stein, Kiesel; *(allg.)* Fels
ˌ ▶	––	3–56	– *	**silva**	Wald; *(dicht.)* Baum, Strauch
–2	3–––	–	8–0–	silvestris	bewaldet; im Wald lebend, wild
▶	12	3–56	○	**simĭlis** (eius, ei)	ähnlich
				vērī ~	(d. Wahrheit ähnlich:) wahrscheinlich **D** Faksimile[4]
▶	–2	–––6	– ––––	similitūdō	Ähnlichkeit
▶	●		7 8–01	simulāre (eum, id)	nachbilden, -ahmen; vortäuschen
				-at sē id scīre	er tut so, als ob er es wüßte **F** sembler **D** simulieren
12	3––6	–	––––	simulātiō	Verstellung; Vorwand
▶	12	3––6	– 8––1	simulācrum	(Nachbildung:) Abbildung; Trugbild
––	–––6	7	––––	assimulāre	nachbilden; für ähnlich halten
1–	3456	7	8–01	dissimulāre	verheimlichen, -hehlen; übergehen
––	–––6	–	––––	dissimulātiō	Verheimlichung; Verstellung

---

[1] -ī- in *signum* usw. durch -*gn*- bewirkt. [2] Der '(Stern)zeichen trägt'. [3] Urspr. zum Schutz d. Feldzeichen vor diesen aufgestellt. [4] < Druckanweisung *fac simile!*.

-2 ---- - ----		īnsimulāre	verdächtigen, beschuldigen
-- ---- 7 ----		cōnsimilis	ganz ähnlich
▶ 12 -4-- 7 --01		dissimilis	unähnlich, verschieden
-2 ---- - ----		dissimilitūdō	Unähnlichkeit, Verschiedenheit
▶ -2 ---6 - *		simplex, icis	einfach; arglos, schlicht VL -plus > F E simple D simpel
-- ---- - ---1		simplicitās	Einfachheit; Aufrichtigkeit F simplicité E simplicity
▶ •	○	simul Adv[1]	zugleich
12 3--6 - --0-		simulac (-atque)	sobald
-- ---6 - ----		simultās	(Beieinandersein:) Rivalität, Feindschaft
-- ---- - --0-		sincērus	unversehrt; rein, aufrichtig F sincère E sincere
▶ •	○	sīnĕ + Abl (metū)	ohne
▶ 12 -456	○	sinĕre, sīvī, sĭtum	lassen, zulassen
▶ 12 -4--	○	dēsinere, sĭī, sĭtum (rem/loquī)	aufgeben / aufhören
▶ • - 8-01		singulī, ae, a dī -īs prōvident	jeder einzelne, einzeln; je einer d. Götter sorgen für jeden einzelnen E single
▶ 12 3--- - ----		singulāris	einzelner; einzig, -artig F singulier D Singular[2]
-2 3456 - *		sinister, tra, trum	links, ungeschickt; (altröm.:) günstig; (später:) ungünstig
-2 -456 - *		sĭnus, ūs	Krümmung, Bogen; (gl. Form:) Bucht, Landzunge; Gewandbausch, Busen F sein
-- ---- 7 ----		sīs (nach Imp)[3]	bitte!
▶ -- ---56 - 8--1		sistere, stetī, stătum[4]	1. zum Stehen bringen, anhalten, auf- stellen; 2. still-, feststehen
		~ equōs/templum/ cīvitātem -it amnis/rēs pūblica	d. Pferde anhalten / e. Tempel errichten / d. Staat festigen d. Fluß steht still / d. Staat steht fest, - - besteht
-- ---5- - 8---		absistere, stitī, stitum	sich entfernen; ablassen, aufhören
-- ---6 - 8---		assistere	sich hinstellen, hintreten; helfen F assister E assist D -ieren
-- 3--6 - ----		circumsistere, stetī, - (eum)	sich ringsum aufstellen; umstellen, -rin- gen; bedrängen
▶ 12 3-56 - *		cōnsistere, stitī labor -it cibus in lacte -it	sich aufstellen, haltmachen d. Anstrengung stockt d. Nahrung besteht in Milch

---

[1] < simile n. [2] < (numerus) singulāris. [3] < sī vīs. [4] Vgl. zu sīdere.

▶ 12 3-5- - --0-	dēsistere (cōnātū/fugere)	ablassen / aufhören
▶ 12 3-56 - ---1	exsistere	hervorgehen (aus); auftreten, entstehen D existieren¹
-2 3-56 - 8---	īnsistere (reī, rem, rē, in rē)	sich stellen auf; haltmachen
	~ viam/hostī/in bellum	e. Weg einschlagen / dem Feind nachsetzen / sich auf d. Krieg verlegen
▶ 12 --56 - ----	obsistere (ei)	sich entgegenstellen, sich widersetzen
▶ ● - 8--1	resistere	Widerstand leisten; stehenbleiben
-- 3-5- - 8---	subsistere	stillstehen; standhalten; aufhalten
-2 -4-- - *	sĭtis, is f	Durst; Dürre
-2 ---- - 8--1	sitīre (-/aquam)	dürsten, trocken sein / dürsten nach
▶ -2 --5- 7 ----	sĭtus (ibĭ/in cāsū)	liegend, befindlich / beruhend auf
	Aenēās ibĭ ~ est	dort ist Aeneas bestattet
-- 3-5- - 8-01	situs, ūs	(Liegen:) Lage, Stellung; Brachliegen, Vernachlässigung
▶ 12 3-56 ○	sive, seu²	oder
	sīve ... sīve	sei es, daß ... oder daß
-- ---- - --0-	soccus	niederer Schuh (d. Komödienschauspieler; Ggs. cothurnus)
-2 ---6 - *	sŏcĕr, ĕrī / Pl	Schwiegervater / -eltern
-- ---- 7 ----	socrus, ūs f	Schwiegermutter
▶ ● - *	sŏcĭus	gemeinsam, verbündet; Teilhaber, Partner, Bundesgenosse
▶ ● - ----	societās	Teilhabe, Gemeinschaft; Bündnis; Handelsgesellschaft F societé E society
-- ---- - ---1	sociālis	freundschaftlich, ehelich
-- ---6 - 8---	sociāre	zum Genossen machen; teilen (mit)
-2 ---- - -901	sodālis	Mitglied (e. Vereinigung); Genosse, Freund
-- ---- 7 --0-	sōdēs (nach Imp)³	wenn du magst; bitte
▶ -2 3456 - *	sōl, sōlis m	Sonne, Sonnengott; Sonnenschein, Tag
-- ---- - 8-01	sōlāri (eum/famem)	stärken, trösten / lindern, mildern
-2 ---6 - 8--1	sōlācium	Trost; Entschädigung; Tröster
▶ 12 3--- 7 ---1	cōnsōlārī	trösten; lindern, mildern
-2 ---- - ----	cōnsōlātiō	Trost, -schrift
▶ ● ○	sŏlēre, solitus sum	gewohnt sein, pflegen
	-eō adesse	gewöhnlich bin ich da
	ultrā solitum	über d. gewohnte Maß hinaus
-- -4-6 - ----	īnsolitus	nicht gewöhnt (an); ungewohnt, fremd
-2 34-- - -9--	īnsolēns	ungewohnt; unmäßig, anmaßend

---

¹ 'vorhanden sein' < 'auftreten'.   ² < sīve vor Kons.   ³ < sī audēs.

-- -4-- - ----	īnsolentia	ungewohnte Art; Unmäßigkeit, Anmaßung
-2 ---6 - *	sŏlĭdus	dicht, fest; gediegen, dauerhaft, ganz F solide; sou[1] E solid D solid (F); Sold (I[1])
-- ---- - 8--1	sŏlĭum	Armsessel, Thron
	soll-emnis, -ers, sollicitus → annus, ars, ciēre	
-2 3-56 - 89-1	sŏlum	Grund, Boden F sol E soil D Sohle[2]
-- ---- - --0-	solea	Sandale
▶ 1- 3456 ○	sōlus	allein; einsam, verlassen
	-um *Adv*	nur F seul E sole D Solo (I)
▶ 12 -456 7 ----	sōlitūdō	Einsamkeit, Verlassenheit
▶ • ○	solvere, vī, solūtum	lösen, auflösen; *(Schuld)* bezahlen
	~ (ancoram)	d. Anker lichten, absegeln
	~ pecūniam/vōta	d. Geld bezahlen / Gelübde erfüllen
	~ eum lēge	ihn vom Gesetz ausnehmen
	~ pontem/membra	e. Brücke abbrechen / d. Glieder erschlaffen lassen E solve
12 --56 - -9--	solūtus	gelöst: ungebunden, frei; schlaff
▶ 12 -4-6 - ----	absolvere (reum/rem)	freisprechen / vollenden, abschließen D absolvieren; Absolvent
-2 ---- - ----	absolūtus	vollendet, -kommen F absolu E absolute D absolut
▶ 12 ---- - ----	dissolvere	auflösen; zahlen, bezahlen
12 ---- - ----	dissolūtus	aufgelöst; leichtfertig, zügellos
-- --56 7 ----	exsolvere	(vollständig lösen:) auf-, loslösen
	~ nōdum/prōmissa	d. Knoten auflösen / seine Versprechungen erfüllen
	~ eum poenā	ihn von d. Strafe befreien
1- ---- - 8---	persolvere	bezahlen, *(Schuldiges)* entrichten
-- ---- - 8--1	resolvere	auflösen, lösen F resoudre[3]
▶ -2 -456 - *	**somnus**	Schlaf; Untätigkeit
▶ -2 ---- ○	somnium	Traum, -bild; Einbildung; Träumer
-2 ---- - ----	somniāre	träumen F songer
-2 ---- - *	sŏnāre, uī (-/magna/bella)	tönen (klingen, zischen *usw*.) // hören lassen / besingen F sonner
-2 ---- - 89--	sonitus, ūs	Getöse, -räusch
▶ -2 ---6 - *	sonus	Ton, Klang, Geräusch F son E sound
-- ---- - 8---	sonōrus	tönend, rauschend
-- ---- - 8---	sonipēs, ĕdis	(mit d. Fuß tönend:) Pferd, Roß
-- ---- - 8---	īnsonāre	tönen, sich hören lassen
-- ---- - --0-	personāre (-/aurem)	widerhallen / widerhallen lassen

[1] < *solidus (nummus)*. [2] Auch bergmännisch; f Sg < n Pl. [3] Nach *resout* < *-solūtus*.

-2	----	-	*		resonāre (*intr/tr*)	als Antwort ertönen, widerhallen / als Antwort ertönen lassen
--	----	-	89-1	sŏpor	(tiefer) Schlaf
--	--5-	-	8--1	sōpīre / *Pass*	einschläfern / tief einschlafen
1-	---6	-	-90-	sordēs, is *f (oft Pl)*	Schmutz; Trauerkleidung; Armseligkeit; niedrige Gesinnung, Geiz
--	----	-	--0-	sordēre, uī	schmutzig sein; armselig sein
				mūnera ei -ent	d. Geschenke sind ihm zu armselig
-2	---6	-	890-	sordidus	schmutzig; armselig; niedrig; geizig
-2	----	-	----	sōritēs, ae *m*	Haufenschluß[1]
12	3-56	○		sŏrŏr, ōris *f*	Schwester **F** sœur
▶ 12	3-56	-	*	sors, tis *f*	Los; Schicksal; *(auch:)* Orakel[2]; (erloste) Aufgabe; Anteil; Kapital **F** sort *m*, sorte *f* **D** Sorte (F)
▶ 1-	--5-	-	890-	sortīrī (-/rem)	losen / aus-, ver-, erlosen; *(allg.)* aussuchen, verteilen, erlangen
--	----	-	---1	cōnsors, tis	(gemeinsam) beteiligt; gemeinsam; Teilhaber, Genosse
--	----	-	-9-1	sospes, itis	wohlbehalten, unversehrt
-2	--56	-	*	spargere, sī, sum	aus-, zerstreuen; bestreuen, -sprengen
--	----	-	--0-	aspergere	hinsprengen an; besprengen
▶ --	34-6	-	8---	dispergere	zerstreuen; ausstreuen, verbreiten
▶ -2	3456	○		spătĭum	Raum; Zeitraum
				~ castrōrum	Ausdehnung d. Lagers
				~ octō mīlium/ Acadēmīae	Strecke v. acht Meilen / Spazierweg (Wandelgang) in d. Akademie
				~ pūgnae/dēlīberandī	Dauer d. Kampfes / Zeit z. Überlegen
					F espace **E** space
--	----	-	---1	spatiōsus	ausgedehnt, geräumig
--	----	-	--01	spatiārī	(gemächlich) hin u. her gehen; sich verbreiten **D** spazieren (gehen) (I)
▶ --	----	-	----	spĕcĕre, iō, spexī, spectum *AL*	schauen
▶ 12	3-56	○		spectāre	schauen, betrachten; prüfen
				~ fugam	an Flucht denken
				rēs ad eum -at	d. Sache betrifft ihn
12	---6	-	--0-	spectātus	geprüft; anerkannt, bewährt
--	----	-	--0-	spectātor	Zuschauer; Betrachter, -urteiler
▶ 12	--56	-	-901	spectāculum	Schauspiel; Zuschauerplatz, Tribüne **F** spectacle **D** Spektakel *m; n*
--	----	-	---1	spectābilis	sichtbar; herrlich, glänzend

---

[1] Sophistischer Fangschuß: Ein Korn ist kein Haufe, zwei Körner auch nicht, drei auch nicht ... Ab wann ist dann ein Haufe vorhanden?   [2] Urspr. oft in Losform; häufig im Pl.

▶ • 7 8-01	exspectāre	(Ausschau halten:) warten; erwarten
12 3-5- - ----	exspectātiō	Erwartung
▶ • - 8-01	speciēs	Anblick; Erscheinung; Vorstellung
	per -em; -ē	zum Schein; scheinbar
		F espèce E species D Spezies
-- ---- - --0-	speciōsus	glänzend
-- ---- - 8---	specula	Aussichtspunkt, Warte; *(allg.)* Höhe
-- --5- - 8---	speculārī	auskundschaften, beobachten
-- 3--6 - ----	speculātor	Kundschafter; Erforscher
-- ---- - ---1	speculum	‹Spiegel›
▶ 12 ---6 O	aspicere, iō, spexī, spectum	erblicken; anschauen, beachten
12 ---6 - 8---	aspectus, ūs	Anblick: Hinblicken, Aussehen
-- ---- - 8---	aspectāre	anblicken, -schauen
-2 -4-- - 8--1	circumspicere	sich umsehen; suchen, betrachten
▶ -2 3-5- - 8-01	cōnspicere / *Pass*	erblicken / erblickt werden, auffallen
▶ 12 345- 7 8---	cōnspectus, ūs	Blick, -weite; Anblick
-- ---6 - ---1	cōnspicuus	sichtbar; auffallend, hervorragend
▶ 12 34-- - ---1	dēspicere	herabblicken (auf); verachten
-- 3--- - ----	dēspectus, ūs	(Herabblick:) Ausblick, Verachtung
-2 ---- - 8---	dispicere	wahrnehmen, erkennen; bedenken
-- ---- - --01	īnspicere	hinein-, hinblicken; betrachten
1- ---- - ----	īnspectāre	hinblicken, zusehen
-- ---6 - ----	intrōspicere	hineinblicken; betrachten, prüfen
▶ 12 3--- 7 ----	perspicere	hindurchsehen; genau betrachten; erkennen
▶ 12 ---- - ----	perspicuus	durchsichtig; klar, deutlich
-2 ---- - ----	perspicuitās	Deutlichkeit
12 3--- 7 89-1	prōspicere (ē turrī/ classem//ei/rem)	ausschauen / (aus d. Ferne) erblicken // sorgen / besorgen
-- -4-- - ----	prōspectus, ūs	Aussicht, Gesichtskreis; Anblick
-- ---6 - 8---	prōspectāre (rem)	(aus d. Ferne) hinblicken auf
-2 3-56 O	respicere (ad urbem// urbem/aetātem/ subsidia)	sich umschauen nach, zurückblickne auf // hinter sich bemerken / beachten / erwarten
▶ • O	suspicere (caelum/ servum)	(von unten ansehen:) emporblicken zu, bewundern / beargwöhnen
-2 --56 - 8-0-	suspectus	beargwöhnt, verdächtig
-- ---6 - ----	suspectāre	argwöhnen, beargwöhnen
▶ -- 3--- - ----	cōnspĭcārī	erblicken
▶ 12 3--- 7 ---1	suspĭcārī	argwöhnen, vermuten
▶ 12 --56 7 ----	suspīciō	Argwohn, Verdacht; Ahnung
-- ---6 - 8---	**spĕcus**, ūs	Höhle, Grotte; Graben, Stollen
-- ---- - 8---	**spēlunca**	Höhle, Grotte D Spelunke
-2 ---6 O	**spernere**, sprēvī, sprētum	verschmähen, -achten

181

▶ -2	--56	- ----	aspernārī	verschmähen; ablehnen
▶ •		○	spēs, ĕī *f*	Erwartung: Hoffnung, Befürchtung
▶ •		○	spērāre	erwarten: hoffen, befürchten **F** espérer
▶ 12	3-5-	- --0-	dēspērāre (dē rē) fugā -ātā	d. Hoffnung verlieren, verzweifeln als d. Hoffnung auf Flucht geschwunden war **E** despair
--	3--6	- ----	dēspērātiō	Hoffnungslosigkeit, Verzweiflung
-2	----	- ----	sphaera	Kugel; Erd- u. Himmelsmodell
--	----	- 89-1	spiculum	Spitze; Wurfspieß, Pfeil
--	----	- 8--1	spina	Dorn, Stachel
--	----	- 8---	spira	Windung **D** Spir-ale[1]
--	----	- 89-1	spirāre (-/rem)	wehen, atmen / ausatmen, erfüllt sein von
▶ 12	--56	- *	spīrĭtus, ūs -ūs dare	Hauch, Atem, Leben; Geist, Gesinnung Mut –, Stolz verleihen **F** esprit **E** spirit **D** Spiritus[2]
--	----	- 8---	aspīrāre ~ ad eum/ei reī Iūnō euntī ventum -at	anhauchen; entgegenwehen ihn erreichen wollen / dies begehren Juno sendet d. Gehenden (günstigen) Wind
--	----	- 8---	exspīrāre ~ (animam)	aushauchen; (fauchend) entweichen d. Leben aushauchen, sterben
--	----	- 8---	īnspīrāre	einhauchen
-2	----	- ----	respīrāre	aus-, aufatmen; sich erholen
--	----	- -9-1	suspīrāre	(tief aufatmen:) seufzen
--	----	- 890-	spissus	dicht, zusammengedrängt, voll; mühsam **F** épais
--	----	- -90-	splendēre	glänzen, schimmern, strahlen
▶ 12	---6	- -901	splendidus	glänzend, angesehen **E** splendid
12	----	- --0-	splendor	Glanz, Ansehen; heller Klang
1-	-456	- 8--1	spŏlium	abgezogene Haut, – Rüstung; Beute, Raub
▶ •		- 8--1	spoliāre	berauben, plündern **E** spoil
--	--5-	7 --0-	spondēre, spopondī, spōnsum	geloben, versprechen; sich verpflichten, bürgen
--	----	- -9--	spōnsus	verlobt; Bräutigam **F** époux
--	----	- --0-	spōnsor	Bürge
1-	----	- ----	spōnsiō	Gelöbnis; Bürgschaft; Prozeßwette[3]

---

[1] Neubildung. [2] '(Wein)geist'. Vgl. auch *Sprit* (NdD < F). [3] Vereinbarung e. Geldbetrags, der bei Verlust d. Prozesses an d. Gegner fällt.

-- ---- 7 ----		dēspondēre, spondī, spōnsum	förmlich versprechen
		~ (fīliam)	d. Tochter verloben
▶ • 7 8-01		respondēre	antworten; entsprechen **F** répondre
▶ 12 3-56 - 89--		respōnsum	Antwort, Bescheid
-- ---- - --0-		respōnsāre	unentwegt antworten; Widerpart halten, widerstehen
▶ 12 3-56 - 8--1		meā **sponte**	von mir aus: freiwillig, allein **D** spont-an
-- ---- - 8--1		**spūma**	Schaum
-- ---- - 8---		spūmeus	schäumend
-- ---- - 8---		spūmāre	schäumen
-- ---- - 8---		**squālēre**	rauh sein, starren; schmutzig –, ungepflegt –, in Trauerkleidung sein
-- ---- - ---1		squālidus	schmutzig, ungepflegt, in Trauerkleidung (befindlich)
1- ---- - ----		squālor	Schmutz, Ungepflegtheit, Trauerkleidung
-- ---- - 8--1		**squāma**	Schuppe
-- ---- - --0-		**squilla**	Krabbe, Seekrebs
-2 ---- - ----		**städīum**	Rennbahn; Stadion *(Maß; rd. 200 m)* [1]
-- ---- - 8--1		**stāgnum**	Teich, Pfütze; *(dicht. auch:)* (langsam fließendes) Gewässer
-- ---- - ---1		**stāmen**	Aufzug *(senkrechte Fäden am Webstuhl)* [2]; Faden, Schicksalsfaden
▶ 12 3-56 ○		**stāre**, stětī, stătum [3]	stehen *(Ggs. 1. liegen, 2. sich bewegen)*
		~ ā barbarīs	auf Seiten d. Barbaren stehen
		~ ā prōmissīs	bei seinen Versprechungen bleiben
		-ant comae aurō	d. Haare starren vor Gold
		~ magnō	viel kosten
		per mē stat, nē	es liegt an mir, daß ... nicht **E** stay
▶ -- 3456 - 8--1		**statiō**	Stellung; Standort; Posten, Wache **E** station **D** Station
▶ • - -9-1		**status, ūs**	Stehen, Stellung; Zustand, Bestand **F** état **E** state **D** Staat (I); Status
▶ 12 ---6 - --0-		**statua**	Standbild **F** statue **D** Statue
-- --5- - ----		statīvus	stehend
		-a (castra)	Standlager
▶ • - ----		**statim** *Adv*	(stehenden Fußes:) sofort
-- ---- - 8--1		**stabulum**	(Standort:) Gehege, Stall
▶ -2 ---- - 8---		**stabilis**	feststehend; unerschütterlich, dauerhaft
-2 ---- - ----		**stabilitās**	Festigkeit, Bestand

---

[1] L u. D aus G.   [2] Urspr. 'Ständer' (~ *stāre*).   [3] Aber *stātūrus*.

-2	-4--	-	----	stabilīre	befestigen; aufrecht erhalten **F** établir **E** establish [1]
--	---6	-	8--1	astāre, stitī	dabei-, aufrecht stehen
--	---5-	-	8---	circumstāre, stetī	umherstehen, bedrängen
▶ 12	3-56	-	-901	cōnstāre, stitī	feststehen; bestehen in (aus)
				sibī ~	sich treu -, konsequent bleiben
				magnō ~	viel ‹kosten› **F** coûter **E** cost
▶ 12	3-56	-	---1	cōnstāns	beständig; standhaft, konsequent
▶ 12	3--6	-	----	cōnstantia	Beständigkeit; Standhaftigkeit
-2	----	-	----	incōnstāns	unbeständig, schwankend
-2	----	-	----	incōnstantia	Unbeständigkeit, Schwanken
-2	3-56	-	*	distāre (ab eō)	entfernt sein; sich unterscheiden **E** distant
▶ 12	----	-	---1	exstāre (ex aquā)	hervorstehen; (noch) vorhanden sein
▶ •			○	īnstāre (hostī/-)	bedrängen, verfolgen / drängen, drohen
-2	-456	○		obstāre	entgegenstehen, hindern
--	----	-	---1	perstāre	ausdauern; fortdauern, beharren
▶ •		-	8-01	praestāre	1. voranstehen; 2. einstehen für, gewähren [2]
				~ ei virtūte	ihn an Tapferkeit übertreffen
				-at + *Inf*	es ist besser
				~ damnum/officium	für d. Schaden einstehen / seine Pflicht erfüllen
				sē ~ fortem	sich als tapfer erweisen **F** prêter
▶ 12	----	-	8---	praestāns	vorzüglich, -trefflich
-2	----	-	----	praestantia	Vorzug, -trefflichkeit
-2	----	-	----	praestābilis	vorzüglich, -trefflich
▶ 12	--5-	7	8-01	restāre (ibī/ei)	zurückbleiben / Widerstand leisten **F** rester [3]
--	---6	-	-9-1	superstes, itis (eius, ei)	überlebend
▶ •			○	**stătŭĕre, uī, ūtum** [4] (āram/diem/abīre)	aufstellen, errichten / festsetzen / beschließen **D** Statut < *PPP n*
▶ •		7	8--1	cōnstituere	aufstellen; festsetzen
				~ aciem/rēgēs/plēbem in agrō pūblicō	d. Schlachtreihe aufstellen / Könige einsetzen / d. Volk auf Staatsland ansiedeln
				~ diem/revertī/ rem domesticam	e. Tag festsetzen / zurückzukehren beschließen / d. Hauswesen e. feste Ordnung geben
-2	----	-	----	cōnstitūtiō	Einrichtung; Zustand, Anordnung **F E** constitution **D** Konstitution

---

[1] Über *-ish* vgl. zu *finish* bei *finire*. [2] Urspr. zwei getrennte Verben. [3] Vgl. auch D *Rest* < F *reste* (Rückbildung zu *rester*). [4] Zu *status, ūs* (→ *stāre*).

-- ---5- - ---1		dēstituere	(allein hinstellen:) im Stich lassen, täuschen
▶ ●	7 890-	īnstituere (aciem/ lūdōs/eum sīc)	aufstellen / einrichten / anleiten, unterweisen
▶ ●	- ----	īnstitūtum	Einrichtung; Vorhaben
-2 ----	- ----	īnstitūtiō	Einrichtung; Anleitung
▶ ●	7 -9-1	restituere	wiederherstellen; wiedereinsetzen, zurückerstatten
▶ -2 ----	- *	stēlla	Stern, Gestirn F étoile
-- ----	- 8--1	stěrĭlis	unfruchtbar
-- --56	- 89-1	sternere, strāvī, strātum	flach auf d. Boden legen; bedecken
		~ mūrōs/pontum	d. Mauern niederlegen / d. Meer glätten
		~ viam silice	d. Straße m. Basalt pflastern
			L (via) strata > E street D Straße
-- ----	- 8---	strātum	Decke: Polster, Lager; Packsattel
-- 3---	- ----	strāmentum	Stroh; Packsattel
-- 3---	7 ----	cōnsternere	(dicht) bedecken
-- ---6	- ----	prōsternere	niederstrecken, -werfen; vernichten
-- ----	- --0-	stertere	schnarchen
-- ----	- --0-	stĭlus	Griffel D Stiel; Stil
-- ----	- 8--1	stĭmŭlus	Stachel; Qual; Antrieb
-- --56	- ----	stimulāre	stacheln; quälen; antreiben
-- ---6	- ----	exstimulāre	aufstacheln
▶ -2 ---6	- ----	di-stínguere, stīnxī, stīnctum	unterscheiden; auszeichnen F distinguer E distinguish[1]
-2 ----	- ----	distīnctiō	Unterscheidung, Unterschied
▶ 12 -456	- 8--1	exstinguere	auslöschen
-2 3---	- 8---	restinguere	auslöschen, löschen
-- 3-56	- -90-	dē-stināre	befestigen; bestimmen, -schließen
-- --5-	- ----	obstinātus	hartnäckig, fest entschlossen
-- ----	- 8--1	stipes, itis m	Pfahl, Klotz; Baumstamm, Baum
-- ----	- 8-0-	stipāre	zusammendrängen; umringen; vollstopfen
-- ----	- 8--1	stĭpŭla	Halm, Rohr; ‹Stoppel›, Stroh
▶ -- 3456	- ----	stipendium	Abgabe, Tribut; Sold
		-a facere	Kriegsdienste leisten
		multa -a habēre	viele Feldzüge mitgemacht haben
▶ -2 -456	- 8--1	stirps, pis f	Wurzelstock, Stamm; Baum, Strauch; Ursprung, Familie, Nachkommenschaft
-- ----	- --0-	stŏla	langes Kleid (d. Matrone)
-2 ----	- -90-	stŏmăchus	Magen; Unwille, Ärger
-- ----	- --0-	stomachārī	unwillig sein, sich ärgern

---

[1] Über -ish vgl. zu *finish* bei *finire*.

--	--56	-	8---	strāgēs, is *f*	Niederschlagen, Einsturz; Gemetzel, Verwüstung; Haufen *(d. Gefallenen)*
▶ --	-4-6	-	--0-	strēnuus	tatkräftig, rührig; unruhig, schnell
--	-4-6	-	89--	strĕpĕre, uī, itum	lärmen, tosen; erschallen *(Instrument)*
--	345-	-	890-	strepitus, ūs	Lärm, Getöse; Klang
--	----	-	-9--	obstrepere (ei/eum)	entgegentönen / umtönen, -rauschen
--	----	-	8--1	stridĕre (-ēre), dī	pfeifen (zischen, rauschen *usw.*)
--	----	-	8--1	strīdor	Pfeifen (Zischen, Rauschen *usw.*)
--	--56	-	8-01	stringere, strīnxī, strictum (pedem dente/folia/gladium/rem vinculō)	streifen, ritzen ∥ abstreifen / *(aus d. Umhüllung)* ziehen ∥ zusammenziehen, -schnüren *PPP* > **F** étroit **E** strict **D** strikt
-2	----	-	-9-1	astringere	(straff) anziehen, fesseln
1-	----	-	----	cōnstringere	zusammenschnüren, fesseln
--	3---	-	----	dēstringere	(aus d. Scheide) ziehen, zücken
--	3--6	-	----	obstringere	binden, verpflichten; verwickeln (in)
--	3--6	-	8-01	strŭĕre, strūxī, strūctum	aufschichten, errichten; beladen
--	----	-	--0-	cōnstruere	aufschichten, erbauen
-2	34-6	-	890-	exstruere	auftürmen, errichten; (hoch) beladen
▶ •		7	8-01	īnstruere (tīgna/aggerem/eum tēlīs)	einfügen / errichten ∥ ausstatten
				~ aciem	d. Heer z. Kampf aufstellen
-2	----	-	----	īnstrūmentum	Ausstattung, Gerät; Hilfsmittel **F E** instrument **D** Instrument
--	3---	-	----	obstruere (mūrum/portam)	(als Hindernis) errichten / zumauern, verbauen
▶ 12	34--	7	--0-	stŭdēre, uī (artī)	sich bemühen, betreiben
				~ litterīs	sich m. Literatur beschäftigen, ‹studieren›
▶ •			○	studium	Eifer, Bemühung **F** étude *f* [1] **E** study **D** Studium; Studie[1]; Studio (I)
12	----	-	--01	studiōsus (-/meī)	eifrig / bemüht, ergeben
▶ 12	-4--	7	--01	stultus	dumm, töricht
12	----	7	-90-	stultitia	Dummheit, Torheit
--	----	-	*	stŭpēre, uī (-/rem)	wie betäubt sein / anstarren, -staunen
--	----	-	8--1	obstupēscere, puī[2]	verblüfft sein; stutzen, erstarren
--	----	-	8---	stupefacere	betäuben, verblüffen
12	-4-6	-	----	stuprum	Unzucht, Ehebruch
▶ -2	-456	7	8-01	suādēre, sī, sum (lēgem/ ut/*AcI*)	befürworten / raten / überzeugen
▶ 12	345-	7	--0-	persuādēre (ei ut/ei id ita esse)	überreden / -zeugen **F** persuader **E** persuade
▶ -2	----	7	8-0-	suāvis	angenehm, süß

[1] f Sg < n Pl. [2] Nbf. -*stip*-.

-2 ---- - ----	suāvitās	angenehme Art, Süßigkeit
▶ -2 3456 - *	sub + Akk / Abl	unter *(wohin? / wo?)*
	~ mūrum īre	unter d. Mauer treten
	~ mūrō esse	unter d. Mauer sein
	~ fīnem venīre	nahe an d. Grenze kommen
	~ fīne esse	nahe an d. Grenze sein
	~ lūcem	gegen Tagesanbruch, ungefähr bei T.
	~ hōc annō/lūce	in diesem Jahr / gegen Tagesanbruch
▶ 12 3-56 7 8-01	sŭbĭtus *(Adv -ō)*	plötzlich
-- 3--- - ----	sŭblīca	Brückenpfahl, Pfahl
-- ---- - *	sublimis	in d. Höhe (befindlich), erhaben
-2 ---- - ----	sublīme *Adv*	in der Höhe, in die H.
-2 ---- - 8---	subter *Adv // PräpAkk/ Abl*	unterhalb, unten // unterhalb von, unter *(wohin? wo? / wo?)*
	~ praecordia/ dēnsā testūdine	unterhalb d. Zwerchfells / unter d. dichten Schilddach
▶ -2 ---- - --0-	subtilis	fein; scharfsinnig; schlicht
-2 ---- - ----	subtīlitās	Feinheit; Scharfsinn; Schlichtheit
-- ---- - *	sūcus	Saft; Öl, Brühe
-- ---- - 8-0-	sūdāre	schwitzen; ausschwitzen
-2 ---- - 890-	sūdor	Schweiß; Anstrengung
-- 3--- - 8---	sŭdis, is *f*	Pfahl
-- ---6 - ----	suēscere, ēvī, ētum (labōrī)	sich gewöhnen; gewöhnen
	suēvisse + *Inf*	gewohnt sein, pflegen
	suētus	1. gewöhnt; 2. gewohnt, vertraut
-2 3--- - 8---	īnsuētus	nicht gewöhnt; ungewohnt
-- ---5- - 8-01	assuēscere	sich gewöhnen; gewöhnen
-- 3--- - ----	assuēfacere	gewöhnen
▶ 12 34-- - 8--1	cōnsuēscere	sich gewöhnen
▶ 12 34-6 7 ----	cōnsuētūdō	Gewohnheit; Umgang (mit) **F** coutume **E** custom **D** Kostüm (F < I[1])
-- ---- - 8---	dēsuētus	entwöhnt
▶ 12 --5- - --0-	suffrāgium	Abstimmung; Stimmrecht, Stimme
-- ---- - 8--1	sulcus	Furche
▶ ● O	sŭi, (sibĭ, sē, ā sē)	seiner (selbst) *(vgl. Gramm.)* **F** se; soi
▶ ● O	suus	sein (eigener) *(vgl. Gramm.)*
	-ō tempore	zur richtigen Zeit **F** son
-- ---- - ---1	sulphur, uris *n*	Schwefel
▶ ● O	sūmere, psi, ptum[2]	nehmen, an sich nehmen
▶ 12 -456 7 --0-	sūmptus, ūs	Aufwand, Kosten
▶ -- --56 - 8--1	absūmere	verbrauchen, -nichten

---

[1] 'Kleidung' < 'übliche Art (d. Kleidung)'.   [2] < *sus-emere* (*sus-* statt *sub-* nach *sus-cipere?*).

187

-2 ---6 - --01		assūmere	an-, dazunehmen
		sibī ~	sich beilegen
▶ • 7 8-01		cōnsūmere	verbrauchen, -zehren
-- ---- - --0-		īnsūmere	verwenden auf
-- ---6 - ----		praesūmere	vorher zu sich nehmen; vorwegnehmen; voraussetzen, vermuten
-- ---6 - ---1		resūmere	wiederaufnehmen, -erlangen
▶ • ○		**summus**	oberster, höchster; letzter
▶ • - -901		summa	‹Summe›; Gesamtheit, Hauptsache
			F somme E sum
-- ---- - --0-		supellex, ectĭlis *f*	Hausrat; Ausstattung, Gerät
▶ -2 -456 - *		sŭpĕr *Adv / PräpAkk, Abl*	oberhalb, darüber / (oben) auf, über
		~ tumulum columnam statuere	auf d. Hügel e. Säule errichten
		~ flūmen situs esse/ prōgredī	über d. Fluß liegen / über d. Fluß hinaus vorrücken
		~ cēnam	während d. Essens
		~ capite/nocte	auf - -, über d. Kopf / während d. Nacht
		~ hāc rē missus	wegen dieser Sache geschickt
			L super + supra > F sur
-- ---- - 8---		dēsuper *Adv*	von oben herab
-- 3-56 - 8---		īnsuper *Adv*	darauf, darüber
▶ 2- -456 - *		**superbus**	hochragend; prächtig; überheblich
▶ 12 -456 - -9--		superbia	Überheblichkeit, Hochmut
▶ -2 ---6 - ----		**superstĭtĭō**	Aberglaube, Wahn[1]
-2 ---- - ----		superstitiōsus	abergläubisch
▶ • ○		sŭpĕrus / superior / suprēmus	oben befindlich / höher / höchster
		superī, ōrum	d. überirdischen Götter
		-ior annus/vir	früheres Jahr / überlegener Mann
		suprēmus diēs	letzter Tag
			F supérieur E superior
-- ---- - -90-		supernus	oberer, hoch
▶ • - *		superāre (-/montēs/ amīcōs/hostēs)	oben hervorstehen; überlegen -, im Überfluß vorhanden -, übrig sein // überschreiten / -treffen / -winden
-- ---- - 8---		exsuperāre	emporragen; übersteigen, -winden
-- ---- - 890-		**supinus**	nach oben gerichtet: auf d. Rücken (liegend), angelehnt, -steigend
-- ---- - ---1		resupīnus	zurückgebeugt, auf d. Rücken liegend
-2 ---6 - ----		**suppĕdĭtāre**	vorhanden sein; zur Hand gehen, verschaffen

---

[1] Bedeutungszusammenhang mit *superstes* ungeklärt.

1- -4-6 - *	**supplex,** icis	demütig bittend
▶ • 7 8---	**supplicium**	Bitt-, Dankopfer; Hinrichtung[1]; Strafe, Qual
1- ---- - ----	**supplicāre** (ei)	demütig bitten, anflehen
▶ -- --56 - ----	**supplicātiō**	Bitt-, Dankfest
▶ -2 3456 - *	**suprā** *Adv* / *PräpAkk*[2] quem ∼ dīximus ∼ nūbem	oberhalb / über, über ... hinaus den wir oben erwähnt haben über der Wolke, über d. W. hinaus **L** super + supra > **F** sur
-- ---- - 89--	**sūra**	Wade
-- ---- - -9-1	**surdus**	gehörlos, taub; ungehört, still **F** sourd
-2 ---- - 8-01	**sūs,** sŭĭs *m f*	Sau, Schwein
-- ---- 7 ----	**suscēnsēre,** uī	zürnen[3]
-- ---- - --0-	**sūtor**	Schu‹ster›[4]

T

-- ---6 - 8--1	**tābēs,** is *f*	Zersetzung; Schmelzwasser, Jauche; Gift
-- ---- - 8---	**tābum**	Eiter, Jauche; Gift
-- --5- - --0-	**taberna**	Bude; Laden, Kneipe
-- 3--- - ----	**tabernāculum**	Zelt; Beobachtungsplatz *(d. Augurs)*
▶ • - --0-	**tăbŭla**	Brett, ‹Tafel›; Schreib‹tafel› **F E** table
12 ---- - --01	**tabella**	Täfelchen; Schreib-, Stimmtäfelchen
-- 3--- - ----	**tabulātum**	Bretterlage, Stockwerk
-- 3--- - ----	**contabulātiō**	Bretterlage, Stockwerk
12 -45- ○	**tăcēre,** uī (-/rem)	schweigen / verschweigen **F** taire
12 --5- 7 8---	**tacitus**	unausgesprochen; lautlos, schweigend
-- ---- - -90-	**taciturnus**	schweigsam, -end
-- ---- - 8---	**conticēscere,** cuī	verstummen
-- -4-6 - ----	**reticēre**	schweigen, verschweigen
-- ---- - 8--1	**taeda**	Kienholz; Fackel; Hochzeitsfackel, Hochzeit
-- ---- 7 ----	**taedet,** uit (eum vītae)[5]	Überdruß –, Widerwillen empfinden
-- --56 - ---1	**taedium**	Überdruß, Widerwillen
▶ 12 ---- - 8-0-	**taeter,** tra, trum	widerwärtig, abstoßend
-- --5- 7 8-0-	**talentum**	‹Talent› *(Gewicht; Geldsumme:* ≈ *4500 Goldmark)*[6]
▶ • ○	**tālis**	so beschaffen, solcher **F** tel

---

[1] Urspr. als 'Sühnopfer (an d. Götter)' aufgefaßt? [2] < Abl. Sg. f *superā* (vgl. *īnfrā*). [3] Für d. Römer '(im Zorn) entbrannt sein' (zu *suc-cēnsus*); sprachgeschichtlich eher zu *cēnsēre*. [4] < *Schuh* + *sūtor*. [5] Perf. auch *taesum est (mē convīviī taesum est)*. [6] Als 'Begabung' < F (< 'Geldsumme' nach Mt 25).

189

-2 ---- - --0-	tālus		Knöchel; Würfel
▶ ● O	tăm *Adv*		so (sehr)
▶ 12 -456 - --01	tamquam		(so wie:) gleichsam, wie
▶ ● O	tămen		dennoch
▶ ● O	tandem *(+ V/FrW)*		endlich / eigentlich
▶ 12 --5- O	tangere, tĕtĭgī, tāctum		berühren; rühren **D** Tangente (F[1])
-2 ---- - ---1	tāctus, ūs		Tastsinn; Berührung, Einwirkung
			D Takt 'Feingefühl' (F)
-- -45- - 890-	intāctus		unberührt **D** intakt[2]
▶ 12 34-6 7 8--1	attingere, tigī, tāctum		berühren
-2 3-56 7 8-01	contingere (eum/ei)		berühren / zuteil werden, glücken
-- ---- 7 ----	obtingere (ei)		zuteil werden, widerfahren
-2 ---- - ----	contāgiō		Berührung; Einfluß, Ansteckung
▶ ● O	tantus / *n*		so groß / so viel **F** tant
▶ 12 3-56 7 8-01	tantum *Adv*		so sehr; nur
▶ 12 -4-- - ---1	tantummodō *Adv*		nur
-- 3--- - ----	tantulus / *n*		so klein / so wenig
-- ---- 7 ----	tantisper *Adv*		so lange; inzwischen
-2 ---- 7 ----	tantŏpĕre *Adv*		so sehr
-- ---- 7 --0-	tantusdem / *n*[3]		ebenso groß / ebenso viel
▶ -2 3456 - *	**tardus**		langsam, spät; hinderlich **F** tard
-2 ---- - ----	tarditās		Langsamkeit
-- 3--- - 8---	tardāre		aufhalten, hemmen **F** tarder
-2 ---- - *	**taurus**		Stier **D** Tor-ero (S[4])
-- ---- - 8---	**taxus, ī** *f*		Eibe
-2 ---- 7 ----	-tĕ (tūte)		selbst (du selbst)
▶ ● - *	tĕgĕre, tēxī, tēctum		decken, bedecken; schützen; verbergen
▶ 12 3-56 - *	tēctum		Dach; Zimmerdecke; Haus **F** toit
-- ---6 - 8--1	tĕg(i)men		Bedeckung: Gewand, Hülle; Schutz
-- 3--- - ----	tĕg(i)mentum		Bedeckung; Schutz
-- 3--6 - ----	contegere		bedecken, verbergen
-- ---6 - ---1	dētegere		aufdecken, enthüllen
-- 3--- - ----	integere		bedecken
-- 3--6 - 8--1	prōtegere		vorne bedecken; schützen
			F protéger **E** protect[5]
-- ---- - 8--1	retegere		aufdecken, entblößen
-- ---- - 8--1	**tēla**[6]		Aufzug *(senkrechte Fäden)*; Gewebe
			F toile
-- ---- - *	**tellūs, ūris** *f*		Erde, Boden
▶ ● - 89-1	**tēlum**		Geschoß; Waffe
-- ---- - ---1	**tĕmĕrāre**		entweihen, -ehren
▶ ● 7 -90-	tĕmĕrĕ *Adv*		planlos: unbesonnen, grundlos
▶ ● - ----	temeritās		Planlosigkeit; Unbesonnenheit

---

[1] < *tangēns (līnea)*.   [2] 'einwandfrei' < '(noch) unberührt'.   [3] *tantun-dem* (vgl. *eum : eundem*).   [4] < *taur-ārius*.   [5] Vom Subst. beeinflußt.   [6] < **tex-la* (∼ *tex-ere*).

-- ---- - ---1	temerārius	unbesonnen, verwegen	
-- ---- - 8-0-	temnere, tempsī, temptum	verachten, -schmähen	
▶ • ○	contemnere	geringschätzen, mißachten	
-2 3--- - ----	contemptiō	Geringschätzung, Mißachtung	
-- ---6 - ----	contemptus, ūs	Geringschätzung, Verachtung	
▶ -2 --56 - *	tempĕrāre	maßvoll sein; (ins Maß bringen), richtig gestalten	
	~ sibĭ/hostī	sich beherrschen / d. Feind schonen	
	~ ā lacrimīs	sich d. Tränen enthalten	
	~ vīnum/ratem/ īrās	d. Wein mischen / e. Schiff lenken / d. Zorn mäßigen
		F tempérer E temper D -ieren	
▶ -2 ---- - ----	temperantia	Selbstbeherrschung, Mäßigung	
-2 ---- - ----	intemperantia	Unbeherrschtheit, Zügellosigkeit	
-2 ---- - ----	temperātiō	richtige Mischung; Gestaltung	
-2 3--6 7 ----	obtemperāre (ei)	gehorchen	
▶ 12 3-56 - *	templum	Beobachtungsfeld *(d. Augurus)*; geweihter Bezirk; ‹Tempel›
▶ -2 ---- - --0-	contemplārī	betrachten	
-2 ---- - ----	contemplātiō	Betrachtung	
▶ -- ---5- - 8--1	extemplō *Adv*	(v. Beobachtungsfeld aus:) sofort	
▶ • - *	temptāre (tent-)	betasten; prüfen, versuchen	
	~ moenia/nātiōnēs	d. Mauern angreifen / d. Völker beunruhigen
		F tenter E at-tempt	
-- ---- - 8---	pertemptāre (is rem/ tremor corpus -at)	(genau) prüfen / ergreifen, durchzucken
-- ---- - ---1	retemptāre	nochmals versuchen	
▶ • ○	tempus, oris *n* / *Pl*	Zeit / Umstände, Lage F temps D Tempus; Tempo 'Zeit(maß)' (I)
▶ • - 890-	tempestās	Zeit; Witterung; Unwetter, Sturm	
-2 ---- - -9--	tempestīvus	rechtzeitig; früh; reif (für)	
-- ---6 - ----	intempestīvus	unzeitig, -gelegen	
-- -4-- - 8---	intempestus (nox)	(unzeitig:) tief, dunkel	
-- ---- - 89-1	tempus, oris *n* / *Pl*	Schläfe / Haupt	
-- ---6 - ----	tēmulentus	berauscht	
▶ -2 3456 - *	tendere, tetendī, tentum (-sum)	spannen, dehnen, strecken
	~ arcum	d. Bogen spannen	
	~ (tabernāculum)	e. Zelt aufschlagen, sich lagern	
	~ (cursum) eō	d. Lauf dorthin richten, dorthin eilen	
	~ ācriter	sich heftig anstrengen	
		F tendre E tend	
-- ---6 - ----	tentōrium	Zelt	

▶ 12 -4-- 7 ----	attendere, tendī, tentum (animum)	(d. Geist hinwenden:) achtgeben F attendre E attend
-2 ---- 7 ----	attentus	aufmerksam, gespannt
▶ ● - 8-01	contendere	1. (zusammenspannen:) vergleichen, sich vergleichen; 2. anspannen, sich anspannen
	~ duās lēgēs/cum iīs proeliō	zwei Gesetze (miteinander) vergleichen / sich mit ihnen im Kampfe messen
	~ nervum/tēlum	d. Sehne anspannen / d. Geschoß abschießen
	~ dē praemiō/Rōmam/id ita esse	um d. Belohnung streiten / nach Rom eilen / behaupten, daß dies so ist
▶ 12 345- - ----	contentiō	Vergleich; Anspannung, Streit
-- ---- - 8---	distendere (aciem/bracchia/ūbera)	(auseinanderziehen:) ausdehnen / ausbreiten / (prall) füllen
-- ---- - *	extendere	ausspannen, -dehnen
▶ ● 7 8-01	intendere	anspannen; hinwenden; streben nach
	~ fūnem/tēlum in eum/illūc/id	d. Seil anspannen / d. Geschoß auf ihn richten / sich dorthin wenden / dies erreichen wollen
-- ---6 - ----	intentāre (sīcam)	ausstrecken –, richten gegen
-- ---6 - ----	obtendere	vorspannen: vorschützen, verhüllen
	-itur īnsula ōrae	d. Insel zieht sich vor d. Küste hin
▶ ● O	ostendere (pectus∥praemia/causās)[1]	(entgegenstrecken:) zeigen ∥ vor Augen stellen / darlegen
▶ -- 3456 - 8---	ostentāre	entgegenhalten; zeigen, zur Schau stellen
-2 3--- - ----	ostentātiō	Zurschaustellung
-2 -45- - 8---	portendere / *Pass*	ankündigen / bevorstehen
-- ---6 - 8---	praetendere (hastam ∥ saepem/aetātem)	vorstrecken, -halten ∥ entlangführen vor / als Vorwand gebrauchen
-- ---- - 8---	prōtendere	vor-, ausstrecken
▶ 12 -456 - 89-1	**tĕnĕbrae**, ārum	Dunkelheit, Finsternis
-2 ---- - *	**tĕner**, era, erum	zart; jung F tendre E tender
▶ ● O	**tĕnēre**, uī, tum	halten, festhalten
	~ (iter) Naxum imber diū -et	d. Weg nach Naxos nehmen d. Regen hält lange an VL *-ire > F tenir
-- ---- - 89-1	tenāx, ācis (prōpositī/–)	festhaltend / fest, zäh; beharrlich; sparsam
▶ -2 -456 7 -901	abstinēre	fernhalten; sich fernhalten
	~ (ab) iniūriā	sich d. Unrechts enthalten
12 --56 7 -9--	attinēre (is rem/rēs ad eum)	festhalten / von Belang sein

---

[1] < *ops-tendere; *ops : op- (ob) = abs : ab.

▶ 12 3–56 7 8––1	continēre	zusammenhalten; einschließen, in Schranken halten **F** contenir **E** contain
▶ 12 3–56 – 8–01	contentus (hāc rē)	(beschränkt auf:) sich begnügend, zufrieden **F E** content
▶ -2 3–5– – ––––	continēns[1]	1. zurückhaltend, mäßig; 2. zusammenhängend, ununterbrochen
	continēns (terra)	Festland **D** Kontinent
-2 –––– – ––––	continentia	Zurückhaltung, Mäßigung
–– –––– – –9––	incontinēns	unbeherrscht, begehrlich
–– 3–56 – ––0–	continuus	zusammenhängend; anschließend
12 –––– 7 ––––	continuō *Adv*	sogleich, -fort
-2 ––56 – 8––1	continuāre (iter/agrōs)	ununterbrochen fortsetzen / aneinanderreihen **F** continuer **E** continue
–– 3––6 – 8––1	dētinēre	ab-, festhalten
–– 3––– – ––––	distinēre (cōpiās)	auseinanderhalten, trennen
▶ ● 7 ––––	obtinēre (locum)	besetzt halten, behaupten
	~, ut	durchsetzen, daß
	cālīgō -et	d. Finsternis hält sich
▶ 12 3–56 – ––0–	pertinēre (ad Rhēnum/ad vītam)	sich erstrecken / sich beziehen, von Bedeutung sein
-2 3–5– – –9––	pertināx, ācis	hartnäckig, beharrlich
-2 3–5– – ––––	pertinācia	Hartnäckigkeit
▶ ● 7 8–01	retinēre	zurück-, festhalten; zügeln
▶ ● – 8–01	sustinēre (aedem)	aufrechthalten, stützen
	~ plēbem/mūnus	d. Volk ernähren / e. Amt versehen
	~ vim/equum	Gewalt aushalten / e. Pferd anhalten
12 34–6 – 8–––	sustentāre	stützen, ernähren; aus-, aufhalten
▶ 12 3––6 – *	tĕnŭis	dünn; fein, schlicht; arm, schwach
	~ vestis∥distīnctiō/cibus/spēs	dünne Kleidung ∥ feine Unterscheidung / bescheidene Nahrung / schwache Hoffnung
-2 –––– – ––––	tenuitās	Dünne; Feinheit, Schlichtheit; Armut
–– –––– – ––01	tenuāre	dünn machen; mindern, schwächen
-2 –––– – ––––	extenuāre	dünn –, schmal machen; verringern
–– –––6 – 8–01	tĕnŭs *nach Gen, Abl*	bis zu
	Taurī, Taurō ~	bis zum Taurus(-gebirge)
	verbō ~	dem Wort nach
–– –––– – ––01	tĕpēre, uī	lauwarm sein: 1. warm –, 2. lau sein
–– –––– – 8–01	tepidus	lauwarm: 1. warm; 2. lau; kalt, matt
–– –––– – 8–––	tepefacere	erwärmen
–– ––5– – 8–01	tĕrĕre, trīvī, trītum	reiben; ab-, zerreiben
	~ vestem/diem	d. Gewand abnützen / d. Tag verbringen
–– –4––– – 8–––	atterere	abreiben, -schleifen; schwächen
-2 –––– – ––––	conterere	zerreiben, -bröseln; abnutzen

---

[1] PPr. zu *continērī* (vgl. Deponentien).

-2 34-- - ----	dētrīmentum	(Abrieb:) Verlust, Schaden
-- ---- - -9--	prōterere	zerreiben; niedertreten, fortstoßen
-- ---- - 89-1	tĕrĕs, ĕtis	länglichrund; schlank; abgerundet
▶ -2 3456 - *	tergum[1]	Rücken; (Rückenhaut:) Haut, Leder
-2 ---6 - -9--	termĭnus	Grenzstein; Grenze D Termin[2]
-2 ---- - ----	termināre	begrenzen; bestimmen F terminer
-2 ---- - ----	extermināre	vertreiben
▶ -2 3456 ○	terra	Erde, Land F terre
-2 ---- - -9--	terrēnus	aus Erde (bestehend); in – – –, auf d. Erde (befindlich); irdisch
-2 --5- - ----	terrester, tris, tre	Land-; irdisch
▶ -2 3456 - *	terrēre, uī, itum	schrecken, erschrecken; aufscheuchen; abhalten
-- 3--- - 8---	territāre	in Schrecken setzen
-- ---- - 8---	interritus	unerschrocken
-2 --5- - 8--1	terrĭbĭlis	(Schrecken erregend:) schrecklich F E terrible
▶ • - 8-01	terror	Schrecken F terreur f D Terror
-- ---- - --0-	absterrērē	abschrecken
12 3-56 7 --0-	dēterrēre	abschrecken, -halten
-- 3--6 - 8---	exterrēre	auf-, erschrecken
▶ 12 3--- - ----	perterrēre	heftig erschrecken, einschüchtern
-- ---- - 890-	testa	(aus Ton Gebranntes:) Topf, Krug, Lampe; Ziegel, Scherbe; (gl. Form:) Muschelschale F tête E test[3]
▶ 12 3-56 ○	testis, is m	Zeuge
▶ 12 3--- - ----	testimōnium	Zeugenaussage, Zeugnis
12 -4-6 - 89-1	testārī	zum Zeugen anrufen; bezeugen; sein Testament machen[2]
	-ātus PP	auch: bezeugt
12 34-6 - --0-	testāmentum	letzter Wille, ‹Testament›
-- ---- - ----	dētestārī	verwünschen, -abscheuen
-2 ---- - ----	dētestābilis	verabscheuenswert, abscheulich
▶ -- 34-6 - 8---	obtestārī (eum/id ita esse)	beschwören / -teuern
-- ---- - ---1	testĭfĭcārī	zum Zeugen anrufen; bezeugen
-- 3--6 - 89--	testūdō	Schildkröte; (von ihr gewonnen:) Schildpatt; (gl. Form:) Lyra, Laute; Schild-, Schutzdach
-- ---- - 8--1	texere, uī, tum	weben, flechten; zusammenfügen F tisser
-- 3--- - ----	contexere	flechten; verflechten, -binden
-- ---- - 8---	intexere	einweben; umflechten

---

[1] Dicht. Nbf. -us, i m u. tergus, oris n. [2] '(Frist)grenze'. [3] < AF test 'Tiegel (für alchimist. Versuche)'. [4] Urspr. 'vor Z. erklären'.

-- ---6 - 8---	praetexere (togam purpurā/causās)	säumen, verbrämen / vorschützen
-- ---- - --0-	praetexta (toga)	purpurbesetzte Toga *(d. Amtsträger)*
-- ---- - 8--1	thălămus	Gemach, Wohnung; *(bes.)* Schlafzimmer; *(bildl.)* Ehebett, Ehe
-2 ---6 - -901	theātrum	‹Theater›; Schauplatz; Zuhörerschaft **F** théâtre **E** theatre
-2 -4-- - ----	thēsaurus	Schatz; Schatzkammer **F** trésor[1] **E** treasure **D** Tresor (F)
-- ---- - 89--	thȳmum (-us, ī *m*)	Thymian[2]
-- ---- - ---1	thyrsus	Stengel; *(bes.)* Bacchusstab
-2 ---- - 89-1	tībĭa *(oft Pl)*	Flöte *(meist aus zwei Rohren)*
-2 ---- - --0-	tībīcen, ĭnis *m*	Flötenspieler
-- 3--- - --0-	tignum	Balken
-- ---- - *	tĭgris, is (īdis) *m f*	‹Tiger›
▶ • ○	tĭmēre, uī	fürchten; sich scheuen
12 34-- ○	timidus	ängstlich, schüchtern
-2 ---- - ----	timiditās	Ängstlichkeit, Schüchternheit
▶ • - *	timor	Furcht, Besorgnis; *(auch:)* Gegenstand d. Furcht, Schrecken (für)
-2 ---- - ---1	extimēscere, muī (rem)	in Furcht geraten, sich fürchten
▶ 1- -4-- - ---1	pertimēscere (rem, dē rē)	in Furcht geraten, sich fürchten
-- ---- - --0-	tĭnĕa	Motte; Raupe
-- ---- - *	tíng(u)ere, tīnxī, tīnctum	benetzen, tränken; *(auch:)* färben, vergiften
-- --5- - --01	tĭtŭlus	Auf-, Überschrift; Ehreninschrift **E** title **D** Titel
12 --56 - -901	tŏga	‹Toga› *(langer Überwurf; v. röm. Bürger in d. Öffentlichkeit getragen)*
1- ---- - --0-	togātus	mit d. Toga (bekleidet); römisch
▶ -2 3456 7 ----	tŏlĕrāre (famem/equōs)	aushalten / erhalten, -nähren **D** tolerieren; tolerant
-- -4-- - ----	intolerandus	unerträglich
-2 ---- - ----	tolerābilis	erträglich
-2 ---- - ----	intolerābilis	unerträglich
▶ • ○	tollere, sustulī, sublātum	empor-, erheben; wegnehmen, beseitigen
-- ---6 - 8--1	attollere, -	emporheben, aufrichten
▶ -- -4-6 - ----	extollere, tulī	emporheben, aufrichten
-- ---- - 89-1	tŏnāre, uī (-/deōs)	donnern, dröhnen / mit gewaltiger Stimme rühmen
-- ---- - ---1	tonitrus, ūs (*Pl* -ua *n*)	Donner **F** tonnerre

---

[1] -r- ungeklärt.   [2] L u. D aus G.

-- ---- - 8--1	attonāre, uī, itum	andonnern: betäuben, begeistern
-- ---- - 8---	intonāre (–/haec)	donnern, dröhnen / ertönen lassen
-- ---- - 890–	tondēre, totondī, tōnsum	scheren; abscheren, beschneiden
-- ---- - --0–	tōnsor	Bartscherer, Barbier
-- ---- - 89–1	intōnsus	ungeschoren
-- ---- - --0–	torpēre, uī	gelähmt –, betäubt sein
-- -4-- - ----	torpēdō	Betäubung
▶ -2 ---- - *	torquēre, sī, tortum (collum/tēlum/ōra/eum/vītam)	drehen / schleudern / verzerren / foltern / erforschen F tort m < PPP n D Torte (I¹)
-2 ---- - ----	tortuōsus	gewunden; verwickelt
-2 3-56 - ----	tormentum	(Drehvorrichtung:) Winde; Wurfmaschine, -geschoß; Folterbank, Folter
-2 ---- - 8---	contorquēre	herumdrehen; (Geschoß) schleudern
-- ---- - 8-0-	dētorquēre	weg-, ver-, (hin-)drehen
-- ---- - --0-	distorquēre	verdrehen
1- -4-- - --0-	extorquēre (arma ē manibus/eum)	entwinden, -reißen / ausrenken, foltern
-- ---- - 8---	intorquēre (fūnēs/hastam ei/nāvem)	flechten / schwingen –, schleudern gegen / drehen, verdrehen
-- ---- - 89--	retorquēre	zurück-, wegdrehen; zurück-, abwenden
-- ---- - *	torrēre, uī, tostum	dörren; versengen, -brennen F tôt² E toast³
-- ---- - 8---	torrēns	brennend
-- ---- - 8---	torrēns	reißend; Wildbach⁴
-- ---- - 8--1	tŏrus	(Wulst:) Muskel; Polster, Lager
-- ---- - --0-	torăl, ālis n⁵	Bettdecke
-- ---- - 89-1	torvus	finster, grimmig
▶ • ○	tŏt inv	so viele
-2 3--6 - *	totĭdem inv	ebenso viele
1- --56 - 8-01	totiē(n)s Adv	so oft
▶ • ○	tōtus	ganz VL -tt- > F tout D tot-al⁶
-- 3--- - 89-1	trăbs, bis f	Balken; (dicht.) Baumstamm; Schiff
-2 ---- - ----	tragoedia	Trauerspiel, ‹Tragödie›
-- ---- - --0-	tragoedus	tragischer Schauspieler
-- ---- - --0-	trăgĭcus	zur Tragödie passend, ‹tragisch›
	∼ poēta	Tragödiendichter
-- 3--- - ----	trāgŭla	Wurfspieß (m. Riemen z. Zurückziehen)
▶ -2 -456 - *	trăhĕre, trāxī, tractum	ziehen; weg-, mit-, an sich ziehen
	∼ bellum	d. Krieg hinziehen
	∼ rem in culpam	e. Sache z. Vorwurf machen
	∼ vultum	(d. St. zusammenziehen:) d. Stirn runzeln

---

[1] 'runder (Kuchen)'. [2] 'bald' < 'sofort' < 'heiß'. [3] 'geröstetes (Brot)'. [4] < '(im Sommer) trockenes, (im Frühjahr reißendes Gewässer)'. [5] < -āle Adj. n. [6] Vgl. auch Toto < Totalisator 'Maschine z. Zusammenfassen v. Wetten' + Lotto.

-- ---- - 8---	tractus, ūs	Ziehen, Sichhinziehen
▶ -2 -4-6 7 -901	tractāre (eam comīs// vulnus/arma)	ziehen, zerren // betasten / handhaben, behandeln
-- ---6 - ----	dētrectāre (ingenium/ pūgnam)	(herab-/wegziehen:) herabsetzen / verweigern
-- --5- - ---1	dētractāre =	dētrectāre
-2 ---- - ----	obtrectāre (ei, rem)	herabsetzen
-2 ---- - ----	pertractāre	(gründlich) behandeln, – bearbeiten
-- ---- - 8---	retractāre	zurückziehen, sich sträuben; aufs neue ergreifen, erneut behandeln
-2 3--- 7 ----	abstrahere	wegziehen, -reißen
▶ -2 3456 - *	contrahere	zusammenziehen; herbeiführen
	~ negōtium	e. Geschäft abschließen
-2 ---- - ----	contractiō	Zusammenziehung
▶ 12 3-56 7 --01	dētrahere	herab-, weg-, (hin-)ziehen; –, –, -schleppen
-2 ---6 - --,-	distrahere (aciem/ eum ā mē)	auseinanderziehen, zerreißen / wegziehen, trennen
	~ societātem	d. Gemeinschaft auflösen
-2 3-5- - --0-	extrahere (tēlum ē corpore/bellum)	herausziehen / hinausziehen, verschleppen
-- -4-6 - --0-	retrahere	zurückziehen; wieder herbei-, wieder hervorziehen
-- ---6 - ----	subtrahere	wegziehen unter; entziehen, -fernen
-- -4-- - 8---	**trāmes**, itis *m*	Seitenweg; Weg, Pfad
▶ -2 --5- - ----	**tranquillus**	windstill, ruhig F tranquille
-2 ---- - ----	tranquillitās	Windstille, Ruhe
▶ -- 3-56 - 890-	**trāns** + *Akk*	über, jenseits
	~ Mosam īre/esse	über d. Maas gehen / sich jenseits d. Maas befinden F très *Adv*
-- ---- - 8---	**trānstrum**	Ruderbank; Querbalken
-- ---- - 89-1	**trěměre**, uī (-/rem)	zittern / zittern vor
-- ---- - -9--	tremendus	grauenerregend, schrecklich
-- ---- - 8--1	tremulus	zitternd, bebend
-- ---- - 8--1	tremor	Zittern
-- ---- - 8---	tremēscere (-īsc-) (-/rem)	erzittern / erzittern vor
-- ---- - 8---	tremefacere	zittern lassen
-- -456 - 8--1	**trěpǐdus**	unruhig, zuckend; ängstlich
-- -456 - *	trepidāre	unruhig sein: hin u. her laufen, zucken, sich ängstigen
-- --56 - ----	trepidātiō	Unruhe, Hinundherlaufen
▶ ● ○	**trēs**, trǐa	drei F trois D Trio (I)

▶ •	- 89-1	tertius	dritter F tiers *m* D Terz (I[1])
-2 ----	- *	ter *Adv*	dreimal
-- 3----	- 8--1	ternī, ae, a	je drei
-- 3----	- ----	trīnī, ae, a	je drei
▶ •	7 ----	trīgintā	dreißig VL trinta > F trente
▶ -- 3-5-	- --0-	trecentī, ae, a	dreihundert
-- --5-	- ----	triāriī, ōrum	Soldaten d. dritten Reihe, ‹Triarier›
-2 3----	- 8--1	triplex, icis	dreifach
▶ •	- ---1	**trĭbŭĕre**, uī, ūtum	zu-, einteilen
-- --56	- ----	tribūtum	(zugeteilte Leistung:) Abgabe, ‹Tribut›
1- 3----	- ----	attribuere	zuteilen, -weisen
-2 34--	- ----	distribuere	ver-, zu-, einteilen
1- --56	- ----	**tribūnăl**, ālis *n*	erhöhter Sitz *(d. Amtsträger)*, Richterstuhl[2] D Tribüne (I); Tribunal (F)
▶ •	- --0-	**tribūnus**	‹Tribun›[3]
		~ plēbis	Volkstribun *(soll Plebs vor Willkür d. Amtsträger schützen)*
		~ mīlitum	Militärtribun *(einer v. sechs Offizieren, die abwechselnd e. Legion befehligen)*
12 --56	- ----	tribūnātus, ūs	Amt d. Tribunen, ‹Tribunat›
▶ 1- -456	- ----	tribūnĭcĭus	‹tribunizisch›; ehemaliger Tribun
▶ 1- --5-	- ----	**trĭbus**, ūs *f*	(Volks-)Abteilung, Bezirk, ‹Tribus› E tribe
-2 ----	- ----	**tripŭdĭum**	(Dreischritt:) Waffentanz; (gieriges) Futterpicken (d. heiligen Hühner)
▶ 12 --56	O	**tristis**	niedergeschlagen, traurig; bedrückend, unfreundlich, herb F triste D trist (F)
-- ---6	- -9--	trīstitia	Traurigkeit; unfreundliches Wesen F tristesse
▶ 12 -456	- 89-1	**triumphus**	Siegeszug, ‹Triumph› D *auch* Trumpf
-- ---6	- ----	triumphālis	z. Triumph gehörend, Triumph-
▶ 12 --5-	- ---1	triumphāre (dē eō, eum)	e. Triumph feiern, ‹triumphieren›
-- ----	- 8---	**tropaeum**	Siegeszeichen, Denkmal *(urspr. Pfahl m. Rüstung d. besiegten Gegners)*
1- ---6	- ----	**trucidāre**	abschlachten, morden
-- ----	- 89--	**trūdere**, sī, sum	stoßen, treiben
-- ----	- 8---	dētrūdere	hinab-, weg-, (hin-)stoßen
-- ----	7 ----	extrūdere	hinaus-, wegstoßen; fortjagen
-- ----	- 8--1	**truncus**	(ohne Äste:) gestutzt, verstümmelt

---

[1] 'dritte (Note)'. [2] Urspr. wohl '(erhöhter) Platz d. Tribunen', dann verallgemeinert. [3] Urspr. 'Tribusbeamter', dann > 'Vorsteher'.

-2 ---6 - 89-1	truncus	Stamm, Rumpf; Klotz, Tölpel **F** tronc **E** trunk	
-- -4-- - 8---	obtruncāre	niedermachen	
-- ---- - --0-	**trŭtīna**	Waage	
-- ---6 - 89-1	**trŭx**, trŭcis	wild, rauh, grimmig	
▶ ● ○	tū (tuī, tibī̆, tē, ā tē; *Pl* → vōs)	du **F** tu; toi	
▶ 12 -456 ○	tŭus	dein **F** ton	
-- 3-5- - 8-01	**tŭba**	(gerade) Trompete	
▶ 12 3-56 - *	**tŭērī**, itus	anschauen; schützen, erhalten	
▶ ● ○	tūtus	sicher; vorsichtig	
-- 3-5- 7 ---1	tūtō *Adv*	sicher	
1- ---- - ----	tūtor	Beschützer; Vormund	
-2 ---- - -901	tūtēla	Schutz; Vormundschaft; Beschützer, Schutzbefohlener	
▶ -2 -456 - --0-	tūtārī (sē/inopiam)	schützen / abwehren **VL** *-re > **F** tuer[1]	
-- ---6 - ----	intūtus	unsicher: ungeschützt, -zuverlässig	
-2 ---- - ----	contuērī	betrachten	
▶ 12 --56 - ----	intuērī	hinschauen, betrachten	
-2 ---- - ----	obtūtus, ūs	Blick, Betrachtung	
-- -45- - ----	**tugŭrĭum**	Schuppen, Hütte	
▶ ● ○	**tŭm** *Adv* tum ... tum	damals, dann bald ... bald	
▶ 12 3-56 - *	tunc[2]	damals, dann	
-- ---- - *	**tŭmēre**, uī	(an-)schwellen; aufgeblasen -, erregt sein	
-- ---- - *	tumidus	geschwollen; aufgeblasen, erregt	
-- ---- - ---1	intumēscere, muī	anschwellen; sich aufblähen, zornig werden	
▶ 1- 3456 - 890-	**tumultus**, ūs	Lärm, Getöse; Aufruhr, Verwirrung **D** Tumult	
-- --5- - ----	tumultuārius	in aller Eile aufgestellt; ungeordnet	
▶ -2 3-56 - 8--1	**tŭmŭlus**	Hügel; *(bes.)* Grabhügel	
-- ---- - 8---	tundere, tŭtŭdī, tū(n)sum	schlagen, stoßen; einhämmern auf	
-- ---- - *	contundere, tudī, tūsum	zerschlagen, -stoßen, -schmettern	
-- ---- - 8---	extundere	heraushämmern	
-- ---- 7 8---	obtundere	abstumpfen, schwächen	
-- ---- - 8-01	**tŭnĭca**	⟨Tunika⟩ *(knielanges, kurzärmliges Hemd*[3]*)* **D** Tünche '(Kalk)überzug'	
▶ -2 -456 ○	**turba**	Unruhe, Verwirrung; Schwarm, Menge	

[1] 'töten' < 'abwehren'.   [2] < *tum* + *-ce* (vgl. zu *ecce*).   [3] Im Haus u. zur Arbeit einziges Kleidungsstück.

-- ----- - 8---	turbō, inis *m*	Wirbel; Wirbelwind; Kreisel; Kreis **D** Turbine (**F**)
12 ----- - ----	turbulentus	unruhig, stürmisch; ungeordnet, verwirrend **D** turbulent (**F**)
▶ -2 --56 - 8--1	turbāre (-/eōs/rem)	Unruhe –, Verwirrung stiften // beunruhigen, verwirren / stören
-2 ---6 - 89--	turbidus	unruhig, verwirrt; stürmisch, erregt
-2 -4-- - ----	conturbāre	(völlig) verwirren
	~ (ratiōnēs)	(d. Vermögensverhältnisse verwirren:) Bankrott machen
-- 3--- - ----	dēturbāre	herab-, wegdrängen
-- -4-- - ----	disturbāre (contiōnem/domum)	auseinandertreiben / zerstören
-- ---6 - ----	exturbāre	hinaus-, wegdrängen; vertreiben
▶ 12 345- - ----	perturbāre	verwirren
-2 ----- - ----	perturbātiō	Verwirrung; Leidenschaft, Affekt
-- ---6 - ----	prōturbāre	forttreiben; niederwerfen
-- ----- - --0-	**turdus**	Drossel
-- ----- - --0-	**turgēre, sī**	schwellen
-- ----- - -9--	turgidus	geschwollen
-- 3456 - 89--	**turma**	Reiterabteilung, Schwadron; Schar
▶ 12 34-6 ○	**turpis**	häßlich; schändlich, schmählich
12 ----- - ----	turpitūdō	Häßlichkeit; Schande, Schmach
-- ----- - -9--	turpāre	entstellen, beflecken
▶ -- 3456 - 89-1	**turris, is** *f*	‹Turm›[1], (hoher) Palast **F** tour **E** tower
-- ----- - *	**tūs, tūris** *n* / *Pl*	Weihrauch / -körner
-- ----- - -9-1	**tympănum**	Handpauke, Tamburin
▶ 12 --5- - 89-1	**tyrannus**	Allein-, Gewaltherrscher **D** Tyrann

U

-- ----- - 89-1	**ūběr, ěris** *n*	Euter; Fruchtbarkeit
▶ -2 ---6 - -9--	ūber, eris *Adj*	fruchtbar; reich, üppig
-2 ----- - ----	ūbertās	Fruchtbarkeit; Reichtum, Fülle
▶ ● ○	**ŭbĭ**[2]	wo? wo, sobald *(vgl. Gramm.)*
	~ est?	wo ist er?
	~ dīxit, abiit	sobald er gesprochen hatte, ging er **F** où
-2 -4-6 - 8-01	ubīque	überall[3]
-- -4-- - --0-	ubĭcumque	wo auch immer; überall
▶ ● ○	unde[4]	woher? **VL** de-unde > **F** dont

---

[1] -*m* urspr. mundartlich.   [2] < *quubi* (vgl. *ali-cubī* u. *quom* > *cum;* ~ *quis*).   [3] -*que* verallgemeinernd wie in *quisque*.   [4] *unde* : *ubī* = *inde* : *ibī*.

▶ •	–	*	undĭque	von allen Seiten
–– ––––	–	*	ūdus [1]	feucht, naß; flüssig, weich, zart
–– 3456	– 8––	1	ex-ŭĕre, uī, ūtum (vestem/eum)	ausziehen, ablegen / entkleiden, berauben
–– ––––	– 8–––		exŭvĭae, ārum	ausgezogene Kleidung, abgezogene Haut, – Rüstung
-2 ––-6	– 8––	1	induere	anziehen; bekleiden
			sē ~ in laqueōs	sich in Schlingen verwickeln
–– ––––	– ––0	–	ulcĕrāre	wund reiben, verwunden
▶ •	○		ulcisci, ultus (hostem∥ patrem/scelus)	sich rächen ∥ rächen / ahnden, bestrafen
1– ––-6	–	*	ultor	Rächer; rächend
–– ––––	– 8–––		ultrīx, īcis *f*	Rächerin; rächend
–– ––-6	– ––––		ultiō	Rache
–– -4-6	–	*	inultus	ungerächt, -straft
–– ––––	–	*	ulmus, ī *f*	‹Ulme›, Rüster
▶ •	○		ūllus [2]	irgendein
			neque -a pars	und kein Teil
▶ •	○		nūllus	kein **F** nul **D** Null (I)
▶ 12 34––	– ––––		nōnnūllus	(nicht keiner:) mancher
▶ 12 3-56	–	*	ultĕrior / ultĭmus (Gallia/collis)	weiter entfernt, jenseitig / entferntester; äußerster, letzter
			-ima spēs/laus	letzte Hoffnung / geringstes Verdienst
			-ima patī	d. Schlimmste ertragen
				D Ultimo '(Monats)letzter' (I)
▶ -2 3456	–	*	ultrā *Adv* / *PräpAkk* [3]	weiter / über ... hinaus, jenseits von
			~ prōgredī	weiter vorrücken
			~ Taurum vagārī/ esse	über d. Taurus hinaus schweifen / sich jenseits d. T. befinden
				F outre (en outre; outre-mer)
▶ •	7 8-0	1	ultrō *Adv*	hinüber; noch dazu; von selbst
			~ citrōque mittī	hin u. her geschickt werden *(Boten)*
			~ pūnīre/offerre	dazu noch bestrafen / von selbst anbieten
–– ––––	– 8–––		ŭlŭlāre	heulen, schreien; erdröhnen
–– ––––	– 8––	1	ululātus, ūs	Geheul, -schrei
–– ––––	– 8–––		ulva	Sumpfgras, Schilf
–– ––––	– 8–––		umbō, ōnis *m*	Schildbuckel; Schild
▶ -2 ––––	–	*	umbra	Schatten **F** ombre
–– ––––	– 89-	1	umbrōsus	schattig, dunkel; schattenspendend
-2 ––––	– ––––		adumbrāre	(schattenhaft) andeuten, skizzieren
–– ––––	– 8––	1	ūmēre	feucht –, naß sein
-2 ––––	– 8––	1	(h)ūmidus	feucht, naß; flüssig **F** humide

[1] < ūvidus.   [2] < *oinolos (zu *oinos* = *ūnus*).   [3] Vgl. *extrā, intrā* u.ä.

	-2	----	- 89-1	(h)ūmor	Feuchtigkeit, Naß, Flüssigkeit **F** humeur[1] *f* **E** humour **D** Humor (F, E)
	--	3--6	- *	ŭmĕrus	Schulter, Oberarm; Vorderbug *(d. Tieres)*
►	●		○	umquam (un-)[2]	jemals
►	●		○	numquam	niemals
►	12	3---	- ----	nōnnumquam	(nicht niemals:) manchmal
	--	----	- 8---	uncus	gebogen, -krümmt; Haken, Klammer
	--	----	- ---1	aduncus	einwärts gekrümmt, hakenförmig
►	-2	---6	- 890-	unda	Welle, Woge
	--	----	- 8---	undāre	wogen, wallen; sich (durch-)biegen
►	-2	3---	- 8---	abundāre	überfließen; Überfluß haben (an)
	-2	----	- ----	abundantia	Überfluß
	--	-4--	- --0-	abundē *Adv*	im Überfluß
	12	----	- ----	redundāre	überfließen, sich ergießen; im Überfluß vorhanden sein
	--	----	- *	úng(u)ere, ūnxī, ūnctum	salben, bestreichen; *(Speisen)* schmälzen
	--	----	- -9--	unguentum	Fett, Salbe
	--	----	- --0-	inung(u)ere	einreiben, salben
	--	----	- -9--	perung(u)ere	bestreichen, salben
	--	----	- *	unguis, is *m*	Nagel, Kralle, Klaue
	--	----	- 8-01	ungula	Klaue, Huf **F** ongle *m*[3]
►	●		- ----	ūniversus (-vor-)	ganz, sämtlich; allgemein
				-a urbs/-ī Siculī	d. ganze Stadt / alle Sizilier
				dē rē -ā dīcere	über d. Sache im allgemeinen reden *(ohne Rücksicht auf d. Einzelfall)*
				-um *n* Subst	Weltall **D** Universum
►	12	3-56	○	ūnus	ein, einzig **F** un
►	12	345-	○	ūnā *Adv*[4]	zusammen: gemeinsam, gleichzeitig
	--	--56	7 -9-1	ūnĭcus	einzig; einzigartig **F** unique **D** Unikum
	--	----	- ----	ŭndecim	elf **F** onze
	--	3---	- ----	undecimus	elfter
►	●		○	urbs, bis *f*	Stadt *(oft = Rom)*
►	●		- --0-	urbānus	städtisch; hauptstädtisch; gebildet, witzig
	--	----	- --01	suburbānus	in d. Nähe d. Stadt (befindlich)
	-2	--5-	- *	ūrere, ussī, ustum	verbrennen, -sengen *(tr)*
				ūrī frīgore	frieren, erfrieren
	--	----	- -90-	adūrere	anbrennen, entzünden
	--	----	- 8---	ambūrere	(ringsum) anbrennen, – versengen

---

[1] 'Stimmung', weil nach antik-mittelalterl. Medizin d. Mischung d. Körpersäfte d. Befinden d. Menschen bestimmt.   [2] Wohl < *cum-quam* (vgl. *quubi* > *ubĭ̄*; *-quam* wie in *quisquam*).
[3] Urspr. f.   [4] < *ūnā (viā)*.

-- ---- - 8---	exūrere	wegbrennen; (völlig) verbrennen
-- ---- - -9--	perūrere	verbrennen
-2 ---- - ----	combūrere [1]	verbrennen; zugrunde richten
-- ---- - ---1	bustum [2]	Leichenbrandstätte, Grab
		D Büste (F < I [3])
▶ 12 -456 - *	urgēre, sī	drängen; vorwärts-, fortstoßen; bedrängen, -treiben F E urgent
-- ---- - -901	urna	Krug, Topf; Aschenkrug, Lostopf
		D Urne
-- ---- - -90-	ursus	Bär
-- ---- - ---1	ursa	Bärin
▶ -2 --56 7 8-0-	usquam	irgendwo, -wohin
▶ -2 --5- 7 8-01	nusquam	nirgends; nirgendwohin, -woher
▶ ● ○	ūsque *Adv*	ununterbrochen, durchgehend
	∼ ad nōs/ā Rōmulō	bis zu uns / schon von Romulus an
▶ ● ○	ut [4] + *V Ind* / *Konj*	wie; sobald; seit / daß; damit; wenn auch *(vgl. Gramm.)*
-- --5- - ----	utĭque	jedenfalls [5]; besonders
-- ---- 7 ----	neutiquam (ne ... utiquam)	keineswegs, -falls
-- ---- - --0-	utpŏte + *Apposition*	nämlich; da ... ja ... ist (sind)
	ea, ∼ rēs tenuēs	dies, da es ja feinsinnige Dinge sind
-- ---- - -9--	utcumque	wie auch immer; sobald nur
-- ---- 7 ----	utut	wie auch immer
-- ---6 - ----	prŏut	je nachdem
▶ -2 -456 - *	velut(ī)	wie; wie z. B.; gleichwie
▶ 12 -4-- ○	utĭnam + *V Konj*	*(Wunsch:)* daß doch, wenn doch
-- -4-- - ----	ŭtĕr, tris *m*	Schlauch
▶ 12 345- 7 --0-	ŭter, tra, trum?	welcher (v. beiden)?
▶ ● ○	uterque	jeder (v. beiden) [6]
	∼ cōnsul/eōrum	beide Konsul / jeder von ihnen
▶ -- 3456 - --0-	utrimque [7]	von beiden Seiten
▶ -2 3-56 - ----	neuter	keiner (von beiden) D neutr-al [8]
-- ---6 - 8--1	ŭtĕrus	Mutterleib; Bauch, Höhlung
▶ ● ○	ūti, ūsus (rē)	gebrauchen, verwenden
	∼ honōre/eō amīcō	e. Amt bekleiden / ihn z. Freund haben
▶ ● ○	ūsus, ūs	Gebrauch; Übung, Erfahrung
	∼ amīcōrum	Verkehr m. Freunden
	-uī esse	von Vorteil sein
	-ū doctus	durch Erfahrung belehrt
	sī ∼ est	wenn Bedarf ist, – notwendig

---

[1] *-b-* nach *ambūrere*.   [2] *-b-* nach *am-* u. *com-būrere*.   [3] 'Brustbild' < 'Grabplastik'.   [4] Nbf. (bes. im AL) *ŭtī*. Davon abgeleitet *uti-que, -nam, neutiquam*.   [5] < 'wie auch immer' (*-que* verallgemeinernd).   [6] < 'welcher v. beiden auch immer' (*-que* verallgemeinernd).   [7] Über *-im* vgl. zu *hinc* (→ *hic*).   [8] < 'zu keiner d. beiden (streitenden) Parteien gehörig'.

-2 --56 - ----	ūsurpāre[1]	in Gebrauch nehmen, gebrauchen	
-2 ---- - -9--	ūsitātus	gebräuchlich, -wöhnlich	
-- 3--- - ----	inūsitātus	ungewohnt, -erhört	
▶ 12 -456 ○	ūtilis	brauchbar, nützlich **F** utile	
12 ---6 - ---1	ūtilitās	Brauchbarkeit, Nutzen	
-2 3-5- - *	inūtilis	unbrauchbar: nutzlos, schädlich	
-2 ---- - ----	abūtī	ausnützen[2]; verbrauchen	
▶ • ○	ŭti =	ut	
-- ---- - *	ūva	Traube; *(dicht.)* Wein	
-- ---- - -9--	ūvidus	feucht, naß; berauscht	
▶ 12 3-56 7 -901	uxor, ōris *f*	(Ehe-)Frau, Gattin	

V

▶ -2 3--- - 8--1	văcāre (metū/ūnī)	frei sein / Zeit haben, sich widmen	
	-at	es steht frei	
		D vakant	
▶ • - *	vacuus (metū/operī)	frei (von/für)	
	-a mulier/mēns/	unverheiratete Frau / unbeschwerter	
	auris	Sinn / offenes Ohr	
		D Vakuum	
-2 ---- - ----	vacuitās	Freisein, Freiheit (von)	
-- ---- - --0-	supervacuus	überflüssig, unnütz	
-- -4-- - ----	supervac(u)āneus	überzählig; überflüssig, unnütz	
-- ---- - 89-1	vacca	Kuh **F** vache	
▶ -- --5- - 8-01	vādere	gehen, schreiten	
▶ -2 -456 7 8---	ēvādere, sī, sum	herausgehen, entkommen / emporstei-	
	(ex urbe, urbem/in	gen // sich entwickeln zu	
	mūrum, arduā//in		
	morbum)		
▶ -- -456 - 8---	invādere	eindringen; angreifen, überfallen	
-- --56 - ----	pervādere	hindurchdringen; durchdríngen	
▶ -- 3--6 - 89-1	vădum	seichte Stelle, Furt; *(dicht.)* Gewässer	
-- ---- 7 ----	vae (mihī)!	weh (mir)!	
-- ---- - --0-	văfer, fra, frum	pfiffig, verschmitzt	
-- ---- - 8---	vāgīna	(Schwert-)Scheide, (Ähren-)Hülse	
-2 -456 - *	văgus	umherschweifend, unstet; unbestimmt	
		FE vague **D** vage	
-2 345- - *	vagārī	umherziehen, -schweifen; sich ausbrei-	
		ten	
-- ---- 7 ----	vāh!	*(Schmerz; Überlegenheit; Erstaunen,*	
		Wut:) ach! pah! ei! ha!	

---

[1] *-rp-* ~ *rapere*. [2] < 'beim Gebrauch d. urspr. Zweck entfremden'.

▶ 12 ---- - --0-	valdē *Adv*[1]	sehr	
▶ ● ○	vălēre, uī, itūrus -ē!	stark –, gesund sein; gelten, vermögen leb wohl! **D** Valet (sagen)[2] **F** valoir	
-2 ---- - 8---	valēns	stark, gesund; mächtig	
▶ -- -456 - *	validus	stark, kräftig	
-- ---6 - 8---	invalidus	schwach **D** Invalide (F)	
-- ---6 - ----	praevalidus	sehr –, zu stark; bedeutend, übermächtig	
▶ -2 3--6 - --0-	valētūdō	Gesundheitszustand; Gesundheit, Krankheit	
-- ---6 - ----	valēscere, luī	erstarken	
-2 ---- - ----	convalēscere	erstarken; sich erholen	
-- ---6 - ----	praevalēre	mehr vermögen, d. Übergewicht haben	
-- 3-5- - 89-1	vallis, is *f*	Tal **F** vall-ée **E** vall-ey	
-- ---- - 8---	convallis, is *f*	Talkessel, Tal	
-- ---- - ----	vallus	Pfahl, Schanzpfahl; Verschanzung	
▶ -- 3456 - 8---	vallum	Verschanzung; ‹Wall› **E** wall (WGm)	
-- 3--- - ----	circumvallāre	(umwallen:) einschließen	
▶ 12 3-5- - ----	intervallum	Zwischenraum[3]	
▶ -2 -456 - *	vānus	inhaltslos, leer; großsprecherisch; vergeblich **F E** vain	
-2 ---6 - ----	vānitās	leerer Schein, Täuschung; Großsprecherei; Erfolglosigkeit	
-2 ---- - ----	ēvānēscere, nuī	vergehen, sich verlieren	
-- ---- - --0-	vappa	umgeschlagener Wein; verdorbener Mensch, Taugenichts	
-- ---- 7 ----	vāpŭlāre	Prügel bekommen	
▶ ● - *	vărius (tigris/fōrmae *Pl*/ bellum)	gefleckt / mannigfach, verschieden / wechselvoll **E** various[4]	
12 ---- - ----	varietās	Mannigfaltigkeit; Wechselhaftigkeit **F** variété **E** variety	
-- ---- - 8---	variāre (corpus/comās/fāma -at)	fleckig machen / verschieden gestalten // verschieden sein, schwanken	
-- ---- - --0-	vārus	auseinandergebogen, o-beinig	
-- ---- - ----	văs, vădis *m*	Bürge[5]	
1- ---- - ----	vadimōnium	Bürgschaft; Erscheinen vor Gericht; Termin, Prozeß	
1- -4-- - --0-	vās, vāsis (*Pl* vāsa, ōrum) *n*	Gefäß	
	-a colligere	d. Gepäck fertig machen, aufbrechen	
-2 -4-6 - 8--1	vāstus (ager/mare/homō)	öde, wüst / unermeßlich / ungebildet, roh **VL** gua-[6] **F** vaste[7] **E** waste[8]	

---

[1] < *validē*. Steigerung meist *magis, maximē*. [2] *Valet* < *valēte*. [3] < ʽ(Raum) zwischen d. Schanzpfählen'. [4] Über *-ous* vgl. zu *anxious* bei *anxius*. [5] Für d. Erscheinen d. Beklagten vor Gericht. [6] < L + Gm. [7] < Kl (spätere Entlehnung). [8] < AF < VL (vgl. Verbum).

205

1- ---- - ----	vāstitās	Öde, Verwüstung
▶ 1- 3456 - 8---	vāstāre	verwüsten; leer machen, entblößen
		VL gua-[6] > **F** gâter **E** waste
-2 ---6 - *	vātēs, is *m* / *f*	Seher, Sänger, Dichter / -in
-2 ---- - ---1	vāticinārī[1]	weissagen; schwärmerisch verzückt sein
-2 ---- - ----	vāticinātiō	Weissagung
▶ -2 ---6 ○	-ve	oder
▶ • - ----	vectigăl, ālis *n*	Abgabe, Zoll; *(allg.)* Einnahme
-2 ---6 - *	vĕhĕre, vēxī, vectum	herbei-, mit sich führen
	currū/equō vehī	auf d. Wagen fahren / reiten
-- ---6 - ----	vehĭcŭlum	(Fahrzeug:) Wagen; Schiff
-- ---- - 8---	āvehere	wegführen
-- --56 - 8---	advehere	herbeiführen, -bringen
-- --5- - ----	circumvehī	umfahren, -reiten
-- 3-5- - ----	convehere	zusammenbringen
-- --5- - ----	dēvehere	herab-, weg-, (hin-)führen
-- ---- - 8---	ēvehere	hinaus-, emporführen; mitreißen, erheben
-2 --56 - 8---	invehere	hinein-, einführen
	-ī in eum	gegen ihn losfahren, ihn angreifen
-2 ---6 - 8---	prōvehere	fortführen; fortreißen, emporheben
-- ---- - -9--	revehere	zurückführen, -bringen
-- --56 - ----	trānsvehere	hinüber-, vorbeiführen
▶ 12 34-- 7 --0-	vĕhĕmēns	heftig; entschieden, dringend
		D vehement
▶ • ○	vel	oder; auch, sogar; wohl
	vel ... vel	entweder ... oder
	apertē ∼ ōderis	wenn du es offen tust, magst du sogar hassen
	∼ maximē	wohl am meisten
▶ • ○	velle, vŏlō, voluī	wollen
	volō abīre/tē abīre	ich will weggehen / daß du weggehst
	vult atomōs esse	er behauptet, daß es Atome gibt
	quid sibi vult?	was bezweckt er?
	volēns	absichtlich, freiwillig
		VL *volére > **F** vouloir
▶ • 7 -901	nōlle	nicht wollen, abgeneigt sein
▶ • ○	mālle	lieber wollen
-- ---- - 8-0-	vellere, lī (vulsī), vulsum	rupfen, zupfen; ab-, ausreißen
-- ---- - 89-1	vellus, eris *n*	(Gerupftes:) Schaffell, Vlies; Haut; Wolle
-2 ---- - 8-0-	āvellere	wegreißen
-- ---6 - 8---	convellere	auf-, losreißen; erschüttern
-2 3--- - 890-	dīvellere	auseinander-, wegreißen

[1] -cin- ∼ canere.   [6] S. vorige Seite, Anm. 6.

-2 ---- - --0-	ēvellere	aus-, herausreißen
-- ---- - 8--1	revellere	aufreißen; heraus-, wegreißen
-- -4-- - -901	vēlōx, ōcis	rasch, beweglich, schnell
-2 ---- - ----	vēlōcitās	Raschheit, Schnelligkeit, Schwung
-- 3---- - *	vēlum	Segel; Tuch, Plane
		F voile m; f¹ E veil
-- ---6 - 8-01	vēlāre	bedecken, verhüllen; umwinden
	-ātī	auch: Leichtbewaffnete
-- ---- - 8--1	vēlāmen	Decke, Gewand, Schleier
-2 ---6 - *	vēna	Ader
-2 ---- - 8-01	vēnāri	jagen (tr, intr)
-- ---- - -9--	vēnātor	Jäger
-- ---- - 8---	vēnātus, ūs	Jagd
▶ 12 345- 7 --0-	vēn-dere, didī, ditum	(zum Verkauf stellen:) verkaufen
	~ ōrātiōnem	e. Rede anpreisen
		F vendre
-2 ---- - ----	vēnditor	Verkäufer
▶ 1- --5- - --0-	vēnīre, eō, iī²	(zum Verkauf gehen:) verkauft werden
-- -4-6 - -90-	vēnālis / m Subst	käuflich, feil / Sklave
-2 ---6 - *	věněrāri	verehren, anflehen; erflehen
-- ---6 - ----	venerātiō	Verehrung; ehrwürdiges Wesen, Würde
▶ 12 --56 - *	venēnum	Saft; Zaubermittel, Gift
	~ Assyrium	Purpursaft
-- ---6 - ----	venēfǐcǐum	Giftmischerei; Zauberei; Liebestrank
12 3-56 7 8-01	věnǐa	Gunst; Erlaubnis, Verzeihung
▶ ● O	věnīre, vēnī, ventum	kommen
	ūsū ~	vorkommen, sich ereignen
		F venir
-- ---6 - ----	ventitāre	oft -, regelmäßig kommen
▶ -2 -456 7 8-0-	advenīre	an-, herankommen; zufallen (Besitz)
▶ ● 7 89-1	adventus, ūs	Herankommen, Ankunft D Advent³
-2 ---- - ----	adventīcius	von außen kommend; ausländisch, fremd, zufällig
-- -4-6 - 8---	adventāre	an-, heranrücken
-- ---- - 8--1	advěna, ae m	Ankömmling, Fremder; fremd
-- -4-- - ----	antevenīre (eum)	zuvorkommen
▶ -- 3456 - ----	circumvenīre	umgehen, -zingeln
▶ ● 7 8-01	convenīre	zusammenkommen
	eum -iō	ich treffe mit ihm zusammen
	mīlitēs eō -iunt	d. Soldaten kommen dort zusammen
	sīgnum -it	d. Zeichen wird vereinbart
	nōmen -it huic reī/ cum rē	d. Name paßt zu dieser Sache / stimmt mit d. Sache überein

¹ < n Pl.   ² Zu īre.   ³ '(Zeit d. Vorbereitung auf d.) adventus (dominī)'.

▶ 12 34-- - ----	conventus, ūs	Zusammenkunft, Versammlung
	~ Syrācūsānus	Verband d. röm. Bürger in Syrakus
	-ūs agere	Kreis- –, Gerichtstage abhalten
-2 ---- - ----	conveniēns	übereinstimmend; einträchtig, passend
-2 ---- - ----	convenientia	Übereinstimmung
-- ---- - --0-	disconvenīre	nicht übereinstimmen, schlecht passen
-- ---- - 8---	dēvenīre	hinab-, (hin-)kommen F devenir
▶ -2 -456 7 ---1	ēvenīre (ex hāc rē/	sich ergeben / ablaufen, enden / sich
	bene/ut)	ereignen
-2 --5- - ----	ēventum	Ausgang; Ereignis
▶ -2 3456 - 8--1	ēventus, ūs	Ausgang; Ereignis, Schicksal E event
▶ ● 7 8-01	invenīre	(darauf kommen:) finden, ermitteln
-2 ---- - ----	inventum	Erfindung, -kenntnis
-2 ---- - ----	inventor	Erfinder
-2 ---- - ----	inventiō	Erfindung; Erfindungsgabe
-2 --5- 7 ----	intervenīre (sermōnī,	hinzukommen, unterbrechen / inzwi-
	-em/id -it)	schen eintreten
-- 3--- - ----	obvenīre (pars ei)	zuteil werden, zufallen
▶ ● - 8-01	pervenīre (ad eum)	ankommen, gelangen
-- ---6 - ----	praevenīre (eum)	zuvorkommen
-- ---6 - ---1	prōvenīre	hervorkommen, auftreten; (hervor-) wachsen, gedeihen
▶ 12 34-6 7 ----	subvenīre	zu Hilfe kommen; abhelfen
-- --5- - --0-	supervenīre (ei, eum)	(darüber-, dazukommen:) 1. überraschen, -fallen; zu Hilfe kommen; 2. überdecken
-- -4-- - *	**venter**, tris *m*	Bauch; *(bes.)* 1. Magen; 2. Mutterleib, Leibesfrucht, Kind; *(allg.)* Ausbuchtung, Höhlung
▶ -2 3456 - 89-1	**ventus**	Wind; Unruhe, Sturm F vent
-- ---- - 8-0-	ventōsus	windreich; schnell; windig *(Mensch)*
-- ---- - -901	**vĕnŭs**, ĕris *f* [1]	Liebreiz, Anmut; Liebeswonne, Liebe; Geliebte
-2 ---- - ----	venustās	Reiz, Anmut; Liebenswürdigkeit
-- --5- - 89-1	**vĕr**, vēris *n*	Frühling
	~ sacrum	Opferfrühling[2]
-- ---- - -9--	vĕrnus	Frühjahrs-
-- ---- - -9--	**verbēna** *(oft Pl)*	(grünende) Zweige
-2 ---6 - -901	**verber**, ĕris *n*	Hieb, Schlag (*Pl* Auspeitschung); Rute, Peitsche, Riemen *(d. Schleuder)*
-- ---- - 89--	verberāre	peitschen, geißeln; schlagen, treffen

---

[1] Als göttliche Kraft *Venus, eris* f ‹Venus›. [2] D. in Notzeiten als Opfer gelobte Ertrag e. Frühjahrs, z. B. alle im März u. April geborenen Tiere (Liv. 34, 44).

▶	●	○		verbum / *Pl*	Wort / Worte, Rede
				-ī causā	beispielhalber
				meīs -īs	in meinem Namen
				-a dare	leere Worte machen, betrügen
					D Verb(um)
-2	----	-	----	prōverbium	Sprichwort
▶	●	7	8-01	věrēri, itus	scheuen, fürchten, verehren
				~ + *Inf*/nē	sich scheuen, zu / fürchten, daß
--	----	-	-90-	verēcundus	scheu, zurückhaltend
▶ -2	--5-	-	----	verēcundia	Scheu, Zurückhaltung; Ehrfurcht
--	---6	-	---1	reverentia	Scheu; Ehrfurcht, Achtung
--	3--6	-	----	vergere	sich neigen
--	----	-	--0-	verna, ae *m*	im Haus geborener Sklave, Haussklave
--	----	-	8--1	verrere, –, versum	kehren / zusammenkehren ∥ hinstrei-
				(viam/far∥mare/	chen über / schleifen, (fort-)schleppen
				crīnēs humī)	
▶	●		○	vertere, tī, sum[1]	drehen, wenden; sich wenden
				quō mē -am?	wohin soll ich mich wenden?
				~ arborem/arma/	e. Baum umstürzen / d. Waffen senken /
				arcem∥lūmina	e. Burg zerstören ∥ d. Augen abwenden
				~ in praedam/in	z. Beute machen, als B. verwenden / als
				crīmen	Vergehen auslegen
				-itur aestās/annus	d. Sommer kehrt (im Kreislauf) zurück /
					d. Jahr vergeht
				-ī inter prīmōs	sich unter d. Vordersten aufhalten
--	345-	-	----	versus (-um) *Adv* /	hin(-gewandt) / zu ... hin
				PräpAkk	
				ad Oceanum ~	z. Ozean hin[2]
					F vers
▶ 12	---6	-	8-01	versus, ūs	Reihe, Linie; Zeile, ‹Vers›[3]
					F vers **E** verse
--	----	-	--0-	versĭcŭlus	kurze Zeile; Verslein
-2	----	-	----	versūtus	gewandt: schlau, listig, klug
-2	---6	-	*	versāre	hin u. her drehen
▶ 12	3---	-	--0-	versārī	sich aufhalten
				is/id in causīs -ātur	er ist in Prozessen tätig / dies gehört z.
					Prozessen, – kommt in Prozessen vor
-2	----	-	*	vertex, icis *m*	(Dreher:) Wirbel, Strudel; Drehpunkt,
					Pol; Scheitel: Kopf, Gipfel
▶	●		- *	āvertere	abwenden, vertreiben
				~ pecūniam	Geld unterschlagen
--	---6	-	----	āversārī (eum)	sich abwenden von, zurückweisen
--	-4-6	7	8--1	advertere	hinwenden, -lenken

---

[1] AL *vor*-. [2] Vgl. auch *de-orsum* (< *-vorsum*), *intrōrsum, prōrsus, quōrsum, retrōrsum, rūrsus, quōqueversus*. [3] 'Reihe' < 'Wendung (beim Pflügen)'.

▶ -2 3456 7 8-0-	adversus	(zugewandt:) vorn (befindlich), gegenüberstehend, feindlich
▶ -2 3456 7 ----	adversus (-um) *Adv / PräpAkk*	entgegen / gegenüber, gegen
	~ īre//castra/lēgem	entgegengehen // gegenüber d. Lager / gegen d. Gesetz
▶ 12 3-5- 7 --0-	adversārius	feindlich; Feind, Gegner
-2 ---6 7 ----	adversārī	widrig sein, entgegenstehen
▶ ● - *	convertere	1. umdrehen, -kehren, wenden; 2. sich umdrehen, – umkehren, – wenden
-2 ---- - ----	conversiō	Umkehrung; Umdrehung, -lauf
▶ 12 3--- - ----	contrōversia	Streitigkeit, Streit
▶ -- 3456 - 8-01	dīversus	verschieden, entgegengesetzt; getrennt, vereinzelt, entfernt
	-ī fugiunt	sie fliehen in verschiedener Richtung
-- ---6 - ----	dīversitās	Unterschied, Gegensatz
▶ 12 -45- - 8--1	ēvertere (pīnum/ aequor/urbem)	umstürzen / aufwühlen / vernichten
-- ---- - 890-	invertere	umdrehen, -wenden
-- ---- - 8---	obvertere	zuwenden
12 ---6 - ----	pervertere	umdrehen; umstoßen, zugrunde richten
12 ---- - ----	perversus	verdreht; verkehrt, schlecht
-- ---- - 8---	praevertere (eum)[1]	zuvorkommen
▶ ● 7 8-01	revertī, or, tī -sus	um-, zurückkehren zurückgekehrt
-- -4-6 - ----	subvertere	umstürzen, vernichten
-- 34-- - ----	trānsversus	seitlich, -wärts; quer **F** à travers
-- ---- - 8---	věrū, ūs *n*	(Brat-, Wurf-)Spieß
▶ ● ○	vērus	wirklich, wahr; wahrheitsliebend; sachgemäß, richtig
▶ 12 -4-6 7 8-01	vērum *Kjn*[2]	aber, sondern
▶ ● 7 8-01	vērō *Adv / Kjn*[2]	in d. Tat / aber, jedoch
▶ 12 ---6 - ----	vēritās	Wirklichkeit, Wahrheit; Wahrheitsliebe **F** vérité
	vērīsimilis → similis	
-2 ---- - 8-0-	vēsci (carne)	sich ernähren; essen; genießen
-2 3--- - 89--	vesper, erī	Abendstern, Abend
	-e, -ī[3]	am Abend, abends
-- ---- - --0-	vespertīnus	abendlich; westlich
-- --5- - 8---	vestibŭlum	Vorplatz, -halle **D** Vestibül (F)
▶ 12 3-56 - 8-01	vestigium	Fußstapfen; Fuß; Spur
	in suō -ō	auf seinem Platz
	~ temporis	Zeitpunkt, Augenblick
	ē -ō	augenblicklich, sofort

---

[1] Auch Deponens.   [2] = Konjunktion.   [3] Lokativ.

-- ---- - 8---	vestīgāre	aufspüren; suchen, finden
-2 ---- - ----	investīgāre	aufspüren, erforschen
-2 ---- - ----	investīgātiō	Erforschung
12 ---6 ○	**vestis, is** *f*	Kleidung; Decken, Teppiche
		F veste **D** Weste (F)
-2 ---- - 8-0-	vestīre	kleiden; bedecken, schmücken
1- ---- 7 ----	vestītus, ūs	Kleidung; Bedeckung
-- --5- - ----	vestīmentum / *Pl*	Kleidungsstück / Kleidung **F** vêtement
▶ 12 3-56 ○	**vĕtāre, uī, itum**	verbieten, -hindern
	-ō eum venīre	ich verbiete ihm, zu kommen
	pōns fierī -ātur	man verbietet, d. Brücke zu bauen
		D Veto[1]
▶ ● ○	**vĕtus, eris**	alt *(Ggs. 1. jung; 2. neu)*
	~ bellī	kriegserfahren
▶ 12 -4-6 - ---1	vetustās	Alter
-- --56 - 89-1	vetustus	alt *(Ggs. 1. jung; 2. neu)*
1- 3--6 - ----	veterānus (mīles)	altgedienter Soldat, ‹Veteran›
-2 ---- - ----	inveterāre	einwurzeln, sich festsetzen
-- 3--- - ----	inveterāscere, āvī	alt werden, einwurzeln
-- ---- - -9--	vetulus	ältlich, ziemlich alt
	-a	alte Frau, ‹Vettel›
		F vieux, vieil
▶ 12 345- - *	**vexāre** (nūbēs/cīvēs/ agrōs)	hin u. her reißen / mißhandeln, quälen / verwüsten, plündern
-- 3--6 - ----	vexillum[2]	Fahne, Standarte; Abteilung
-- ---6 - ----	vexillārius / *Pl*	Fähnrich / Reservekorps[3]; Detachement
▶ ● ○	**via**	Straße, Weg; Reise
	-ā ac ratiōne	mit planmäßigem Vorgehen, methodisch
		F voie **D** via[4]
-- ---- - 8-01	viātor	Wanderer, Reisender; Amtsbote
-- ---- - --0-	viāticum	Reisegeld; *(allg.)* Sparpfennig
-- ---6 - 8---	āvius	abgelegen; sich v. Weg entfernend
-- ---- - -9--	dēvius	abgelegen; sich v. Weg entfernend
-- --5- - 8---	invius	unwegsam
▶ -- 3456 7 ----	obviam *Adv*	entgegen
-- -456 - 8-01	obvius	entgegenkommend
	-a classis/similitūdō/cōmitās	entgegenkommende Flotte / naheliegende Ähnlichkeit / zuvorkommende Freundlichkeit
	~ itinerī/ventō	im Weg liegend / d. Wind ausgesetzt
-- ---- - ---1	pervius	passierbar; zugänglich, offen
-- ---- - --0-	trĭvium	(Ort dreierWege:) Weggabel; Platz

---

[1] < 'ich verbiete'.   [2] Deminutiv zu *vēlum* < *vex-lom*.   [3] Urspr. 'd. z. e. (bes.) Abteilung Gehörigen'.   [4] < Abl. Sg.

-- ---- - 8--1	vībrāre (tr/intr)	schwingen, schleudern; zucken lassen / zucken; funkeln, blitzen
12 --56 ○	vīcinus	nahe, benachbart; Nachbar **VL** *vec- > **F** voisin
-- ---- - --01	vīcīnia	Nachbarschaft, Nähe
1- ---- - ----	vīcīnitās	Nachbarschaft, Nähe
-- ---6 - *	vicis Gen f [1]	Wechsel; Schicksal; Rolle; Erwiderung
	-em eius	an seiner Stelle, für ihn; nach seiner Art, wie er
	-e eius	an seiner Stelle, für ihn **D** Vize(-präsident)
-- 3-56 - -9--	invicem Adv	im Wechsel; gegenseitig, andrerseits
▶ -2 ---- 7 ----	vicissim Adv	(im Wechsel:) wiederum; dagegen
-2 ---- - ----	vicissitūdō	Wechsel, -seitigkeit
-- ---6 - 89-1	victīma	Opfertier, Opfer **F** victime
▶ -- 3-56 - --01	vīcus	Dorf, Weiler; Gehöft; Stadtviertel **D** Weich-bild[2]
▶ 12 -4-- - ----	vidēlicet[3]	offenbar; natürlich *(oft ironisch)*; nämlich
▶ ● ○	vidēre, vīdī, vīsum	sehen; anschauen **F** voir
▶ ● ○	vidērī, vīsus -ētur	scheinen *auch:* es scheint gut
-2 ---- - ---1	vīsum	Erscheinung *(auch:* Traumbild*)*
-2 ---- - ----	vīsiō	Anblick, Erscheinung, Vorstellung **D** Vision[4]
-- ---6 - 8---	vīsus, ūs	Blick; Anblick, Erscheinung
-2 -456 ○	vīsere, sī, sum[5]	sehen, betrachten; besuchen
-- ---- - 8---	invīsere	betrachten, -suchen
-- ---- - 8---	revīsere	wiederaufsuchen
-2 ---- - ----	ēvidēns	einleuchtend, -deutig[6] **F** évidem-ment
▶ 12 -4-6 - *	invidēre (ei rem, ei rē, laudī eius)	(scheel ansehen:) neiden, beneiden
-2 -45- 7 8--1	invīsus	verhaßt
-2 ---- - -901	invidus	mißgünstig, neidisch
▶ 12 -456 - 8-01	invidia	Neid; Anfeindung, Haß **F** envie
12 ---- - ---1	invidiōsus	neidisch; beneidet, verhaßt
▶ ● 7 --0-	prōvidēre (mala//salū-tī/frūmentum)	vorher-, voraussehen // sorgen / besorgen **E** provide
▶ -- 3456 7 8---	imprōvīsus	unvorhergesehen
-2 ---- - ----	prōvidentia	Voraussicht; Vorsehung, -sorge
-- ---- - -9--	prōvidus (futūrī)	voraussehend; vorsorgend, -sichtig
-- ---- - -9-1	vidŭus -a	gattenlos, verwitwet; entblößt, leer lediges Mädchen; Witwe

[1] Gebräuchlich: *vicis, em, e; vicēs, ibus, ēs, ibus*. [2] Urspr. 'Siedlungsrecht, -zeichen', dann 'S.-bezirk'. [3] < *vidēre licet*. [4] Vgl. auch **F** *télé-vision*, **E** *tele-vision*. [5] < Konj. e. s-Aoristes.
[6] < 'daraus sichtbar werdend'; zur pass. Bed. vgl. *continēns*.

▶ -2 ---6 - -901	vigēre, uī	frisch –, kräftig sein; in Ansehen stehen, blühen
-- ---- - ---1	vigor	Frische, Kraft
-- ---6 - *	vigil, is	wachend; Wächter
▶ 12 -4-- - 8-01	vigilāre	wachen; durchwachen; bei Nacht ausarbeiten F veiller
▶ ● - ----	vigilia	Wache; Nachtwache F veille
▶ 12 3-56 7 ----	vīgintī	zwanzig F vingt
-- ---6 - ----	vīcē(n)simus	zwanzigster
-- 3--- - ----	duodēvīgintī	achtzehn
-2 -4-6 - *	vīlis	billig; wertlos, gering
▶ 12 -4-6 7 -90-	vīlla	Landhaus, -gut D Villa (I)
-- ---- - --0-	vīllula	kleines Landhaus, – -gut
-2 ---- - --0-	vīlĭcus	(Guts-)Verwalter
-- ---- - 8--1	villus	Zottel; Zottelhaar
-- 3--- - 8--1	vīmen	Weidenruten; Geflecht
▶ ● o	vincere, vīcī, victum (–/eum/ut/AcI)	siegen / besiegen / dazu bringen / beweisen
▶ ● - *	victor	Sieger; siegreich
▶ ● - 8-01	victōria	Sieg F victoire E victory
-- ---- - *	victrīx, īcis f	Siegerin; siegreich
12 -45- - *	invictus	unbesiegt, -bar
12 -4-6 - ----	convincere	(siegreich behandeln:) erweisen, widerlegen, überführen F convaincre E convince
-2 3-5- - 89--	dēvincere (eum/bellum)	völlig besiegen / siegreich beenden
-- ---6 - 8---	ēvincere (eum/ut/AcI)	(völlig) besiegen / durchsetzen / beweisen
-- ---- - --0-	pervincere (eum/ut/AcI)	(völlig) besiegen / durchsetzen / beweisen
-- ---6 - -9--	pervĭcāx, ācis	beharrlich; eigensinnig
-2 -456 o	vincīre, vīnxī, vīnctum	binden, fesseln
▶ ● - *	vinculum	Band, Fessel
12 ---6 7 ----	dēvincīre	eng umwinden, fesseln
	~ sibĭ eum	ihn an sich binden, sich ihn verpflichten
-- ---- - 8---	ēvincīre	umbinden, -winden
-- 3--- - 8---	revincīre	anbinden, befestigen; umwinden
-- -4-- - -9-1	vindex, icis m	Schützer, Rächer, Entscheider
▶ 12 345- - ---1	vindicāre	beanspruchen; befreien, schützen; strafen, bestrafen
	~ laudem sibĭ	d. Ruhm f. sich beanspruchen
	~ eōs ex servitūte/ in lībertātem	sie v. d. Knechtschaft befreien / z. Freiheit führen
	~ iniūriam/sevērē in eōs	d. Unrecht bestrafen / streng gegen sie vorgehen

213

-- ---- - ---1	vindicta	Befreiung, Rettung; (Freilassungs-) Stab; Strafe
12 -45- ○	vīnum	‹Wein›; *(auch:)* Gelage, Rausch **F** vin **E** wine (WGm)
-- 345- - -9--	vīnea	Weinberg; (Weinlaube:) Schutzdach **F** vigne
-- ---- - --0-	vīnōsus	weinselig, trinkfreudig
-- ---- - --0-	vīnētum	Weinberg, -garten
-- ---- - 8---	vīndēmia	Weinlese; *(Ergebnis:)* Trauben, Wein [1]
-- ---- - 8--1	vĭŏla	‹Veil›chen, Levkoje; *(bildl.)* ‹Viol›ett (F)
▶ 12 3-56 - 8-01	vĭŏlāre (eum/agrōs/iūs)	mißhandeln / verwüsten / -letzen
-- -45- - ----	inviolātus	unverletzt, -lich
-- ---6 - 8--1	violentus	ungestüm, heftig **F E** violent
-- ---6 - 8---	violentia	Ungestüm, Gewalt **F E** violence
-- ---6 - -90-	violēns	ungestüm, heftig
-- ---- - -9--	vipĕra	Schlange, Natter **D** Viper
-- ---- - ---1	vīpereus	Schlangen-; schlangenhaarig
-- ---- - -9--	vīperīnus	Schlangen-
▶ ● ○	vĭr, vĭrī *m*	Mann *(auch:* Ehemann*);* Mensch
▶ ● ○	virtūs, ūtis *f*	männliches Verhalten; Tapferkeit, Tüchtigkeit; Tugend **F** vertu **E** virtue
-2 -4-6 - -901	virīlis	männlich, mannhaft
-- --5- - ----	duumvir	Mitglied e. Zwei-Männer-Kollegiums
-- --5- - ----	triumvir	Mitglied e. Drei-Männer-Kollegiums
▶ 12 --5- - ----	decemvir	Mitglied e. Zehn-Männer-Kollegiums
	-ī agrō dīvidendō *(Dat)*	Zehn-Männer-Kollegium z. Aufteilung d. Siedlungslandes
-- ---- - *	vĭrēre, uī	grün –, frisch –, kräftig sein
-- ---- - *	virĭdis	grün; jung, frisch **F** vert
-- ---- - 8---	viridāre	grünen
1- --5- - 89-1	virga	Zweig, Rute; Stock
-- ---- - 8---	virgultum	Strauchwerk, Gebüsch
12 --56 7 89-1	virgō	Jungfrau; *(allg.)* Mädchen, junge Frau
-- ---- - ---1	virginitās	Jungfräulichkeit
-- ---- - 8--1	virgineus	e. Jungfrau gehörend; jungfräulich
	-a āra/sagitta	Altar d. jungfräul. Göttin *(Vesta)* / Pfeil d. jungfräul. Göttin *(Diana)*
-- ---- - ---1	**virus** Nom, Akk *n*	Schleim, Gift
▶ -2 3456 ○	**vis** *f* [2]	Kraft, Stärke, Gewalt
	magna ∼ frūmentī	e. große Menge Getreide
	dēfīnīre vim verbī	d. Bedeutung e. Wortes bestimmen
-2 ---- - 8--1	**viscĕra,** um *n Pl*	Fleisch *(unter d. Haut);* Eingeweide, Innerstes, Herz; Mutterleib, Kinder

---

[1] Urspr. 'Weinabnahme' (-*dēmia* ∼ *dēmere*). [2] Im Sg. nur *vīs, vim, vī;* Pl. *vīrēs, ium* usw.

▶ ● ○		vita[1]	Leben; Lebensweise; Lebenslauf F vie
-2 ---- - --0-		vītālis	lebensfähig; lebenserhaltend, -notwendig
▶ 12 3--6 - *		vitāre (tēla)	ausweichen, entgehen; meiden, vermeiden
-- -4-- - ----		vītābundus (locum)	ausweichend, umgehend
▶ -2 ---- - *		vitis, is f	Weinranke; Weinstock; Rebstock (d. Zenturionen)
		~ alba	Zaunrübe (d. Weinranke ähnlich)
▶ ● ○		vĭtĭum	Fehler, Mangel
-2 ---- - -90-		vitiōsus	fehler-, mangelhaft; lasterhaft
-- ---- 7 --01		vitiāre	verderben; entehren, -stellen; ungültig machen
-- ---- - -9--		vĭtrum	Glas
-- ---- - -9--		vitreus	gläsern; klar, glänzend
-- ---- - 8--1		vitta	Opferbinde; (allg.) Binde
-- ---- - 89-1		vĭtŭlus	(männl.) Kalb; Füllen
-- ---- - 8---		vitula	(weibl.) Kalb
-- ---- - --0-		vitellus	Kälbchen; (Ei-)Dotter[2] F veau
▶ 12 ---- - ----		vitŭpĕrāre	tadeln
▶ ● ○		vivere, vīxī, vīctum	leben F vivre
▶ -2 3--- 7 8-0-		vīctus, ūs	Lebensunterhalt, Nahrung; Lebensweise
-- ---- - 8---		vīvidus	belebt, lebhaft
-- ---- - --01		vīvāx, ācis	frisch, kräftig; langlebig, dauerhaft
▶ 12 345- ○		vīvus	lebend; frisch, unverbraucht, -bearbeitet F vif
-- ---- - --0-		convīctor	Tischgenosse, Gesellschafter
▶ 12 -456 ○		convīvium	Gastmahl, Gelage
-- ---- - -90-		convīva, ae m	Tischgenosse, Gast
▶ ● ○		vix Adv	kaum
-- --5- - ----		vixdum Adv	noch kaum
▶ ● ○		vŏcāre	rufen; nennen
		~ in dubium/in odium/in crīmen	in Zweifel ziehen / verhaßt machen / beschuldigen D Vogt[3]
▶ -2 ---6 - --0-		vocābulum	Benennung, -zeichnung, Name
-2 ---- - ----		āvocāre	abberufen, -ziehen
1- 345- - ----		advocāre	herbei-, an-, zu Hilfe rufen
1- ---- - ----		advocātus	(Rechts-)Beistand[4] D Advokat
▶ 12 3-5- - ---1		convocāre	zusammenrufen
▶ -- 3-5- 7 ----		ēvocāre	heraus-, hervorrufen; vorladen, aufbieten, berufen

[1] < *vīvita (zu vīvus; vgl. iuven-ta, senec-ta).   [2] < 'Hühnchen' < 'K.'?   [3] < vócatus (m. german. Stammbetonung).   [4] In d. Republik nur Berater.

215

-- ---6 - ----		invocāre	anrufen
-2 --56 - ----		prōvocāre	hervor-, herausrufen; herausfordern
		~ ad populum	Berufung beim Volk einlegen
			F provoquer D provozieren
-2 --5- - ----		prōvocātiō	Berufung
▶ 12 3-56 ○		revocāre (ā bellō/in suffrāgium)	zurück-, abberufen / erneut aufrufen
▶ ●	○	vōx, vōcis *f*	Stimme, Ton; Ausspruch, Formel
			F voix E voice
-- --5- - 8---		vōcĭfĕrārī (-rē)	schreien, kreischen
-2 ---- - 89-1		vŏlāre (*intr/tr*)	fliegen; eilen / durchfliegen
		-antēs (bēstiae)	Vögel
			F voler
-2 ---- - ----		volātus, ūs	Fliegen, Flug
-- ---- - 8---		volitāre	fliegen, flattern; schwärmen, sich tummeln
-2 ---- - 89-1		volŭcer, cris, cre -cris, is *f*	fliegend, geflügelt; eilend, flüchtig Vogel
-- 3--- - 8---		advolāre	herbeifliegen, -eilen
▶ ●	7 8--1	voluntās[1]	Wille, Wunsch; Wohlwollen, Stimmung
			F volonté
-2 --56 - ----		voluntārius	freiwillig F volontaire E voluntary
▶ 12 34-6 7 8-01		voluptās	Vergnügen, Lust
-2 ---- - ----		voluptārius	d. Genuß dienend, d. G. betreffend
		~ (homō)	Genußmensch
-2 -456 - 89-1		volvere, vī, volūtum	drehen, wälzen; dahinrollen lassen
		~ saxa/fūmum	Steine umwälzen / Rauch aufwirbeln
		~ librum/turmās	e. Buch aufrollen / d. Schwadronen z. Kreis zusammenschließen
		~ mēnsēs/vicēs	d. Monate ablaufen lassen / d. Schicksalsfälle verhängen
		~ multa sēcum	vieles erwägen
-- ---- - 8---		volūtāre	drehen, wälzen; dahinrollen lassen
-2 ---- - 8-0-		volūmen	Windung; Rolle, Buch
-2 ---- - 8---		involvere (Olympum Ossae/rem togā)	hinein-, hinaufwälzen / einhüllen, -wickeln
-- ---6 - ----		prōvolvere / *Pass*	vorwärts wälzen / sich niederwerfen
-- ---6 - 8---		revolvere / *Pass*	zurückrollen, -wälzen / -sinken
		~ librum/facta eius	e. Buch aufrollen, - - -schlagen / seine Taten wieder durchgehen
-- ---- - 89-1		vōmĕr, ĕris *m*	Pflugschar; Pflug
-- ---- - 8--1		vŏmĕre, uī, itum	sich erbrechen; ausspeien
-- ---- - 8---		vŏrāgō	Schlund, Abgrund; Strudel

---

[1] Vgl. *volēns*.

▶ •	– *	vōs (vestrī, vōbīs, vōs, ā vōbīs)	ihr F vous
▶ •	○	vester, tra, trum[1]	euer F votre; vôtre
▶ -2 --5-	- 8-01	vŏvēre, vōvī, vōtum	geloben; wünschen, verlangen
▶ -2 --56	- *	vōtum	gelobte Gabe; Gelübde; Gebet, Wunsch D Votum[2]
-- ----	- -90-	vōtīvus	gelobt, versprochen
-2 --5-	- 89-1	dēvovēre	(als Opfer) weihen; verfluchen D devot (F 'ergeben' < 'geweiht')
▶ -2 3456	- *	vulgus, i n[3]	Masse, großer Haufe, Pöbel
-2 3---	7 8---	vulgō Adv	massenhaft; überall; gewöhnlich
-2 ----	- ----	vulgāris	allgemein; alltäglich, gewöhnlich D vulgär (F)
-- --56	- 89-1	vulgāre	zum Gemeingut machen, verbreiten
▶ •	- *	vulnus, eris n[3]	Wunde, Verwundung; verwundender Hieb (Stich, Pfeil usw.)
▶ -- 3456	- ---1	vulnerāre	verwunden; kränken
-- ----	- --0-	vulpēs, is f[3]	Fuchs
▶ 12 -456	○	vultus, ūs[3]	Miene, Gesicht; Antlitz; Aussehen

Z

-- ----	- 89-1	zĕphўrus	Westwind; (allg.) Wind
-- ----	- -9-1	zōna	Gürtel; Geldkatze; Erdgürtel, ‹Zone› F E zone

Griechische Wörter

-2 ----	- ----	ὁρμή	Antrieb, Verlangen
-2 ----	- ----	πάθος, ους, τό	(Widerfahrnis:) Krankheit, Leidenschaft

---

[1] AL vos-.   [2] 'abgegebene Stimme' < 'Gelübde'.   [3] AL vol-.

Grundzüge der Wortbildung

1. Ableitung

1.1. Substantive

Zu Nomina:

-a	weibliche Form	animus	anim-a
-trīx	weibliche Form	victor	vic-trīx¹
-ulus	Verkleinerung	adulēscēns	adulēscent-ulus
-ellus < -er-(u)lus		liber	lib-el-lus
		castrum	cast-el-lum
▶ -ia	⎫	audāx	audāc-ia
-itia	⎪	mīles	mīlit-ia
	Eigenschaft;	nōtus	nōt-itia
▶ -tās	Ausübung d. Eigenschaft,	nōbilis	nōbili-tās
-itās	Ergebnis;	dīgnus	dīgn-itās
-(i)tūs	Personengruppe m. dieser	servus	serv-itūs
-(i)tūdō	Eigenschaft	fortis	forti-tūdō
		magnus	magn-itūdō
-iēs	⎭	macer	mac-iēs
▶ -ium	⎫ Ausübung e. Eigenschaft,	hospes	hospit-ium
-cinium	⎬ Ergebnis	latrō	latrō-cinium
-mōnium	⎭	testis	testi-mōnium
-ūra	⎱ (zu Personenbezeichnungen:)	praetor	praet-ūra²
-ātus	⎰ Amt	cōnsul	cōnsul-ātus³

Zu Verben:

-us	⎫	lūdere	lūd-us
-a	⎪	fugere	fug-a
		scrībere	scrīb-a
▶ -ium	⎬ Vorgang, Handlung, Ergebnis	studēre	stud-ium
-iō	⎪ (selten Person)	opīnāri	opīn-iō
-or	⎪	errāre	err-or
-ēs	⎪	caedere	caed-ēs
(-s)	⎭	lūcēre	lūx (= *lūc-s)

---

[1] Selten zu Subst. auf -sor, z. B. tōnsor : tōns-trīx. Urspr. bezeichnet -trīx selbständig handelnde weibliche Personen, z. B. merēre : mere-trīx. [2] Nach cēnsor : cēnsūra (beide urspr. zum PPP cēnsus). [3] Nach magister : magistrāre : magistrātus durch Auslassen d. Mittelgliedes.

▶ -or	zum PPP: handelnde Person	imperāre	imperāt-or
▶ -iō	zum PPP: Vorgang, Handlung (akt., pass.), Ergebnis	agere	āct-iō
▶ -us, ūs		cadere	cās-us
-ūra		cēnsēre	cēns-ūra
-mentum	Mittel, Ergebnis	arguere (argū-tus)	argū-mentum
-men		certāre	certā-men
		(lūc-ēre	lū-men)
-trum	Mittel, Werkzeug	arāre	arā-trum
		(claudere	claus-trum)
-bulum	Mittel, Ort	vocāre	vocā-bulum
-brum, bra[1]		latēre	late-bra
-culum		ōrāre	ōrā-culum
		cubāre (cubi-tum)	cubi-culum
-crum[1]		sepelīre (sepul-tus)	sepul-crum

Außerdem werden zahlreiche Adjektive und Partizipien als Substantive verwendet, z. B. *amīcus, adulēscēns, factum*.

1.2 Adjektive

Zu Nomina:

-ius		āēr, āĕris	āer-ius
-ārius		aes	aer-ārius[2]
-icus		modus	mod-icus
-ĭcius[3]		pater	patr-icius
-lis		cīvis	cīvī-lis
-ālis		rēx	rēg-ālis
-āris[1]		cōnsul	cōnsul-āris
-īlis	Zugehörigkeit, Art	vir	vir-īlis
-nus		Rōma	Rōmā-nus
-ānus		urbs	urb-ānus
-īnus		dīvus	dīv-īnus
-ēnsis		castra	castr-ēnsis
-es-ter		eques	eques-ter
-ester,		campus	camp-ester
-estris		terra	terr-estris
-eus	Stoff, Farbe, Art	aurum	aur-eus
-tus	Versehensein	toga	togā-tus

[1] Nach *-l-*. [2] Substantiviert als Mask. oft Berufs-, als Neutr. oft Ortsbezeichnung, z.B. *cella* 'Vorratskammer', *cellārius* 'Kellermeister', *-ārium* ‹Keller›. [3] Zu trennen von *-ĭcius* am PPP zur Bezeichnung d. rechtl. Stellung od. d. Eigenart, z. B. in *dēdit-ĭcius, advent-ĭcius*.

-ātus	Versehensein	aes	aer-ātus
-olentus (-ul-)	Fülle, Art	vīnum	vīn-olentus
▶ -ōsus	Fülle	animus	anim-ōsus
-ulus	Verkleinerung	paul(l)us	paul(l)-ulus
		(wie bei Substantiven)	

Zu Verben:

-āx	Eifer, Neigung	audēre	aud-āx
-ulus	} Neigung, Fähigkeit	crēdere	crēd-ulus
-cundus		fārī	fā-cundus
-idus	Zustand	ārēre	ār-idus
-ius	} Zustand (pass. Ergebnis)	eximere	exim-ius
-uus		continēre	contin-uus
-īvus	zum PPP: Zustand	capere	capt-īvus
	neben Nomen actionis: Eigenart	dēlīberāre (dēlīberātiō)	
			dēlīberāt-īvus
-ilis	Möglichkeit	facere	fac-ilis
▶ -bilis	Möglichkeit (pass., akt.);	movēre (mō-tus)	
	Ergebnis, Wirkung		mō-bilis
		terrēre (terri-tus)	
			terri-bilis
-bris *(nach -1-)*		lūgēre	lūgu-bris

Außerdem werden zahlreiche Partizipien adjektivisch verwendet, z. B. *patiēns*, *apertus*, *remōtus*.

1.3. Verben

Zu Nomina:

▶ -āre, -ārī	Zustand, Tätigkeit;	dominus	domin-ārī
	Beschaffen, Bewirken;	arma	arm-āre
		firmus	firm-āre
	Verwendung	stimulus	stimul-āre
-ēre	Zustand;	albus	alb-ēre
	außerdem wie *-āre*, jedoch	dēnsus	dēns-ēre
	seltener		
-īre	wie *-āre*, jedoch seltener	mollis	moll-īre

Zu Verben:

▶ -āre, -ārī	zum PPP	} Verstärkung,	capere	capt-āre
-itāre	zum Präsens	Wiederholung,	agere	ag-itāre
		oft verblaßt	canere	cant-āre
-scere	Beginn		ārdēre	ārdē-scere

220

2. Zusammensetzung

2.1. Zusammenrückung

Die Bestandteile behalten ihre ursprüngliche Form und werden oft auch getrennt geschrieben, z. B. *agrī-cultūra, eius-modī, magn-ŏpere = magnō ŏpere*.

2.2. Zusammensetzung

Die Bestandteile verändern ihre Form.
Als Vorderglieder treten häufig auf:
a) Präpositionen – vgl. z. B. die Wortfamilien *dūcere, esse, regere* –;
b) Zahlwörter – vgl. z. B. die Wortfamilien *annus, vir* –;
c) Negationen, z. B. *certus : in-certus*   *amīcus : in-imīcus*
                 uter : ne-uter   *ūllus : n-ūllus*.

Zur Veränderung des Stammvokals beim Antritt von Vordergliedern vergleiche man die Wortfamilien *capere, damnāre* (Doppelkonsonanz nach *a*), *tenēre, caedere, claudere*.
Über die Verschmelzung zusammenstoßender Vokale (Kontraktion) vergleiche man die Wortfamilien *agere, emere, habēre* (*h*- meist stumm).

3. Sonderformen

3.1. Ableitung aus Wortgruppen (unfesten Zusammensetzungen)

per fidem : perfid-us   *ob portum : opportū-nus*
ē grege : ēgreg-ius   *ad causam : accūs-āre*

3.2. Zusammenbildung (gleichzeitige Zusammensetzung und Ableitung)

in + arma : inerm-is   *tres + fōrma : trifōrm-is*.

Zum Fortleben der lateinischen Wörter

Lateinische Wörter leben in fast allen europäischen Sprachen weiter. Das Wortverzeichnis deutet dies durch französische, englische und deutsche Beispiele an. Um sie aus der Vereinzelung zu befreien, sei ihre Entstehungsgeschichte kurz skizziert.

1. Französische Formen. Wie alle romanischen Sprachen, ging das Französische aus dem Volks- oder Vulgärlatein hervor. Dieses weicht vom Schriftlatein in vielfacher Hinsicht ab. Häufige Besonderheiten sind:
- Unterdrückung unbetonter Vokale (z. B. *cálidus* > *caldus*, *cólloco* > *colco*)
- Abschleifung der Kasusendungen und Festlegung der Wortform durch den Stamm der Kasus obliqui (vgl. F *mont* < L *monte(m)*, F *pied* < L *pede(m)*);
- Verwendung vieler Neutra pluralia als Feminina singularia (vgl. F *arme* f Sg < L *arma* n Pl);
- Analogiebildungen vorwiegend im Bereich der unregelmäßigen Verben, z. B. VL **essere*, **potére*, **volére* für Kl *esse, posse, velle*.

In Gallien verstand die Landbevölkerung um 800 das Latein nicht mehr, wie aus einer Anweisung an die Geistlichen, für sie entweder auf germanisch oder in der lingua romana rustica, d. h. auf französisch, zu predigen, hervorgeht.

Die Unterschiede zwischen Latein und Altfranzösisch sind beträchtlich, lassen sich aber meist zu Gesetzmäßigkeiten zusammenfassen. So zeigen z. B. *campu(m)* > *champ*, *cal(i)du(m)* > *chaud*, *capra(m)* > *chèvre* alle die gleiche Behandlung des anlautenden *c-* vor *-a-*.

Der altfranzösische Wortschatz wurde durch innersprachliche Neubildung und fortgesetzte Entlehnungen aus dem Lateinischen ergänzt. Je später diese erfolgten, desto weniger wurden sie von der weiteren Lautentwicklung des Französischen berührt und desto ähnlicher blieben sie dem Latein. Durch mehrfache Übernahme kann daher das gleiche lateinische Wort in verschiedener Form im Französischen erscheinen; vgl. z. B. *chose* : *cause*, *droit* : *direct*, *meuble* : *im-mobile* u. a.

2. Englische Formen. In der frühen Kaiserzeit übernahmen die Rheingermanen viele lateinische Wörter aus dem romanisierten Gallien. Sie betrafen vor allem Haus- und Gartenbau, daneben Kriegswesen und Handel. Beispiele sind *murus, tegula, planta, vinum, vallum, (via) strata, mercatus* (VL **marcatus*). Ein Teil dieser Ausdrücke erreichte auch die Küstenstämme und ging über das Angelsächsische ins spätere Englisch über. Hierher gehören z. B. E *tile, plant, wine, wall, market, street*. Als die Angeln und Sachsen zwischen 450 und 500 ihre Herrschaft in Südengland errichtet hatten, blieben sie durch die christliche Mission weiterhin mit dem Latein in Berührung. Aus dieser Zeit stammen z. B. E *cross, creed, noon* (< L *nona hora*).

Die Eroberung Englands durch die französisch gewordenen Normannen (1066) lenkte auch die sprachliche Entwicklung in eine neue Bahn. Die Eroberer bestimmten als herrschende Schicht die Sprache von Kriegswesen, Staat und höfischer Kultur. So wurden z.B. AF *armes* > E *arms*, AF *cité* > E *city*, AF *pitié* > *pity*, AF *boef* (NF *boeuf*) > E *beef*. Als sich nach 300 Jahren die politischen Verbindungen mit dem Festland lockerten und auch der Adel zum Englischen überging (1362 als Gerichtssprache festgelegt), war der französische Anteil in der Gesamtsprache fest verankert.

In den folgenden Jahrhunderten wurden vor allem künstlerische und wissenschaftliche Ausdrücke aus dem Lateinischen oder Neufranzösischen übernommen (vgl. etwa *mere, legal, edition*). Auf Grund der dadurch geschaffenen Tradition werden wissenschaftliche Bezeichnungen auch heute noch vorwiegend aus lateinischen (oder griechischen) Wurzeln gebildet, vgl. z.B. *nuclear fission*.

3. Deutsche Formen. Das Deutsche entstand nach der Völkerwanderung aus den germanischen Sprachen zwischen Elbe und Schelde, Nordsee und Oberitalien. Durch mehrere Lautveränderungen grenzte es sich von den übrigen germanischen Sprachen ab. Die zweite oder althochdeutsche Lautverschiebung wandelte zunächst *p, t, k* > *pf, (t)z, ch* (gesprochen *kch*, im Neuhochdeutschen nicht erhalten), nach Vokalen > *ff, ss, hh* (oft *ch* geschrieben) um. Dadurch wurden *planta* > *Pflanze*, *piper* > *Pfeffer*, *(via) strata* > *Straße*, *draco* > *Drache*. Anschließend schwächte das Mittelhochdeutsche (etwa seit 1100) die unbetonten Vokale meist zu *e* oder unterdrückte sie ganz. So wurden *insula* > *Insel*, *regula* > *Regel*, L -*arius* über AHD -*âri* > MHD -*er* (vgl. *molinarius* > *Müller*, *cellarium* > *Keller*). Die neuhochdeutsche Diphthongierung (Beginn um 1100) führte unter anderem *mîn hûs* in *mein Haus* über. So wurde auch *vinum* > *Wein*, *murus* > *Mauer*. Oft läßt sich schon an der Lautform das Alter einer Entlehnung ablesen.

Das Deutsche behielt die alten germanischen Lehnwörter bei und ergänzte sie durch weitere Ausdrücke. Diese bezogen sich vor allem auf die Bereiche Kirche, Klosterkultur (einschließlich Landwirtschaft und Gartenbau), Bildung und Staatsleben. Beispiele sind etwa *Kreuz* < *crucem*, *Messe* < *missa*, *predigen* < *praedicare*, *segnen* < *signare*, *Birne* < *pirum*, *Ulme* < *ulmus*, *Brief* < *brevis (libellus)*, *Linie* < *linea*, *schreiben* < *scribere*, *Krone* < *corona*, *Titel* < *titulus*, *Vogt* < *vocatus* (mit Stammbetonung). Diese Übernahmen setzten sich das ganze Mittelalter hindurch fort.

Auf der Schwelle zur Neuzeit machte der Humanismus (rund 1450–1550) die Antike zum unmittelbaren Vorbild zahlreicher Lebensgebiete. Besonders Künste und Wissenschaften (einschließlich Schule, Universität und Buchdruck) wurden von dieser Bewegung erfaßt. Auf sie gehen *Komödie, Tragödie, Kantor, Zensur, Studium, Student, Examen, Faksimile, Abbreviatur* u.ä. zurück. Die damals begründete Gepflogenheit, wissenschaftliche Gegenstände lateinisch oder griechisch zu benennen, gilt bis heute. Sie erklärt auch eine große Zahl jüngerer Entlehnungen oder Neubildungen, z.B. *amputieren, sezieren, Sekret, Sanatorium*.

Fast gleichzeitig mit der humanistischen Bewegung wurde das römische Recht übernommen. Dieses war für die Urteile des Reichskammergerichtes (errichtet 1495) verbindlich. Dadurch gingen *Alimente, Delinquent, Kaution* und ähnliche Fachausdrücke ins Deutsche über.

Auch die Studentensprache griff gern lateinische Wendungen auf (z. B. *Prosit, Vivat*), verwendete sie aber oft karikierend (z. B. *famos, fidel*).

Viele lateinische Wörter wurden durch die romanischen Sprachen vermittelt. Im 12. Jahrhundert führte die Bewunderung für das französische Rittertum zur Übernahme zahlreicher altfranzösischer Ausdrücke, aus denen die Ableitungssilben *-ei* und *-ieren* stammen (vgl. *Partei; turnieren*). Im Spätmittelalter bürgerte der Fernhandel mit Italien *Giro, Kredit, Ultimo* u. ä. ein. Im 16. Jahrhundert brachten die kaiserlichen Truppen spanische und italienische Ausdrücke des Kriegswesens nach Deutschland (z. B. *Adjutant, Kavallerie*). Die Vorherrschaft der italienischen Musik vom 16.–18. Jahrhundert schlug sich in Bezeichnungen wie *Oper, Tempo, dolce, fortissimo* nieder. Aus der Nachahmung französischer Staats- und Lebensformen, die vom 17.–19. Jahrhundert weithin als unübertroffenes Vorbild galten, stammen die Ausdrücke *Regime, Armee, Republik, Emigrant, Fraktion, Kavalier, Mode, Fabrik, Industrie, Turbine* und viele andere.

Auch von den amerikanischen Wörtern, die zur Zeit ins Deutsche übernommen werden, ist ein beträchtlicher Teil lateinischer Herkunft (vgl. etwa *Campus, Report, Service, Story*). Der Grund liegt in der früheren Prägung des Englischen durch das Französische.

Die neusprachlichen Formen des Wortverzeichnisses bieten Beispiele zu allen genannten Wortgruppen, sind aber nicht vollständig. Sie wollen dadurch zu eigenem Sammeln und Vergleichen anregen.